Das Buch

Jeder Lehrer steht vor den ewig gleichen Problemen: Wie gehe ich mit Störern um? Welche Haltung beziehe ich bei Handys, Schminke und Jacken im Unterricht? Was tun, wenn einem der Klassenchef auf der Nase herumtanzt?

Wie wäre es zum Beispiel mit der Konfrontationstaktik? »So, Murat und Serhan, das ist doch schön, dass ihr hier alle mit euren Müttern zusammensitzt. Murat, du bist doch so wahnsinnig interessiert an Serhans Mutter. Hier ist sie. Jetzt kannst du ihr doch endlich mal direkt sagen, was du alles mit ihr machen willst.«

Oder mit der Taktik des »Besten Mannes«? »Tarik, los, nun fang mal mit der Aufgabe an. Du bist doch mein bester Mann hier in Kunst.«

Anhand vieler Beispiele erklärt Frau Freitag die Eigenarten der Schüler, vom »Paten« bis zur »Mutti«, beschreibt verschiedene Lehrertypen wie den Schonlehrer, den Schülerschleimer oder den harten Hund – und gibt für jede Situation im Schulalltag praktische Hilfestellung. Damit Lehrer, Schüler und Eltern besser miteinander klarkommen.

Die Autorin

Frau Freitag, geboren 1968, wollte schon immer Lehrerin werden. Erst im Referendariat hat sie verstanden, dass es den stets wissbegierigen Schüler nur in Büchern gibt. Im echten Leben unterrichtet sie seit fünfzehn Jahren Englisch und Kunst in lauter überdrehten, dafür recht leistungsschwachen Klassen. Frau Freitag lebt in Berlin.

Von Frau Freitag sind in unserem Hause bereits erschienen:
Chill mal, Frau Freitag
Voll streng, Frau Freitag
Echt easy, Frau Freitag
Man lernt nie aus, Frau Freitag

FRAU FREITAG

FÜR MICH IST AUCH DIE 6. STUNDE

Überleben unter Schülern

Ullstein

Besuchen Sie uns im Internet:
www.ullstein-taschenbuch.de

Ungekürzte Ausgabe im Ullstein Taschenbuch
1. Auflage September 2017
© Ullstein Buchverlage GmbH, Berlin 2016 / Ullstein extra
Umschlaggestaltung: zero-media.net, München, nach
einer Vorlage von semper smile, München
Titelabbildung: © Shutterstock
Satz: Pinkuin Satz und Datentechnik, Berlin
Gesetzt aus der Berkeley Oldstyle
Druck und Bindearbeiten: CPI books GmbH, Leck
ISBN 978-3-548-37704-9

Inhaltsverzeichnis

Die Ausbildung und der Beruf 11

Schlagschatten – Wenn der Hauptseminarleiter kommt **13**

Konflikt ist unser Job! – Eine gesunde Berufseinstellung **15**

Frau Bäcker hat keen Bock mehr – Die erste eigene Unterrichtsstunde **20**

Revolution bitte erst später – Tipps zum Umgang mit Seminarleitern **22**

Lehrer und gleichzeitig Schüler – Verhalten im Seminar **27**

Berufswahl – Was sagt man den Schülern? **32**

Berufswahl – Was sagt man Erwachsenen? **33**

Ernst kommt nicht klar – Die Probleme erkennen und runterbrechen **36**

Das Chaos sortieren 41

Sie müssen strenger sein! – Erst mal die Zügel hart anziehen **43**

Das erste Mal in einer neuen Klasse – Wie man einen Sitzplan erstellt **46**
  - *Kein vorgegebener Sitzplan 47* • *Sitzplan vorher festlegen 48*

Zum Glück bin ich nicht meine Klasse – Sitzplan im Praxistest **51**

Du sollst nicht stören – Vor- und Nachteile von Klassenregeln **53**

Monster Energy – Das Koffeinverbot **57**

Super, weiter so – Lieber loben, als immer nur meckern **59**
  - *Stundenbeginn 60* • *Arbeitsmaterial 61* • *Stundenende 62*
  - *Vorschusslorbeeren 63* • *Lob streuen 63*

Vom Wissensvermittler zum Coach – Gruppentische? Ja, nein, vielleicht **64**

Sieben vor der Tür – Wohin mit den Störern? **66**

Ruf doch die Eltern an – Was bringen Telefonate mit den Erziehungsberechtigten? **70**

Wenn die Eltern kommen – Wie führt man ein gutes Elterngespräch? **74**

Die berühmte Lehrerpersönlichkeit **81**

Ich bin die Tollste – Wann ist man eine gute Lehrerin? **83**

Es sah so easy aus – Warum sieht man nicht, wie sie das macht? **85**

Frau Dienstag – take this! – Es ist nie zu spät, sich zu verbessern **87**

Dranbleiben wie ein Pitbull – Wenn sie kein Arbeitsmaterial haben **89**

Wurzeln – Wenn sie nicht lernen und der Lehrer nicht zuhört **93**

Gymnasium kann jeder – Warum es an manchen Schulen besonders anstrengend ist **95**

Der Schüler 99

Stell dir vor, du wärst 13 – Was Schüler täglich leisten **101**

Bei ihm zu Hause ist es voll dreckig – Wenn Schüler über Lehrer meckern **104**

Der Störer, die Schlampe und der Pate –
Wie man Schülertypen erkennt **106**
- *Der Alles-richtig-Macher 106* • *Der Störer 107*
- *Der überforderte Störer 108* • *Der unterforderte Störer 109*
- *Die BFFs (»Best Friends Forever«-Typen) 110* • *Leise BFFs 110*
- *Laute BFFs 111* • *Die Mutti 112* • *Die Schlampe 113*
- *Die Skeptikerin 114* • *Die Leidende 115* • *Die Ruhige 116*
- *Der Unsichtbare 117* • *Die Playboys 118* • *Der Gangster 119*
- *Der Pate 119* • *Der Entertainer 123*

Spaaaß! – Warum es wichtig ist zu lachen **124**

Das Kleid ist schwarz-blau – Wie funktioniert Beziehungsarbeit **126**

Mr. President, we are under attack – Schulstunden, die man nicht vergisst **133**

Der Lehrer 137

Tangas und Sandalen – Was soll man als Lehrer anziehen? **139**

Shit happens – Wie man es nicht machen sollte **143**

Was du bis Ostern nicht schaffst, schaffst du nicht mehr – Wie sich ein Schuljahr strukturiert **145**
- *1. Block (Schuljahresbeginn bis zu den Herbstferien) – Der herrliche Neustart 146* • *2. Block (Herbstferien bis zu den Weihnachtsferien) – Die Härte 146* • *3. Block (Weihnachtsferien bis zu den Winterferien) – Die große Täuschung 147* • *4. Block (Winterferien bis zu den Osterferien) – Der kleine Neustart 148* • *5. Block (Osterferien bis zu den Sommerferien) – Das große Warten 148*

Chill mal – Wie man entspannt in die Ferien geht **150**

Frau Freitag, …? – Wenn Schüler Fragen stellen **152**

Oh, Apfelkuchen? – Was darf der Lehrer essen? **154**

Arme Klassenlehrer – Warum Klassenlehrer mehr arbeiten als Fachlehrer **157**

Kann man sich hier einfach Kaffee nehmen? – Wenn man neu ist im Kollegium **160**

Die Neuen – Wie man Neue im Kollegium aufnimmt **162**

Tarik – Die Bester-Mann-Taktik **165**

36 Shades of Bunt – Tariks individuelle Förderung **167**

Pralinen im Fach – Wenn man sich was einbildet **169**

Bloß nicht morgens kopieren – Noch mehr Tipps für neue Kollegen **171**

Klein und schlecht – Wenn die Selbstzweifel kommen **173**

Weil ich euch so mag – Über positive Selbstsuggestion **175**

Auweia, keine Wimpern – Wenn man versucht, immer nett zu sein **176**

Sex oder Schokolade – Nicht nett sein macht mehr Spaß **178**

Aua, mein Rücken! – Der kranke Lehrer und andere Typen **180**
- *Der Schonlehrer 181* • *Der Resignierte 182* • *Die Mutti 183* • *Die sexy Junglehrerin 184* • *Der Verpeiler 184* • *Der Wie macht der das? – Lehrer 185* • *Der Profilierer 186* • *Das Arbeitstier 187* • *Der harte Hund 188* • *Der Kumpellehrer 189* • *Der Schülerschleimer 190* • *Der tolle Freak 191* • *Der Brennende 191* • *Der Unterrichtsflüchtige 193*

Der Unterricht **195**

Deine Klasse ist dein Klo – Über Vertretungsunterricht **197**

Werd doch Lehrerin! – Die Sache mit dem Gehalt **200**

Die Faust im Fenster – Wie ich Horrorstunden heute zu vermeiden versuche **202**

Mach nicht so! – Über Unterrichtsstörungen **208**

Pack das weg! – Noch mehr Unterrichtsstörungen **209**
- *Der Raum 210* • *Die Mützen und die Jacken 211* • *Das Handy 215* • *Essen und Trinken 217* • *Schminke, Gummibänder, Spuckröhrchen und Kürbiskerne 222* • *Briefchen 223* • *»Wir müssen was klären«* • *Konflikt geht vor 223* • *Der Lehrer als Detektiv 224* • *Beleidigungen 228* • *Zuspätkommen und Schwänzen 231* • *Vögel, Bienen und andere Insekten 232*

Denn sie tun nicht, was du willst – Wenn Schüler den Anweisungen gar nicht folgen **236**
- *Prinzip kaputte Schallplatte 237* • *Die Eltern einbeziehen 239*
- *Haribo-Mert – Wie sich manchmal alles zum Guten fügt 240*
- *Das negative Verhalten ignorieren 241* • *Das Prinzip der zwei Möglichkeiten 243*

Viele Hände – schnelles Ende – Wie man pünktlich in die Pause kommt **245**
- *Malen oder andere aufwendige Sachen (Pappmaché und so) 247*

In der Siebten mach ich immer voll den Körnel – Dinge, die bei mir gut klappen **248**
- *Ökonomisch das Halbjahr planen 250* • *Den Schultag planen 251* • *Eine Unterrichtseinheit planen 251* • *Unterrichtseinstieg 253* • *Im Unterricht 254* • *Entdeckung der Langsamkeit 255* • *Zensieren 257* • *Klassenarbeiten und Tests vorbereiten 258* • *Klassenarbeiten und Tests zurückgeben 259*
- *Hofaufsicht 263* • *Arbeite an deinem Ruf 266* • *Umgang mit persönlichen Fragen 266* • *Facebookkontakt mit Schülern 270*
- *Was man noch probieren kann 271* • *Unbedingt einen Hefter mit Klarsichthüllen haben 273*

Lehrer werden – ich bleiben – Wie man gesund bleibt **275**

Und am Ende fragt man sich: Wo bleibt der Applaus? **282**

Die Ausbildung und der Beruf

Schlagschatten –
Wenn der Hauptseminarleiter kommt

»Oliver, zeig uns jetzt mal die Schlagschatten!«, sage ich und gucke unauffällig nach hinten zu meinem Hauptseminarleiter Herrn Dannert. Sein erster Besuch bei mir.

Meine Kunstseminarleiterin hat gesagt, dass ich eine gute Lehrerpersönlichkeit hätte, allerdings an meinen Impulsen arbeiten und die Tische umstellen müsse. Kein Problem, dachte ich und bastelte für die Stunde mit Herrn Dannert eine komplett neue Sitzordnung. Ich bin eine super Lehrerin, sagte ich mir, dem Herrn Dannert werde ich eine ganz authentische Unterrichtssituation präsentieren. Deshalb erzählte ich den Schülern vorher nicht, dass wieder Besuch kommen würde.

Es klingelt. Die Schüler stürzen in den Raum. Mittendrin Herr Dannert.
    »Was ist das für 'ne behinderte Sitzordnung?«
    »Was ist mit die Tische? Wie ich soll neben Justin sitzen? Niemaaals!«
    »Frau Freitag, kann ich nicht neben Katrin, ich sitze immer neben sie?«
    Herrn Dannert habe ich dummerweise direkt hinter ADHS-Paul und Fuat gesetzt. Warum sitzen die eigentlich zusammen? Egal.

Es geht um Schatten. In dieser Stunde sollen die Schüler eine angestrahlte Klopapierrolle zeichnen. Dazu habe ich extra eine Stehlampe und diverse weiße Sachen durch die ganze Stadt in die Schule geschleppt. Ich will mit einer kurzen Wiederholung beginnen, um mit dem Schülerwissen zu glänzen.

»Wer von euch kann mir auf den Gegenständen mal die Schlagschatten zeigen?«

Sofort fliegt Olivers Arm in die Luft. Wie schön, denn Oliver beteiligt sich sonst nie am Unterricht. Außerdem hat er die nervende Angewohnheit, alles, was ich sage, zu wiederholen: »Höhö, Schlagschatten. Hihi, Gegenstände.« Ständig brabbelt er vor sich hin wie ein gestörter Papagei.

Aber jetzt meldet er sich: »Ich, ich, Frau Freitag, nehmen Sie mich!«

Ich reiche ihm den Laserpointer. Er grabscht gierig danach.

»Oliver, nun zeig uns doch mal die Schlagschatten!«

Oliver guckt mich an, senkt den Kopf und strahlt sich mit dem Laserpointer direkt ins Auge. Dazu gibt er unverständliche Urlaute von sich: »Uaaagh!!!«

Häh? Ich denke: Auge, Laserpointer, Laserpointer, Auge! Die anderen Schüler werden unruhig. Ich gucke zu Herrn Dannert, der hektisch irgendetwas in meinen Unterrichtsentwurf kritzelt. Ich entreiße Oliver den Laserpointer.

»Okay, also wo waren wir stehen geblieben?« Ich wühle in meinen Unterlagen. Plötzlich fliegt eine Papierkugel gegen die Tafel.

»Wer war das?« Niemand meldet sich. Ich sehe, wie Justin seine Hände unterm Tisch versteckt. Hände voller Papierkugeln. Ich habe den Faden verloren. Finde ihn auch nicht mehr wieder. Was soll ich jetzt tun? Ich habe keine Lust mehr. Ich will hier raus. Irgendwann klingelt es.

Die Schüler verschwinden. Herr Dannert setzt sich mit mir an einen Tisch.

»So, Frau Freitag.«

»Ja, Herr Dannert«, sage ich und weiß dann nicht weiter. Herr Dannert wartet.

»Na ja«, sage ich, »kann noch verbessert werden. War noch nicht perfekt, oder?«

Herr Dannert lehnt sich auf seinem Stuhl zurück, verschränkt die Arme hinterm Kopf und sagt: »Frau Freitag, ich bin jetzt seit dreiundzwanzig Jahren Seminarleiter, aber so was habe ich noch nie gesehen.«

Konflikt ist unser Job! – Eine gesunde Berufseinstellung

Die Schlagschattenstunde mit Herrn Dannert hatte mir zu denken gegeben. War ich vielleicht doch keine so super Lehrerin, wie ich dachte? Irgendwie war es in all meinen Unterrichtsstunden unruhig. Aber zum Glück gibt es Ratgeberbücher.

»Ich habe mir gestern ein neues Buch gekauft. Mit Schülern klarkommen. Das MUSST du auch haben! BRAUCHST du!«, sage ich zu Frau Dienstag. Sie schreibt sich den Titel auf. »Cornelsen«, sage ich.

Wir sind seit ein paar Monaten im Referendariat. Wenn ich nicht in der Schule bin, dann sitze ich entweder am Schreibtisch oder stöbere durch die Schulbuchläden. Klett, Cornelsen, Westermann, Diesterweg. Ich habe meine feste Runde. Gestern habe ich *Mit Schülern klarkommen – Professioneller Umgang mit Unterrichtsstörungen und Disziplinkonflikten* gekauft. Ich komme gar nicht klar. Überhaupt nicht. Aber jetzt habe ich das Buch. Genau das brauche ich. Ich brauche professionellen Umgang. Ich bin nicht professionell.

Jeden Tag gehe ich in den Unterricht und versuche die Lehrerin zu sein. Aber ich komme mir vor wie eine schlechte Schauspielerin. Die Schüler merken doch sofort, dass ich es nicht draufhabe. *Professioneller Umgang mit Unterrichtsstörungen und Disziplinkonflikten.* Ich habe ständig Unterrichtsstörungen. Obwohl, wenn ich ganz ehrlich bin, dann habe ich eigentlich nur Störungen, denn Unterricht mache ich so gut wie nicht. Es ist immer so laut, dass ich gar nicht zum Unterrichten komme.

Im Lehrerzimmer lächle ich und tue so, als hätte ich alles im Griff. Die erfahrenen Lehrerinnen und Lehrer sitzen da entspannt rum und schlürfen ihren Kaffee. Niemand fragt mich, ob ich klarkomme. Und selbst wenn sie fragen würden – würde ich mich trauen zu sagen, dass ich so dermaßen nicht klarkomme? Dass bei mir jede Stunde Chaos herrscht, dass jeder macht, was er will, dass niemand auf mich hört? Nie sind die Schüler leise. Aber zum Glück habe ich ja nun das Buch.

»Jetzt wird alles anders«, sage ich zu Frau Dienstag.

»Hol ich mir gleich morgen«, sagt sie.

Ich brauche Hilfe. Die Schüler sollen endlich ruhig sein. Ich will endlich unterrichten. Die erfahrenen Kollegen sagen Sachen wie »Erst mal die Zügel hart anziehen« oder »*Don't smile until Christmas*«. Aber was soll das heißen? Ich will doch nicht gleich meckern und streng sein. Ich will eine nette Lehrerin sein. Die Schüler sollen mich mögen. Die Lehrer, die ich in meiner Schulzeit mochte, die haben nicht gemeckert und rumgeschrien. So wie sie will ich auch werden.

Neben meinem Schreibtisch stehen zwei große Billy-Regale. Sie sind voll mit Büchern aus den Schulbuchverlagen. Bei jedem Buch denke ich: Brauch ich! Dieses Buch wird mein Leben verändern. Kein Wunder, dass die Schüler nicht mitmachen, wenn ich so langweilig unterrichte.

Darum kaufe ich Bücher mit total spannenden Unterrichtsbeispielen und lese die zu Hause genau durch. Ich kopiere auf farbigem Papier, laminiere, schneide, klebe und mache alles genau so, wie es in den Büchern steht. Aber die Schüler machen nicht mit. Die anderen Lehrer verteilen nie farbige Arbeitsblätter. Ich kopiere sogar immer noch eine extra für die Stunde designte Titelzeile und kleine Bilder von den Simpsons darauf. Trotzdem arbeiten die Schüler nicht mit.

Darum kaufe ich noch mehr Bücher. Nicht nur zum Unterricht. Auch zur Unterrichtsführung. Richtig dicke Bücher. Bücher über die Pubertät, über Lernpsychologie und Disziplinierung. Wenn ich die alle durchgearbeitet habe, dann bin ich endlich eine gute Lehrerin. Dann werden die Schüler vor mir sitzen, mit dem Arbeitsmaterial auf dem Tisch, und mir zuhören. Wenn ich genau mache, was in den Büchern steht, dann werden sie interessiert und leise sein. Dann werden sie mitmachen und ganz viel bei mir lernen. Darauf freue ich mich. Denn so soll Unterricht doch sein. So sieht Unterricht immer im Fernsehen aus. Die Schüler sitzen ruhig im Raum und arbeiten, bis es klingelt. Unser Lehrer Dr. Specht kann sogar während des Unterrichts rausgehen, und die Schüler bleiben auf ihren Plätzen und lernen. Das will ich auch. Ich werde alles dafür tun, dass es schnell so wird. Ich will eine gute Lehrerin werden.

So dachte ich im Referendariat und in den ersten Berufsjahren. Ich war davon überzeugt: Irgendwann kommt der Tag, an dem alle meine Schüler ruhig auf ihren Plätzen sitzen und interessiert mitarbeiten. Nie wäre ich damals auf die Idee gekommen, dass es diesen Idealzustand gar nicht gibt. Jedenfalls nicht an den Schulen, an denen ich unterrichte. Frau Dienstag dachte genauso wie ich.

Irgendwann! Irgendwann werden sie immer ruhig sein und uns zuhören. Das steht doch auch in den Büchern. Wenn du die und die Methode anwendest, die Sozialform änderst, die Phasen gut einteilst und dich perfekt vorbereitet hast, dann wird alles super. Und bleibt auch so. Bis zur Rente.

Damals hat mir niemand gesagt, dass es nie so sein wird. Warum eigentlich nicht? Vielleicht um mich nicht zu entmutigen. Vielleicht denken manche Lehrer noch nach zwanzig Jahren und unzähligen im Chaos untergegangenen Stunden, dass irgendwann der Tag der lieben, ruhigen, wissbegierigen Kinder kommt.

»Weißt du was?«, sagt Frau Dienstag irgendwann, als wir uns nach dem Sport umziehen. »Ich glaube, Konflikt IST unser Job.«

»Wie? Was meinst du?«

»Na, man denkt doch immer, unser Job ist es zu unterrichten. Aber eigentlich geht es doch immer um irgendwelche Konflikte. Das ist unser Job. Die Konflikte zu begleiten und zu lösen. Immer wieder. Jeden Tag.«

Konflikt ist unser Job. Ich habe lange über diesen Satz nachgedacht. Innerlich hielt ich auch nach Jahren immer noch an dem Wunschtraum einer ruhigen, folgsamen Fernsehklasse fest. Aber eigentlich hat Frau Dienstag recht. Jeden Tag gibt es Konflikte. Die Schüler sind nicht pünktlich, haben ihr Arbeitsmaterial nicht dabei, hören nicht zu, streiten oder schlagen sich, spielen mit dem Handy ... nenn es, wie du willst: Konflikte, Unterrichtsstörungen, Disziplinprobleme ... alles, was dich und die Schüler daran hindert, Unterricht zu machen, ist ein Konflikt. Wenn das eigentlich unser Job ist, dann brauche ich auch nicht mehr darauf zu warten, dass die Schüler irgendwann ruhig auf ihren Plätzen sitzen und lernen wollen.

Diese Erkenntnis kam spät, aber sie hat meinen Schulalltag erleichtert. Als ich mich irgendwann – mit ein bisschen Wehmut – von der Idee verabschiedet hatte, ich könnte unser Lehrer Dr. Specht werden, verzweifelte ich nicht mehr an all den kleinen Dingen, die den Unterricht störten, sondern sah es als sportliche Herausforderung, mir immer neue Wege zu überlegen, um diese vielen kleinen und großen Konflikte aus dem Weg zu räumen.

Und siehe da, ich wurde immer besser. Manche Unterrichtsstörungen ließen sich mit einem Spruch abstellen, andere mit einem Anruf bei den Eltern, wieder andere mit einem intensiven Gespräch nach der Stunde.

Mein pädagogischer Ehrgeiz war geweckt. Es machte mir Spaß, immer wieder neue und auch ungewöhnliche Methoden auszuprobieren. Sachen, die ich nie in Büchern gelesen habe. Wenn irgendetwas in der Schule passierte – sei es eine Auseinandersetzung mit einem Schüler, mit einem Kollegen oder den Eltern –, besprach ich das mit meiner Freundin Frau Dienstag und meiner anleitenden Lehrerin Fräulein Krise. Oft hatten sie ähnliche Erfahrungen gemacht und wussten, was zu tun war, oder wir überlegten gemeinsam, wie man sich bei bestimmten Konflikten verhalten könnte.

Es machte mir richtig Spaß, in die Schule zu gehen und mich unangenehmen Situationen zu stellen. Immer mit der inneren Haltung: So! Wollen wir doch mal sehen, ob sich da nicht was machen lässt. Hoffentlich behält Hamsa heute wieder seine Jacke an. Dann sage ich das und das. Bitte, bitte, liebe Kollegin, sag mir heute noch mal, dass die Schüler bei dir immer leise sind und ihre Handys sofort abgeben, dank Fräulein Krise weiß ich jetzt genau, wie ich darauf reagieren werde.

Oft konnte ich so Unterrichtsstörungen und Konflikte aus dem Weg räumen. Wenn ich es nicht schaffte, dann ging die Welt auch nicht unter.

Ich will gar nicht behaupten, dass mir die Bücher dabei nicht geholfen haben, aber die Analysen mit meinen Freundinnen waren sehr viel effektiver. In der Fachliteratur wird einem immer vermittelt, dass man nach der Lektüre mit einem Schlag alle Probleme lösen kann. Leider klappt das nie. Auch nicht, wenn das Buch besonders teuer und besonders dick ist.

Eine bessere Lehrerin zu werden, ist ein Prozess, der lange dauert und nie aufhört. Nach einiger Zeit hatte ich immer wieder einzelne Stunden, in denen die Schüler ruhig waren und genau das taten, was ich wollte. In machen Gruppen konnte ich sogar kurz den Raum verlassen, und wenn ich wiederkam, arbeiteten sie immer noch.

Mit den Jahren hat man immer mehr solche Stunden. Seitdem ich jedoch weiß, dass sie nicht die Regel, sondern die wunderbare Ausnahme sind, zelebriere ich solche Momente.

Vielleicht braucht man auch ab und zu ganz schreckliche Stunden, um die schönen angemessen zu genießen.

Es ist ein langer, mühsamer Weg, aber je früher man seine Einstellung zum Berufsbild justiert, umso leichter wird er.

Frau Bäcker hat keen Bock mehr – Die erste eigene Unterrichtsstunde

»Sechsundzwanzig Dienstjahre – ick hab keen Bock mehr!«, sagt Frau Bäcker und zündet sich eine Reno Menthol 100 an. Weiße Filter haben die. Weiße Filter sind mir suspekt. Frau Bäcker ist mir suspekt. Sie sieht alt aus. Sie ist alt. Sie lächelt nie.

Ich bin seit ein paar Wochen im Referendariat. Die Sommerferien sind gerade vorbei. An ihrem allerersten Schultag stehen die neuen Schüler der 7. Klassen erwartungsvoll auf dem Hof. Die Klassenlehrerinnen haben sich auf der Treppe vorm Schuleingang aufgereiht und lesen vor, wer in ihre Klassen kommt. Alle Lehrerinnen lächeln freundlich, nur Frau Bäcker steht abseits und guckt grimmig zu Boden. Ab und zu schielen einzelne Schüler zu ihr rüber und rennen erleichtert die Stufen hoch, sobald sie ihren Namen gehört haben. Irgendwann steht nur noch Frau Bäcker auf der Treppe und schaut auf die achtundzwanzig Schülerinnen und Schüler, die übriggeblieben sind.

»Ihr seid bei mir. Mitkommen!«, raunzt sie mit tiefer Stimme. Ich folge der Klasse, denn ich soll die neue Englischlehrerin sein. Meine anleitende Lehrerin hat sich während ihrer Kur ein Bein gebrochen. Kurz vor Schuljahresbeginn rief sie mich an und teilte mir mit, dass ich nun die Englischlehrerin der Bäcker-Klasse sei. Ich müsste noch die Englischbücher besorgen, die Workbooks bestellen, damit die Schüler mir die dann abkaufen können (kaufen die ihre Workbooks alleine, dauert das so lange), und dann schon mal mit dem Unterricht anfangen, das würde ich schon schaffen.

Der Klassenraum von Frau Bäcker ist kalt und grau. Die Wände sind nackt und schmutzig. Frau Bäcker steht am Fenster und guckt auf den Hof. Die Schüler sitzen bewegungslos auf ihren Plätzen. Es herrscht Totenstille.

»Blatt rausholen! Ich diktiere!«, sagt sie plötzlich, ohne ihren Blick vom Fenster abzuwenden. Nach wenigen Sekunden sitzt jeder Schüler mit einem Stift bewaffnet vor einem leeren Blatt.

»Erziehungs- und Ordnungsmaßnahmen.«

Dann diktiert Frau Bäcker ihrer neuen 7. Klasse am allererersten Schultag in der Oberschule die Erziehungs- und Ordnungsmaßnahmen aus dem Schulgesetz. Es gibt weder ein Namensspiel noch irgendeinen Kennenlernschnullikram, und es werden auch keine Erwartungen oder Befürchtungen der Schüler abgefragt. Es gibt nur die Erziehungs- und Ordnungsmaßnahmen. Irgendwann klingelt es.

Am nächsten Tag habe ich meine erste Englischstunde. Ich baue einen Stuhlkreis. Ich lasse die Schüler auf die Stühle steigen. Sie suchen Adjektive zu ihren Namen. Wir spielen endlose Kennenlernspiele. Nach 45 Minuten kenne ich die Klasse. Verschwitzt gehe ich ins Lehrerzimmer. Dort sitzt Frau Bäcker und raucht.

»Das war eben meine allererste richtige Unterrichtsstunde«, sage ich glücklich, lasse mich auf einen Stuhl fallen und hole meine Wasserflasche aus der Schultasche.

Frau Bäcker guckt mich an: »Sechsundzwanzig Dienstjahre – ick hab keen Bock mehr.« Ich trinke einen Schluck Wasser. Sie guckt auf die Flasche. »Ick hab so'n Brand.« Das Wasser ist angenehm kalt. Frau Bäcker sitzt mir gegenüber, zieht an ihrer Zigarette und wartet. Ich sehe sie an, aber mein Wasser will ich ihr nicht geben.

Revolution bitte erst später – Tipps zum Umgang mit Seminarleitern

Vor ein paar Jahren ist Frau Bäcker gestorben. Aber immer wenn jemand von den Erziehungs- und Ordnungsmaßnahmen spricht, dann denke ich an sie. So wie jetzt, während ich die Einladung für eine Klassenkonferenz schreiben soll. Aber vielleicht gucke ich zwischendurch mal kurz bei Facebook.

Mein Freund Ernst schreibt mir: »Ich muss gleich los zur Vereidigung.« In einer Woche beginnt sein Referendariat. Mein einziger Ratschlag für ihn ist, dass er gleich in die private Krankenkasse eintreten soll, damit er sich die Zähne sanieren lassen kann. Das habe ich so gemacht, und meine Zähne sind jetzt top. Meine Ausbildungszeit ist schon lange vorbei, aber ist das wirklich der einzige Tipp, den ich Ernst mitgeben kann? Uns hat man bei der Vereidigung gesagt: »Jeder wird Sie um Ihre Ferien beneiden – keiner um Ihren Job.« Ja, das stimmt, aber was nützt mir diese Feststellung? Ich habe im Referendariat so einiges falsch gemacht. Ich habe das ganze Referendariat gar nicht richtig verstanden.

Zuerst fand ich alles super. Frau Dienstag und ich waren bestimmt die einzigen Referendare in unseren Seminaren, die sich über die Sommerferien geärgert haben. »Waaas, jetzt schon keine Schule mehr? Wenigstens die Seminare könnten doch in den Ferien stattfinden.« Wir dachten beide, wir seien die geborenen Lehrerinnen. Dieser Zahn wurde uns schnell gezogen. Frau Dienstag erlag anfangs der Vorstellung, sie sei so ein Naturtalent, dass sie das Referendariat gar nicht erst machen müsse und man sie sofort in den Schuldienst schicken würde. Dem war nicht so. Ich dachte: Ich werde alles ganz anders machen als die anderen. Das wird den Seminarleitern den Kopf wegblasen. Aber auch ich bekam nach meinem ersten Unterrichtsbesuch, in dem uns Oliver den Schlagschatten zeigen sollte, keinen unbefristeten Vertrag angeboten.

Bei mir hat es sehr lange gedauert, bis ich gecheckt habe, worum es im Referendariat eigentlich geht. Hätte ich das früher erkannt, hätte ich mir viel Ärger und Stress erspart. Also schreibe ich Ernst:

»Private Krankenversicherung ist nicht alles. Noch was zum Referendariat: Hör genau hin, was die drei Seminarleiter wollen. Da will jeder was anderes. Finde möglichst schnell heraus, worauf die stehen. Wollen die den Lehrer, der sich komplett zurücknimmt? Wollen die das mega Methodenfeuerwerk? Wie sollen die Phasenwechsel im Unterricht sein, Einführung, Erarbeitung und so weiter? Sollen die Schüler lieber alleine arbeiten, oder will dein Seminarleiter den Lehrer als Entertainer? Frag die Referendare, die schon eine Weile dabei sind. Frag, worauf die Seminarleiter besonders achten, was sie überhaupt nicht mögen, welche Bücher sie empfehlen. Und vor allem, welche Kekse sie gerne essen. Ich habe für die Nachbesprechungen immer Kekse mitgebracht, die selbstgebacken aussahen. Okay, Ernst, wenn du dann weißt, was die Seminarleiter gut finden – dann machst du genau das! Immer wieder! Auch, wenn du das nicht gut findest.«

»Auch, wenn ich das nicht gut finde?«, schreibt Ernst. »Wirklich?«

»Ja, sorry, aber deine große Selbstverwirklichung muss warten. Du kannst später so strange und extravagant unterrichten, wie du willst, aber um Individualität geht es im Referendariat leider nicht. Es geht nur um die Eitelkeiten der Seminarleiter, dass sie sich in deinem Unterricht wiedererkennen und was sie dir beigebracht haben. Besonders gute Noten bekommst du, wenn du sehr schöne Arbeitsblätter machst. Jeder Seminarleiter steht auf die aufwendig erstellten Unterrichtseinheiten der Referendare. Denn die setzen sie dann in ihrem eigenen Unterricht ein. Da klappen die Sachen dann auch sehr gut, weil der Seminarleiter wahrscheinlich weniger Disziplinprobleme hat als du. Und schreib bloß nicht so ein albernes Copyright-c (©) mit deinem Namen auf die Materialien. Voll peinlich, und der Seminarleiter muss das dann erst mühsam wegtippexen.«

»Das klingt alles schrecklich. Na ja, ich hab ja schon mal unterrichtet. Ich bin ja kein totaler Anfänger«, schreibt Ernst.

»Oh Gott, Ernst, erzähl bloß nicht im Seminar, dass du schon Unterrichtserfahrung hast. Seminarleiter mögen keine Leute, die meinen, sie wüssten schon alles. Sie werden dir sofort klarmachen, dass du gar nichts weißt. Das Referendariat funktioniert wie die Grundausbildung beim Militär: Erst mal wirst du auseinandergenommen und dann von den Seminarleitern neu zusammengesetzt. Lass das auf jeden Fall zu! Verärgere die Seminarleiter nicht. Das sind teilweise ganz seltsame Leute, die diesen Job vor allem machen, um ihr eigenes Ego aufzupolieren, weil sie dich da formen können.«

Der Freund kommt und bringt mir Kaffee. Er liest meine Unterhaltung mit Ernst.

»Das ist aber ein bisschen gemein gegenüber den Seminarleitern. Es gibt doch bestimmt auch nette«, sagt der Freund.

Ja, klar gibt es nette Seminarleiter. Seminarleiter sind auch nur Menschen. Die Fachseminarleiter sind, im Gegensatz zu den Hauptseminarleitern, die voll aus der Schule raus sind, sogar alle auch noch Lehrer und gehören deshalb ja schon zu meinen Lieblingsmenschen. Seminarleiter wird man wahrscheinlich auch aus ganz unterschiedlichen Gründen. Denn zunächst sind sie ja stinknormale Lehrkräfte. Der Wunsch, Referendare zu unterrichten, kann verschiedene Ursachen haben.

1. Man macht selbst so einen super-duper Unterricht, dass man gar nicht anders kann, als seine Fähigkeiten weiterzugeben.
2. Man wird gefragt, ob man das nicht machen möchte, weil es sonst niemanden gibt, und man opfert sich und macht es halt.
3. Man findet die Unterrichtsverpflichtung mit 26 bis 28 Stunden zu hoch und verspricht sich von den zehn Stunden Ermäßigung eine Entlastung oder zumindest Abwechslung.
4. Man sucht die Herausforderung und möchte gerne mit jungen Erwachsenen oder wenigstens Nichtjugendlichen zusammenarbeiten.
5. Man liebt sein Fach und die Fachdidaktik so sehr, dass man nicht anders kann, als Seminarleiter zu werden.
6. Man denkt, man wäre etwas Besseres als Seminarleiter, und spekuliert schon auf den Hauptseminarleiterjob – wo es dann wirklich auch mehr Geld gibt und man keine Schüler mehr um sich hat.
7. Man liebt die Macht und die Möglichkeit, über das Leben der einem hilflos ausgelieferten Menschen zu urteilen. Anteile davon hat jeder Lehrer – das ist Teil unseres Jobs. In der Seminartätigkeit ist die Macht allerdings um ein Vielfaches potenziert, denn im Referendariat entscheiden drei Leute und die

Schule darüber, ob du Lehrer wirst oder nicht. Schüler haben meistens dreizehn unterschiedliche Lehrer, die über ihre schulischen Leistungen urteilen. Da reduziert sich die Macht des Einzelnen erheblich.
8. Den Unterricht von anderen zu sehen inspiriert einen, deshalb will man Seminarleiter werden.

So vielfältig die Beweggründe für die Jobwahl sind, so unterschiedlich sind auch die Menschen, die diesen Job machen. Ich hatte ganz tolle Seminarleiter, und ich hatte das Grauen. Aber ohne das Grauen wäre das Referendariat auch zu einfach. Wenn ich ehrlich bin, denke ich gerne und vor allem mit diesem wohligen Schaudern an mein eigenes Referendariat zurück. Wenn die Ausbildungszeit ein Frühlingsspaziergang wäre, dann wäre die Abgrenzung zur Berufsanfangsphase auch zu undefiniert. Stellt euch mal vor, die zwei Jahre Ausbildung wären die schönsten, und dann wird alles schrecklich.

Nee, da habe ich lieber ein paar Monate Horror, und dann wird alles besser. Und das wird es! Mehr Geld, Ferien, die ihren Namen verdienen, mehr Unterricht (okay, das ist vielleicht nicht so toll), aber niemand mäkelt mehr an dir und deiner Unterrichtsplanung herum. Vergurkte Stunde, tja, egal, passiert halt, zwanzig Stunden für die Planung EINER Stunde? Niemals!

Nur eins nervt – so dünn wie im Referendariat wird man nie wieder.

Lehrer und gleichzeitig Schüler – Verhalten im Seminar

»Ernst, wie läuft's?«, frage ich.

»Ganz gut. Wir hatten bisher nur das Hauptseminar und waren noch nicht in der Schule. Aber ist schon komisch, dass man jetzt ja auch irgendwie wieder Schüler ist.«

Das ist wirklich eine seltsame Situation im Referendariat. Auf der einen Seite bist du Lehrer und sollst unterrichten, zensieren und dich wie ein Lehrer benehmen, aber in den Seminaren bist du eindeutig wieder Schüler. Frau Dienstag und ich haben uns bei der Vereidigung kennengelernt und waren sogar im selben Hauptseminar. Im Referendariat hat man für jedes Fach ein Fachseminar und für den allgemeinen Schulkram das Hauptseminar. Da Frau Dienstag und ich uns gleich gut verstanden, saßen wir immer zusammen. Wie zwei Teenager haben wir dauernd getuschelt und gegackert. Mir fiel zu jedem Mitseminaristen und vor allem zu unserem Seminarleiter Herrn Dannert immer ein bekloppter Spruch ein, über den sie dann leise kicherte.

Das Muster war immer gleich: Der Seminarleiter sagt etwas, und ich flüstere ihr irgendwas Lustiges zu, sie tritt mich unterm Tisch: »Sag das mal laut, hihihi, sag das mal laut!« Anfangs war ich auch noch so blöd, es wirklich laut zu wiederholen. Über meinen unqualifizierten Quatsch haben dann die anderen Referendare gelacht. Der Seminarleiter aber nicht. War das gut? Ich weiß nicht. Irgendwann habe ich meine Bemerkungen nicht mehr laut wiederholt. Meistens waren es nur so Sachen wie »Dieser Klippert, war der überhaupt mal Lehrer? Gruppenarbeit wird doch total überbewertet«. Aber auch: »Au Backe, guck mal seine Schuhe. Slippper! Iiih! Wo kriegt man denn so was? Und der Bart. Voll mit Lineal rasiert. Was er wohl für Unterwäsche trägt?« Was man halt so als Abhängiger über den Machthaber sagt, während man so abhängig im Seminar abhängt.

Die Seminarleiter waren Machthaber, die einen prägenden Eindruck hinterlassen haben. Viele Sätze von Seminarleitern habe ich in den Tiefen meines Hirns abgespeichert. Das sind Sätze, die so eine Wirkung auf mich hatten, dass man sie einfach nicht mehr vergisst. Mein Favorit bleibt: »Frau Freitag, ich bin jetzt seit dreiundzwanzig Jahren Seminarleiter, aber so was habe ich noch nie gesehen.« Schön aber auch: »Frau Freitag, was labern Sie da im Stuhlkreis die Schüler so voll? Wollen Sie zeigen, wie schlau Sie sind?«

»Frau Freitag, das ist Unterricht wie aus den 50er Jahren.« Oder: »Frau Freitag, Unterricht wie aus den 70er Jahren.« Immerhin habe ich damals einen Sprung von zwanzig Jahren von einer Vorführstunde zur nächsten hingelegt.

Meine anleitende Lehrerin im Unterrichtspraktikum: »Frau Freitag, wenn ich Ihnen jetzt alles aufzähle, was Sie falsch gemacht haben, dann sind Sie ja völlig demotiviert.«

Dann wieder der Seminarleiter: »Frau Freitag, Sie verschwenden die Lebenszeit der Schüler.«

»Frau Freitag, dass Sie den armen Klee benutzen, um Ihre blöden Farben zu erklären, da tut er mir direkt leid. Der würde sich im Grab umdrehen.«

Aber auch ich habe im Referendariat Sätze gesagt, die ich wohl lieber für mich behalten hätte:
»Gruppenarbeit ist doch scheiße.«
»Hilbert Meyer, was weiß der schon?«
»Klippert nervt!«
»Nö, ich finde, ich habe das Stundenziel sehr wohl erreicht.«
»Tja, die einen sagen so, die anderen sagen so.«

Und hier der Knaller – kam gar nicht gut an: »Jetzt habe ich es noch nicht drauf, aber ich weiß, dass ich irgendwann eine sehr gute Kunstlehrerin sein werde.« Dieser Satz war es wahrscheinlich, der mir das Genick gebrochen hat. Kombiniert mit der Feststellung: »Frau Seminarleiterin, ich glaube, wir haben so Probleme miteinander, weil wir uns so ähnlich sind.«

Diese Sprüche trugen nicht gerade dazu bei, dass ich mich bei der Seminarleiterin beliebt machte. Durch totale Selbstaufgabe und absolute Unterwerfung bekam man bessere Noten als mit einer vorlauten Art. Unsere Seminarleiterin wollte die Mutti von uns sein. Ich wollte aber keine Mutti. Ich wollte lediglich lernen, wie man Kunstlehrerin wird, aber sie wollte, dass wir alle immer jammern und in regelmäßigen Abständen heulen. Damit sie dann sagen kann: »Wird schon wieder. Mutti hilft dir.«

Ich habe auch geheult. Vor Wut, aber nicht im Seminar. Oh Mann, habe ich geheult. Ich bin regelrecht dehydriert im Referendariat. Meine Kunstseminarleiterin war drei Meter groß und sah aus wie Sauron. Ich war klein und abhängig und wollte mich nicht in diese Rolle fügen, sondern strampelte mit den Füßen wie ein Käfer im Schnabel von einem Vogel. Aber meinen 50er-/70er-Jahre-Unterricht konnte sie mir nicht austreiben. Und heute sage ich mir in jeder zweiten Kunststunde: »Ich bin wirklich eine sehr gute Kunstlehrerin geworden.«

Und der arme Ernst hat das ganze Referendariat noch vor sich.

»Ernst, wieso hattest du eigentlich bisher nur das Hauptseminar? Warum warst du noch nicht in der Schule? Wir mussten da gleich hin. Ihr nicht?«

»Nee, man hat jetzt erst mal eine Woche so eine Art Einführung im Allgemeinen Seminar oder Hauptseminar – oder wie das heißt.«

»Ach, das klingt doch gut. Ein softer Einstieg. Und was ja wirklich schön ist am Referendariat, dass man zwei Jahre regelmäßig Geld bekommt.«

»Wieso zwei Jahre? Die Ausbildung ist nur noch 18 Monate lang – jedenfalls hier in Berlin.«

»Echt? Bei mir ging das von Mai bis Mai. Zwei ganze Jahre. Ach, und jetzt ist das nur noch anderthalb Jahre lang. Na, umso besser. Obwohl das ja ganz schön knapp ist, so mit den ganzen Unterrichtsbesuchen und der schriftlichen Arbeit, die man am Ende schreiben muss und …«

»Die Arbeit gibt es gar nicht mehr. Jetzt hat man solche Modulprüfungen. Ich glaube, davon hat man zwei. Einmal im Bereich Erziehen und im Bereich Unterrichten.«

»Krass, obwohl – keine schriftliche Arbeit ist ja cool, aber dann noch die Examensstunden und die mündliche Prüfung.«

»Die mündliche Prüfung gibt es auch nicht mehr. Man macht jetzt die beiden Modulprüfungen, und dafür bekommt man Noten. Dann kriegt man noch eine Note, die sich aus drei Gutachten zusammensetzt, die von den beiden Fachseminarleitern und der Schule kommen. Da wird deine Progression während der Ausbildung bewertet. Am Ende hast du nur noch die zwei Prüfungsstunden.«

»Ach, keine mündliche Prüfung mehr am Ende? Das ist ja cool. Bei uns war das ja noch alles an einem Tag. Erst die zwei Examensstunden, dann noch Fachdidaktik mündlich und Schulrecht und … Ach, das war furchtbar. Am Ende wusste man nicht mehr, wie man heißt.«

»Kann ich mir vorstellen.«

»Und, Ernst, wenn du an der Schule bist und die deinen Einsatz im Unterricht planen, dann nimm nach Möglichkeit nicht so viele Stunden. Man muss doch nur vier bis maximal acht Stunden in der Woche unterrichten und zwei Stunden hospitieren. Bei uns haben viele Referendare freiwillig acht Stunden unterrichtet, weil sie meinten, dass es ihnen helfen würde, sich auf später vorzubereiten, wenn sie eine volle Stelle haben. Aber das ist Quatsch. Wenn du fertig bist und sechsundzwanzig – oder an der Grundschule sogar achtundzwanzig – Unterrichtsstunden halten musst, dann macht das gar keinen Unterschied, ob du in der Ausbildung sechs oder acht Stunden in der Woche unterrichtet hast. Das Unterrichten ist am Anfang so schwer. Mach eher weniger Stunden und hospitiere lieber bei anderen Lehrern.«

»Okay, danke für den Tipp.«

Ich habe im Referendariat immer nur sechs Stunden in der Woche unterrichtet, das hat mir damals auch gereicht. Die Vorbereitung dauert am Anfang sowieso unglaublich lange. Dafür habe ich am Anfang meiner Ausbildung versucht, möglichst oft den Unterricht von Kollegen anzuschauen. Meistens wird es allerdings ziemlich langweilig, wenn man 45 Minuten hinten drinsitzt. Man sollte auch mal versuchen, einen Schultag mit einer Klasse zu verbringen. Das habe ich damals gemacht. Ich bin den ganzen Vormittag in den Unterricht der 8. Klasse gegangen, die ich in Englisch unterrichtet habe. Das war sooo unglaublich anstrengend. Man vergisst als Lehrer, wie sich fünf oder sechs Schulstunden für Schüler anfühlen. Wenn ich die Kollegen gefragt habe, ob ich mit in den Unterricht kommen kann, dann sagten die immer das Gleiche: »Ja gerne, aber ich mache heute nichts Besonderes.« Lustigerweise sage ich das heute auch immer, wenn bei mir jemand hospitieren möchte. »Gerne, aber wir machen nichts Besonderes. Wir wiederholen heute nur das Simple Past. Das kann sehr langweilig werden.«

Berufswahl –
Was sagt man den Schülern?

»Frau Freitag, warum werden die Lehrertoiletten gründlicher geputzt als die Schülertoiletten?«, fragt Esra. »Werden sie doch gar nicht.« Woher will Esra wissen, wie die Lehrertoiletten aussehen?

»Wir Lehrer schmeißen nur keine Toilettenpapierrollen ins Klo und pinkeln auch nicht daneben.« Esra denkt nach. Sie pinkelt bestimmt auch nicht daneben, und eigentlich hat sie recht. Wir Lehrer haben schönere Toiletten. Wir haben es in der Schule sowieso besser als die Schüler. Jeden Tag bin ich froh, dass ich die Schule nicht als Schüler, sondern als Lehrer betreten darf. Ich habe Schlüssel, ich habe ein Lehrerzimmer, ich habe eine saubere Lehrertoilette. Und ich habe die Macht!

»Mögen Sie Kinder?«, fragt Esra plötzlich. »Klar, sonst wäre ich ja nicht Lehrerin geworden«, antworte ich reflexartig. Denke dann noch mal nach. »Obwohl ... man könnte auch gerade Lehrer werden, weil man keine Kinder mag.« Esra grinst. »Jaaa, immer so voll gemein sein und schlechte Noten geben!«

Die Stimmung ist gut. Und wenn die Stimmung gut ist, dann kommen immer ein paar persönliche Fragen: »Warum heiraten Sie nicht Ihren Freund? Wie alt waren Sie noch mal? Warum sind Sie Lehrerin geworden?«

Man kann diese Fragen wahrheitsgemäß beantworten, muss man aber nicht. Man kann sich auch immer wieder etwas anderes ausdenken. Die »Warum ich Lehrerin geworden bin«-Frage umschiffe ich oft mit einem ominösen »Das war eine Verquickung von unglaublichen Zufällen, und jetzt schlagt mal eure Bücher auf«. Oder ich sage: »Weil ich mir nichts Schöneres habe vorstellen können, als euch das Simple Past beizubringen.«

Irgendwie scheint die Schüler diese Frage brennend zu interessieren. Wieso will jemand so einen doofen Job machen? Die Schüler wissen ja selbst am besten, wie unausstehlich und anstrengend sie sein können.

Neulich erzählte Herr Werner, dass ihn seine Klasse auch gefragt hat, wie es zu seiner Berufswahl kam. Seine Antwort: »Denkt ihr denn wirklich, ich mache das hier freiwillig? Damals hieß es: Entweder lebenslänglich in den Knast oder Lehrer werden.«

Die Schüler: »Echt?«

Er: »Na klar, und das war nicht nur bei mir so. So war das bei allen Lehrern an unserer Schule.«

Berufswahl – Was sagt man Erwachsenen?

»Wir haben zusammen studiert«, sage ich zu der blonden Frau, die neben mir an der Käsetheke bei Karstadt steht und mich anstarrt.

»Ach, stimmt! Habe ich mir doch gedacht, dass du mir so bekannt vorkommst.« Ich nicke und grinse sie an. Sie grinst auch. Ich weiß ihren Namen nicht mehr und sie meinen wahrscheinlich auch nicht. Peinliche Stille. Dann holt sie tief Luft und fragt: »Und, bist du Kunstlehrerin geworden?«

»Ich? Ja, klar. Und du?«

Sie schüttelt den Kopf und guckt auf den Boden. »Nee. Ich nicht. Kurz vor dem Examen habe ich meine Tochter bekommen und bin dann in meinen alten Beruf zurück. Sozialarbeit.«

»Aha. Hattest du noch ein zweites Fach studiert?«

Sie grinst stolz. »Ja, Sonderpädagogik.«

»SONDERPÄDAGOGIK?!?«, wiederhole ich etwas zu laut. Oh Mann, Sonderpädagogik ist Goldstaub. Damit kann man sich die Stellen aussuchen.

»Sonderpädagogik! Das ist schon immer das totale Mangelfach. Willst du dich nicht bewerben? Du könntest berufsbegleitend zu Ende studieren und dann das Referendariat machen ...«

Sie grinst. Wahrscheinlich hat sie darüber auch schon nachgedacht. Ich bin nicht zu bremsen. »... und als Sonderpädagogin hast du echt voll den easy Job. Immer nur mit einzelnen Schülern. Wenn man mal die Kontakte zum Jugendamt und der Schulpsychologie geknüpft hat, dann ist das voll der Selbstläufer. Und denk mal an die Ferien, und Weihnachtsgeld gibt es ja auch wieder. Wahrscheinlich verdienst du auch viel mehr als als Sozialarbeiterin. Wir bekommen 5000 Euro brutto.«

»Wow! Ja, mehr zu verdienen wäre nicht schlecht. Ich hatte schon mal überlegt, mich zu bewerben.« Ich erkläre ihr, auf welchen Seiten der Senatsverwaltung sie Informationen zum Lehrerberuf für Quereinsteiger findet, wann der Bewerbungsschluss ist, wieso Leute wie sie gerade händeringend gesucht werden (schließlich gehen die Babyboomer in den nächsten fünf Jahren alle in Rente – und es fehlen überall Lehrer) und erzähle ihr detailliert, wie viel Spaß es macht, Lehrerin zu sein. Dann verabschieden wir uns.

Komisch, warum will ich immer, dass jeder Lehrer wird? Das ist wie mit schwangeren Frauen, die wollen, dass alle Kinder bekommen. Finde ich den Job wirklich so toll? Will ich wirklich jeden Morgen aufstehen und in die Schule gehen? Bestimmt nicht. Klar, ich freue mich über die gute Bezahlung, die vielen Ferien und komme oft nach Hause und hatte einen guten Tag. Aber ebenso oft komme ich eben auch mit sehr, sehr schlechter Laune aus der Schule. Es gibt Stunden, da verlässt mein Ich kurz den Körper, und ich sehe mir von außen zu. Wie ich da vor einem Haufen schlechtgelaunter Jugendlicher stehe und versuche, sie zur Ruhe zu bringen. Denn das ist meine Haupttätigkeit. Oft genug klappt es nicht, und oft genug frage ich mich, was das für ein Job ist, in dem man sich täglich so anstrengen und gegen so viel Widerwillen ankämpfen muss. Und warum verändert sich die Einstellung zu meinem Beruf fast täglich? Es gibt Momente, da umarme ich die Welt und kann mir nichts Besseres vorstellen, als mit genau diesen Schülern an genau dieser Schule zu arbeiten. Dann gibt es wieder Tage, da frage ich mich, wie ich noch eine einzige Stunde überleben soll.

»Jetzt sind wir schon so lange dabei«, sagte Frau Dienstag neulich, als wir uns für die Wassergymnastik umzogen, »und trotzdem habe ich immer wieder sooo schlechte Laune, wenn ich nach Hause komme. Heute war es super in der Schule. Aber letzte Woche habe ich es gehasst. Und das hört nicht auf.«

Es hört nicht auf. Sogar Fräulein Krise, die meiner Meinung nach eine der besten Lehrerinnen der Welt war, hatte nach sechsunddreißig Dienstjahren immer noch Gruppen, mit denen sie nicht klarkam. Das ist doch erschreckend. Oder ist das normal? Ist das in jedem Job so? Wahrscheinlich liegt es daran, dass man bei der Arbeit mit Jugendlichen und Kindern immer emotional gefordert ist. Ich glaube nicht, dass jeder Beruf einem so nahegeht wie unserer. Klar, man kann immer Konflikte mit Kollegen, Vorgesetzten oder Kunden haben. Aber irgendwie ist das doch besser zu steuern bei Erwachsenen, oder? Bei Jugendlichen weißt du nie, was kommt.

Allerdings wird der Beruf dadurch auch nie langweilig oder vorhersehbar. Jeder Tag ist anders. Du kannst die gleiche Stunde in zwei unterschiedlichen Klassen halten, und eine kann super und die andere furchtbar werden. Eine Klasse hasst dich, die andere liebt dich.

Klar, man wird mit den Jahren routinierter. Konflikte, die einem in den Anfangsjahren den nächtlichen Schlaf geraubt haben, löst man später im Vorbeigehen. Viele Konflikte entstehen gar nicht erst, weil man besser unterrichtet und ein Repertoire an unterschiedlichen Handlungsmöglichkeiten hat. Aber trotzdem gibt es immer wieder Situationen, die selbst einen gestandenen Lehrer umhauen. Und wer sagt, dass es das nicht gibt, der lügt. Wenn man das akzeptieren und damit umgehen kann, dann ist Lehrerin allerdings wirklich einer der schönsten Berufe der Welt, und das nicht nur wegen der guten Bezahlung und der Ferien. Schließlich macht es ja auch Spaß, mit Kindern und Jugendlichen zu arbeiten. Die haben so eine unglaubliche Energie, und man ist immer am Puls der Zeit, weil man es mit der nächsten Generation zu tun hat. Und irgendjemand muss denen ja was mitgeben fürs Leben.

Ernst kommt nicht klar – Die Probleme erkennen und runterbrechen

»Was ist denn nun so schlimm an deinem Unterricht?«, frage ich Ernst, der mir mit hängenden Schultern gegenübersitzt. In der Schule läuft es nicht so gut.

»Alles.«

»Wie alles?«

»Es ist das reinste Irrenhaus. Keiner arbeitet mit. Alle reden durcheinander, es ist total laut. Sie laufen rum und werfen mit Sachen. Zerknüllen die Arbeitsblätter, die ich austeile.«

»Bunte?«

»Häh?«

»Verteilst du farbige Arbeitsblätter?«, frage ich, und Ernst sieht mich verwundert an. Gleich fängt er an zu weinen.

»Ach, egal. Vergiss es«, sage ich schnell. Hole tief Luft und lächle. »Aaalso. Erst mal: Es ist völlig normal, dass die sich in den ersten Stunden so benehmen. Sind halt Schüler. Die probieren aus, wie weit sie bei dir gehen können. Anscheinend ziemlich weit.« Ernst lächelt nicht. »Aber das ist nicht schlimm. Ist wirklich ganz normal am Anfang. War bei mir auch so.«

Sofort erinnere ich mich wieder an eine der ersten Stunden im Referendariat. Wie ich vorne am Lehrerpult stehe und mich im Raum umsehe. Silvio liegt mit dem Rücken auf einem Skateboard und rollt durch die Klasse. Dabei stößt er mit dem Kopf an den Tisch von Johannes. Johannes war gerade dabei zu schreiben und springt wütend auf, als der Tisch wackelt. Er tritt gegen das Skateboard, und Silvio rollt gegen die Wand, schreit und hält sich den Kopf. Kai rennt mit einem grünen Plastikeimer auf dem Kopf und ausgestreckten Armen durch den hinteren Teil des Raumes und macht dabei Zombiegeräusche. Einige Schüler flüchten vor ihm, als wäre er wirklich ein Zombie. Bert beobachtet die Verfolgungsszene, spitzt seinen Bleistift an und rennt mit wildem Geschrei auf den Eimer zu. Bevor er den spitzen Bleistift in den Eimer rammt, schaue ich weg. Einige Mädchen hocken auf ihren Tischen und unterhalten sich aufgeregt. Sie kichern und gucken dabei immer wieder zu mir. Matthias sitzt in der ersten Reihe auf seinem Platz, sortiert seine Bücher und Hefte auf dem Tisch. Schiebt alles in die linke obere Ecke und fragt mit leidender Stimme: »Können wir jetzt endlich mit Englisch anfangen?«

Damals habe ich mir das ganze Durcheinander angesehen wie einen Fernsehfilm. Obwohl, selbst in Filmen, in denen Michelle Pfeiffer eine chaotische Klasse betritt, also den Raum mit der schlimmsten Klasse der Schule, herrscht nicht so ein Chaos wie bei mir. Ich wusste überhaupt nicht, was ich machen sollte. Es war einfach zu viel. Und zu unübersichtlich. Ich stand nur da und schaute. Wie jemand, der einen schlimmen Autounfall beobachtet. Unfähig einzugreifen. Unfähig, weil ich gar nicht wusste, wo ich anfangen sollte. So fühlt sich Ernst wahrscheinlich auch.

»Okay, Ernst. Stören denn alle oder nur einige?«

»Alle.«

»Wirklich? Oder machen nur alle nicht mit?«

»Keine Ahnung. Niemand macht mit.«

»Okay, okay. Also, versuch mal in der nächsten Stunde rauszufinden, von wem die Störungen ausgehen. Meistens sind das nur ein paar Schüler. Die anderen machen einfach nichts, weil du wahrscheinlich gar nicht unterrichtest. Aber wenn du denen eine Aufgabe gibst, dann arbeiten die auch mit.«

»Wie soll ich denen denn eine Aufgabe geben, die hören mir doch gar nicht zu. Da kann ich doch gar nichts erklären.«

Uns Lehrern wird immer gesagt, dass wir einen guten Unterrichtseinstieg brauchen. Die meisten Unterrichtseinstiege erfordern allerdings die absolute Aufmerksamkeit der Schüler, die zu erhalten, wie man sieht, für Referendare und Berufsanfänger ein Riesenproblem ist. Wenn man eine neue Gruppe unterrichtet und die Schüler noch nicht kennt – ob im Referendariat oder später im Unterricht –, geht es in erster Linie jedoch darum, möglichst schnell Ordnung herzustellen und den Schülern zu vermitteln, dass man alles im Griff hat.

»Ernst, du musst der Chef sein!«, sage ich.

»Wie Chef?«

»Die Schüler wollen, dass du sagst, wo es langgeht. Wenn du das nicht machst, dann sind sie Chef, und du hast immer Chaos, weil sie nicht auf dich hören.«

»Chef sein, ha! Ich bin so dermaßen nicht der Chef in dieser Klasse … Das schaffe ich nie.«

»Doch, doch. Du brauchst nur erst einmal etwas mehr Durchblick.«

Man muss schnell rausfinden, wer eigentlich mitarbeiten will und wer nicht. Es ist selten so, dass in einer Gruppe keiner am Unterricht oder zumindest an der Mitarbeit interessiert ist. Oft haben diese eigentlich willigen Schüler jedoch gar keine Chance ihr Engagement zu zeigen, denn die 45 Minuten bei dem Neuen oder der Neuen enden immer wieder im Chaos.

»Pass auf, Ernst! Für die nächste Stunde machst du ein ganz einfaches Arbeitsblatt. Vielleicht mit dem Geschichtsbuch. Irgendwas raussuchen. Die Aufgaben müssen ganz verständlich gestellt und ohne große Erklärungen zu bewältigen sein. Du verteilst die Blätter, sagst, dass du sie am Ende einsammelst und benotest. Wenn sie dir selbst dabei nicht zuhören, dann schreibst du die Aufgabe und das mit den Zensuren schon vor der Stunde an die Innenseite der Tafel und öffnest die einfach nach dem Klingeln. Du wirst sehen, es gibt immer einige Schüler, die mitarbeiten. Die sind dann erst mal ruhig. Und du kannst erkennen, wer noch stört, und dich um die kümmern. Vor allem musst du dir schnell alle Namen merken.«

Ernst guckt mich an und seufzt.

»Na gut, kann ich ja mal probieren.«

In Klassen, in denen man noch nicht klarkommt, sollte man erst mal auf langatmige Erklärungen am Anfang der Stunde verzichten und lieber mit einer leicht zu bewältigenden Aufgabe beginnen. Immer alles einsammeln, korrigieren und zensieren, damit die Schüler sehen, dass man ihre Anstrengungen auch honoriert. In Stunden, in denen du nur vorne stehst und 45 Minuten lang versuchst, für Ruhe zu sorgen, steigen selbst die willigsten Schüler irgendwann aus und fangen an zu stören. Lobe am Stundenende die leisen Schüler und vermittle ihnen, dass du ihre Bemühungen sehr wohl registriert hast.

In der nächsten Stunde gibst du die zensierten Aufgaben zurück, sie werden sich über die guten Noten freuen und wieder mitarbeiten. Andere Schüler werden sich anschließen, weil es anscheinend gar nicht so schwer ist, bei dem Neuen gute Zensuren zu bekommen. Es wird immer noch Schüler geben, die stören, aber die muss man erst mal erkennen (siehe auch Kapitel *Der Unterricht*, ab. S. 195).

Das Chaos sortieren

Sie müssen strenger sein! –
Erst mal die Zügel hart anziehen

Hofaufsicht. Ich latsche in Zeitlupe über den Hof. Zwei ältere Schüler vor mir.

Der eine sagt: »Wie findest du die Neue?«

»Frau Schmidt?«, fragt der andere. Der erste nickt. »Sie ist übertrieben nett. Und sie lächelt immer.«

»Ja, warte noch drei Wochen, dann zeigt sie ihr wahres Gesicht.«

Warte noch drei Wochen, dann zeigt sie ihr wahres Gesicht. Damals fragte ich mich, was das heißen soll. Natürlich ist man als neuer Lehrer nett. Warum auch nicht? Ich war auch immer nett. Wenn die Kollegen sagten: »Erst mal die Zügel hart anziehen«, dann dachte ich: Ach, was wissen die denn schon? Ich will nett sein. Aber was bedeutet das, nett zu sein?

Mein Nettsein sah so aus, dass ich mich in den ersten Stunden im Referendariat gar nicht durchsetzen konnte. Ich schaute zu, wie die Schüler permanent miteinander redeten. Ich kam damals gar nicht auf die Idee, dass ich Schüler auseinandersetzen könnte. Weil ich nichts gegen die störenden Unterhaltungen unternahm, fingen andere Schüler auch an zu quatschen. Denn die Klasse sah ja, dass ich das Quatschen im Unterricht nicht sanktionierte. Ich tat auch nichts dagegen, wenn sie ihr Essen rausholten oder sonst wie störten. Wenn sie aufstanden, um etwas in den Papierkorb zu schmeißen, sagte ich vielleicht: »Das hättest du auch am Ende der Stunde machen können.«

Es wurde immer chaotischer in meinem Unterricht. Und zwar nicht, weil ich das gut fand. Zum einen lag es daran, dass ich nicht meckern wollte, zum anderen aber auch, dass ich gar nicht wusste, was ich gegen Störungen machen sollte. Ich sagte Sachen wie:

»Seid doch bitte mal kurz ruhig, ich will euch die Aufgabe erklären.«

»Kannst du bitte kurz aufhören zu quatschen? Die anderen können gar nicht hören, was ich hier vorne erkläre.«

»Okay, dann geh schnell auf die Toilette, aber nächstes Mal bitte in der Pause.«

Nach außen hin blieb ich ruhig, obwohl ich innerlich kochte. Jede Stunde wurde ich wütender. Warum stören die permanent den Unterricht? Ich bin doch nett. Warum machen die trotzdem nicht, was ich will? Dann fingen die Schüler an, so Sachen zu sagen wie »Sie müssen strenger sein!« oder »Sie sind viel zu nett«. Ich verstand die Welt nicht mehr. Wollten die Schüler etwa, dass ich sie anmeckere und ihnen Strafarbeiten aufgebe?

Es wurde immer schlimmer. Irgendwann konnte ich nicht mehr und schrie die Klasse an. Ich schrie und drohte und fühlte mich dabei total schlecht. Werde ich jetzt so eine Lehrerin, die immer schreien muss?

»Warte noch drei Wochen, dann zeigt sie ihr wahres Gesicht.« War das mein wahres Gesicht? Die meckernde, rumschreiende Lehrerin? Damals habe ich nicht verstanden, dass die Schüler wollten, dass ich mich durchsetze und der Chef im Unterricht bin.

»Sie müssen strenger sein« heißt nichts anderes, als konsequent zu sein. Wenn einer quatscht, dann unterbinde das! Wenn du etwas androhst, dann musst du das auch durchsetzen! Wie oft habe ich in meiner Schreizeit gesagt, dass ich zu Hause anrufen würde – und es dann doch nicht gemacht. »Wenn ihr nicht ruhig seid, arbeiten wir in der großen Pause weiter.« Und dann habe ich die Schüler doch beim Klingeln gehen lassen.

Aber selbst wenn man schon von Anfang an weiß, dass man konsequent sein sollte, ich hätte gar nicht gewusst, was ich gegen die Unterrichtsstörungen hätte tun können. Ich wusste ja noch nicht mal genau, was mich eigentlich stört. Mit der Zeit findet man heraus, wo die eigenen Prioritäten liegen. Ich kann kaugummikauende Schüler ertragen, aber nicht, wenn mir jemand mit Handschuhen und Daunenjacke gegenübersitzt. Ich will nicht, dass sich meine Schüler gegenseitig beleidigen. Bei mir müssen die Tische gerade stehen, und auf den Tischen dürfen keine Taschen liegen. Aber woher sollen die Schüler das wissen?

Es gibt Regeln in der Schule, die jeder Schüler kennt: Man soll nicht im Unterricht mit dem Nachbarn quatschen, nicht kippeln und pünktlich kommen. Aber dann gibt es noch die Regeln, auf die jeder einzelne Lehrer Wert legt – und die können sehr unterschiedlich sein. Du musst für dich möglichst schnell herausfinden, was dir wichtig ist. Das ist eigentlich nicht so schwer. Du merkst ja schnell, was dich persönlich besonders stört. Und dann musst du anfangen, deine Regeln durchzusetzen (mehr dazu im Unterkapitel *Du sollst nicht stören*, ab S. 53). Nicht alle auf einmal, aber vielleicht in jeder Stunde ein paar mehr. Irgendwann gehst du in eine neue Gruppe und weißt genau, was dir wichtig ist. Du sagst es den Schülern gleich am Anfang und achtest in den ersten Stunden besonders auf die Einhaltung dieser Regeln. Das wird nicht leicht, aber es ist besser, in den ersten Stunden konsequenter zu sein, als alles durchgehen zu lassen und dann nach drei Wochen unter wildem Geschrei alles auf einmal einzufordern. Die Schüler erwarten, dass du sagst, wo es langgeht und wo sich die Sackgassen befinden.

Das erste Mal in einer neuen Klasse – Wie man einen Sitzplan erstellt

Als Lehrer hat man, anders als in vielen anderen Berufen, ständig mit neuen Gruppen zu tun. Eine neue Schülergruppe ist immer aufregend. Der erste Eindruck ist wichtig. Man hat nie die Chance auf einen zweiten ersten Eindruck.

Eine eigene Klasse zu bekommen, ist besonders aufregend. In Berlin verlassen die Schüler die Grundschulen nach der 6. Klasse und bleiben dann mindestens vier Jahre in der Oberschule. Vier Jahre sind eine lange Zeit. Selbst wenn man vierzig Jahre unterrichtet und die ganze Zeit Klassenlehrer ist, sind es insgesamt höchstens zehn Klassen. Aber wer unterrichtet heute schon vierzig Jahre? Auf ein ganzes Berufsleben verteilt, sind zehn eigene Klassen eigentlich auch nicht viel. Man hat also höchstens zehn Mal die Möglichkeit, als Klassenlehrer einen guten ersten Eindruck zu hinterlassen. Vielleicht sollte man sich deshalb vorher ein paar Gedanken darüber machen, wie man den ersten Tag gestaltet.

Als Klassenlehrer hat man den Vorteil, dass man zumindest die Namen der Schüler schon kennt. Ich erinnere mich gut daran, wie ich als Schülerin am ersten Tag an meiner neuen Oberschule in der Mensa saß. Als Schüler ist man aufgeregt. Wird man nette Lehrer haben? Wie werden die anderen Schüler sein? Werde ich Freunde finden?

Was die Schüler nicht wissen – als Lehrer ist man genauso aufgeregt. Werden die Schüler nett sein? Werde ich mich durchsetzen können? Werden sie auf mich hören? Werden wir Spaß haben?

Am ersten Tag weiß man außer den Namen nichts über die Schüler. Ich vermeide es, Schülerakten aus den Grundschulen oder bei Überwechslern aus anderen Schulen zu lesen, denn jeder

Schüler soll die Chance auf einen ersten guten Eindruck haben. Mit Einträgen in Schülerakten ist das ohnehin so eine Sache. Ich habe mittlerweile schon ganze Berge von Akten gelesen. Wenn ein Schüler sich wiederholt nicht an Regeln hält und man in einer Klassenkonferenz Ordnungsmaßnahmen verhängen muss, dann liest man natürlich vorher die Akte. Dabei fällt mir immer wieder auf, dass es Grundschulklassenlehrer gibt, die gerne Aktennotizen verfassen und abheften, und andere, die das nicht tun. Ich habe sehr schwierige Schüler unterrichtet, die in ihren Grundschulen bestimmt keine Lämmer waren, in deren Akten aber nur das Nötigste stand. An anderen Schulen wurde jede Beleidigung genauestens dokumentiert. Ich würde neuen Klassenlehrern und auch Fachlehrern immer empfehlen, sich zunächst einen eigenen Eindruck zu verschaffen. Schließlich hat jeder Schüler das Recht auf einen unvoreingenommenen Klassenlehrer.

Vor dem ersten Tag in einer neuen Klasse sollte man sich auf jeden Fall Gedanken über die Sitzordnung machen. Da gibt es nun zwei Möglichkeiten. Man gibt eine Sitzordnung vor, oder man gibt keine Sitzordnung vor.

Kein vorgegebener Sitzplan

Die Schüler kommen am ersten Tag in die Klasse. Man steht als Klassenlehrer vorne und wartet, dass sie sich irgendwohin setzen. Schüler, die sich bereits aus der Grundschule oder sonst woher kennen, setzen sich zusammen – oder auch gerade nicht.

Schüler, die irgendwie anders sind als die meisten anderen, werden wahrscheinlich alleine sitzen. Sei es, weil sie anders aussehen, anders gekleidet sind oder sich anders als die Masse verhalten. Wahrscheinlich waren diese Schüler schon in ihren Grundschulklassen nicht besonders in die Klassengemeinschaft integriert, und jetzt passiert ihnen am ersten Tag an der neuen Schule genau das

Gleiche. Kinder und Jugendliche haben ein sehr feines Gespür dafür, wer beliebt sein wird und wer nicht. Lieber halten sie sich von den Sonderlingen fern, denn sonst werden sie schnell selbst ausgegrenzt.

Ein weiterer Nachteil der freien Sitzplatzwahl am ersten Schultag ist, dass man es schwer haben wird, diese Ordnung wieder zu ändern. Schon einmal hat man den Schülern die Möglichkeit gegeben, sich einen Sitzbanknachbarn frei zu wählen. Wer gerne neben Hamid sitzen will, weil der immer so lustige Sprüche im Unterricht macht, der wird seinen Platz nicht ohne lange Diskussionen räumen wollen, nur weil du es so möchtest.

Deshalb würde ich immer empfehlen, dass man als Klassenlehrer einer neuen Klasse die Sitzordnung vorab festlegt.

Sitzplan vorher festlegen

Ich habe bei meiner letzten Klasse beschlossen, immer einen Jungen neben ein Mädchen zu setzen, und damit gute Erfahrungen gemacht. Meiner Meinung nach erhöht das die Aufmerksamkeit aller Schüler im Unterricht. Zum einen sind in der 7. Klasse die Jungen meistens nur mit den Jungen und die Mädchen nur mit den Mädchen befreundet, so wird dann im Unterricht nicht so viel gequatscht. Zum anderen halte ich nichts von Geschlechtertrennung, ich nehme da keine Rücksicht auf jedwede Befindlichkeiten. Da ich die Schüler ja nicht kannte, habe ich einfach immer einen Jungennamen und einen Mädchennamen auf die Tische geklebt und für jeden Schüler ein Namensschild gebastelt. Die Namensschilder standen auf einem Tisch an der Tür.

Die Schüler kamen am ersten Tag in meinen Raum und haben zunächst ihr Namensschild und dann ihren Sitzplatz gesucht. Dazu mussten sie durch den Raum laufen und den Tisch mit ihrem Namen finden. Sie fühlten sich so bereits erwartet und nicht völlig anonym. Ein anderer Vorteil war, dass ich das Privileg der Sitzplangestaltung nicht aus der Hand geben musste. Wer wird sich schon beschweren, wenn er am ersten Tag neben einen Schüler gesetzt wird, der ihm vielleicht unsympathisch, aber auch fremd ist. Die Schüler merken sehr schnell, dass mit dieser Methode niemand bevorzugt wird, denn die Sitzordnung berücksichtigt ja nur ihr Geschlecht.

Nun klingt das vielleicht sehr autoritär, aber es ist wirklich viel leichter, Störer auseinanderzusetzen, wenn man die Hoheit über den Sitzplan behält. Sitzpläne sind auch nicht in Stein gemeißelt und können immer wieder verändert werden. Es gibt immer die lieben, ruhigen Schüler, die gerne nebeneinandersitzen wollen. Eigentlich wäre daran auch nichts auszusetzen, allerdings muss man sich bewusst sein, dass die störenden Schüler dann übrigbleiben und ebenfalls zusammensitzen wollen.

Und für die Lehrer, die diese Maßnahme zu hart finden: Seid mal ganz beruhigt, die Schüler haben ja nicht nur bei dir Unterricht. Es gibt immer Kollegen, denen es völlig egal ist, wo der einzelne Schüler hockt. Die Schüler werden also täglich noch oft die Möglichkeit haben, neben der besten Freundin oder dem besten Freund zu sitzen.

Behalte dir also in neuen Gruppen das Recht vor, den Sitzplan zu gestalten. Klebe die Namen vorher auf die Tische, und zeichne dir den Sitzplan auf. Dadurch lernt man auch schneller die Namen der Schüler. Sollte diese Zufallssitzordnung nicht optimal sein, weil zum Beispiel ein sehr großer Schüler in der ersten Reihe sitzt oder zwei Schüler immer miteinander quatschen, dann bestimmst du, wie der Sitzplan geändert wird.

Die Schüler werden sich auf jeden Fall immer wieder beschweren, dass sie woanders sitzen wollen. Ich hatte die Sitzordnung zunächst von Schuljahresbeginn bis zu den Herbstferien festgelegt.

Man kann eine neue Sitzordnung auch auslosen lassen. Da würde ich aber auch darauf bestehen, dass immer ein Mädchen neben einem Jungen sitzt.

»Ich habe heute über Sitzordnungen geschrieben«, erzähle ich Frau Dienstag abends am Telefon. Sie steht im Stau und langweilt sich.

»Ah jaaa, Sitzordnungen«, antwortet sie. Ich frage, ob sie eher dafür ist, einen Sitzplan zu machen oder die Schüler frei wählen zu lassen, wo sie sitzen wollen.

»Natürlich mache ICH den Plan!«, sagt sie in einem Ton, der keine Widerrede erlaubt. Als hielte sie allein die Frage für bekloppt.

Ich bin verunsichert. »Meinst du, jeder macht das so? Meinst du, das weiß sowieso jeder? Wusstest du das bereits, als du im Referendariat warst?«

»Nee, wahrscheinlich nicht. Aber man hat ja im Referendariat auch keine eigene Klasse. Viel interessanter ist das ja im Fachunterricht. Hast du da auch was darüber geschrieben?«

»Nein. Noch nicht.«

»Na, dann schreib mal, dass man sich vorher vom Klassenlehrer einen Sitzplan holen sollte. Mach ich immer!«

Dann hält sie mir einen langen Vortrag darüber, wie wichtig es ist, sich vor dem ersten Unterricht in einer fremden Klasse ein paar Informationen zu holen. »Sitzplan und wer auf keinen Fall nebeneinandersitzen darf und so.«

Als Fachlehrer will man möglichst schnell wissen, wie die Klasse tickt. Auf welche Schüler man achten und wer besonders gefördert werden muss. Als Fachlehrer willst du nämlich einfach nur, dass es ruhig ist und läuft. Erzieherische unverstellte erste Eindruckschancen überlässt man dem Klassenlehrer.

»Hast du auch was darüber geschrieben, wie die ganze Sitzordnung in der 10. Klasse aufweicht und jeder da sitzt, wo er will?«, fragt Frau Dienstag

»Nee, hab ich nicht. Aber ich hab meine in der Zehnten dann auch so sitzen lassen. Das ging irgendwie, die sind dann ja schon älter und sind leise, wenn du sie ermahnst. Die dürfen sitzen, wo sie wollen. Bei dir nicht?«

»Doch. Aber in der Siebten und Achten hole ich mir immer einen Sitzplan vom Klassenlehrer.«

»Und wenn die keinen haben?«

»Dann ist die Klasse sowieso versaut.«

»Aber dann könnte man den Schülern in der ersten Stunde sagen, dass man genau darauf achtet, wie sie sich benehmen, und dass man nur die zusammensitzen lässt, die auch ruhig sind und mitarbeiten«, schlage ich vor.

Frau Dienstag hört zu, schweigt ein paar Sekunden und sagt dann: »Ja. Das kann man machen.«

Zum Glück bin ich nicht meine Klasse – Sitzplan im Praxistest

»Frau Freitag, wir wollten doch noch über die Sitzordnung sprechen.« Mist, total vergessen. Es klingelt in zehn Minuten. Von den Fachlehrern gibt es immer wieder Beschwerden über meine Klasse. »Die sind so verquatscht und machen nur Unsinn.«

Diese Informationen gebe ich dann postwendend an meine Schüler weiter und frage nach Details: »Rosa, erzähl mal, was ist da los in Musik?«

»Hamid, Taifun und Raifat quatschen immerzu.«

»Wie sitzt ihr denn dort?«

»Die drei sitzen immer nebeneinander und Oskar und Fuad auch.«

»WAAAS? Oskar und Fuad? Und Hamid und seine Gang ... die sind nicht an getrennten Tischen?«

Rosa zieht die Augenbrauen hoch und schüttelt den Kopf. In meinem Unterricht sitzen die alle so weit auseinander, dass man meinen könnte, sie befänden sich in unterschiedlichen Räumen. Oskar und Fuad an einem Tisch zu lassen, wer macht denn so was? Da kann man sich ja gleich eine Big Band in den Unterricht einladen. Hamid und seine Jungs sind auch eine explosive Mischung.

»Okay, dann machen wir also einen Sitzplan für Musik«, sage ich und schlage vor, dass sie die Sitzordnung, die wir im Kunstunterricht haben, übernehmen. Damit ist Rosa einverstanden. Sie zeichnet die Schultische auf und schreibt die Namen auf. Dann liest sie den Plan vor.

Plötzlich meldet sich Elena: »Frau Freitag, ich möchte aber in Musik nicht neben Volkan.« Dann Dilay: »Ich sitze da alleine und kann sehr gut mitmachen. Ich will in Musik weiter alleine sitzen.« Jetzt Hamid: »Ich will auch weiter alleine sitzen.«

»Hamid, du störst so oft, du darfst dir hier gar nichts aussuchen«, sage ich.

Rosa meldet sich: »Frau Freitag, ich dachte, dass ich neben Hamid sitzen kann. Damit er sich in Musik beruhigt.« Ich bin baff. Und lobe sie sofort für diese gute Idee. Wir starten eine kurze, knackige Diskussion. Ich moderiere. Das heißt, ich halte mich zurück und schreibe lediglich die Namen von denen auf, die sich melden. Am Ende wollen alle versuchen, die Sitzordnung aus dem Kunstunterricht auch in Musik zu übernehmen. Es gibt nur einen Wechsel, nämlich dass Hamid nicht mehr alleine, sondern neben Rosa sitzt. Ich bin stolz auf meine Klasse.

Morgen haben wir Gesamtkonferenz. Zum Glück kommt der

Schulleiter nicht auf die Idee, dort die Sitzordnung zu bestimmen. Nicht auszudenken, wenn ich zwischen zwei Kollegen sitzen müsste. Vielleicht wären das sogar noch welche, die ich gar nicht mag. Mit wem sollte ich dann während der Konferenz quatschen? Meine Schulstullen zwischen zwei doofen Männern zu essen, wäre mir auch peinlich.

Du sollst nicht stören – Vor- und Nachteile von Klassenregeln

»Frau Freitag, du unterrichtest doch Kunst, oder?«, fragt die neue Kollegin, und ich nicke.
»Hast du vielleicht so ein großes Plakat für mich?«
»Ja, klar. Was willst du denn machen?«
»Wir erarbeiten heute Klassenregeln.«
Ich gebe ihr eine große gelbe Pappe. »Hier. Viel Glück damit.«
Wir erarbeiten Klassenregeln. Ha! In jedem Fachbuch steht, dass die Schüler Regeln, die sie selbst aufgestellt haben, auch einhalten. Nun: Die einen sagen so, die anderen sagen so.

Welche Art von Regeln sollen eigentlich aufgestellt werden? Ich habe das schon so oft ausprobiert, »wir melden uns im Unterricht, wir werfen keine Gegenstände durch die Klasse, niemand möchte ausgegrenzt werden …«, und vielleicht liegt es an mir, aber ein Plakat mit Klassenregeln ist nicht der Weisheit letzter Schluss.

Schüler sind geübt im Formulieren von Regeln. Sie aufzuschreiben, ist nicht schwer. Sie einzuhalten, das ist die große Kunst. Regeln, die eigentlich selbstverständlich sind, gehören meiner Meinung nach nicht an die Wand eines Klassenzimmers. Dazu zählt, dass man pünktlich im Unterricht ist, das Eigentum seiner

Mitschüler achtet und den Unterricht nicht stört. Die meisten Regeln sind entweder schon in der Schul- oder Hausordnung oder im Schulgesetz formuliert. Man schreibt auch nicht auf, dass man keine Drogen oder Waffen mit in den Unterricht bringt. Das versteht sich von selbst. Es sollte auch selbstverständlich sein, dass man seinen Mitmenschen zuhört, sie nicht beleidigt oder mobbt. Trotzdem finden sich solche Verhaltenspostulate immer wieder in Klassenregeln.

Die Regeln, die dir in deinem Unterricht persönlich wichtig sind, musst du nicht aufschreiben, denn die hast du im Kopf. Auf die Einhaltung dieser Regeln musst du sowieso alleine achten. Die meisten dieser Regeln betreffen auch mehr deine eigenen Befindlichkeiten und tragen nicht zwangsläufig zum Gelingen des Unterrichts bei. Man kann ja auch Unterricht machen, wenn jemand die Jacke anhat und die Tasche auf dem Tisch liegt.

Lässt man Schüler eigene Regeln formulieren, dann schreiben sie: *Du darfst nicht im Unterricht essen! Du darfst nicht den Unterricht stören. Du darfst nicht kippeln* und so weiter. In der Fachliteratur wird allerdings immer auf eine Positivformulierung gedrängt: *Wir achten das Eigentum unserer Mitschüler. Wir hören einander zu* und so fort. Warum man das so machen soll, weiß ich eigentlich nicht. Vielleicht, weil eine positiv formulierte Verhaltensanweisung irgendwie besser und wirkungsvoller sein soll als ein Verbot. Ein Verbot positiv zu formulieren ist gar nicht so einfach. Leichter fällt es den Schülern dagegen, sich äußerst drakonische Strafen für die Nichteinhaltung der Regeln auszudenken. Strafarbeiten, Nachsitzen, Anrufe bei den Eltern etc.

Wenn man mit seiner Klasse Regeln aufgestellt hat, ist man als Klassenlehrer zunächst erleichtert, hängt sie an die Wand und freut sich. Das wäre geschafft. Und ich will den Lehrer sehen, der nicht denkt, dass die Schüler sich von diesem Moment an automatisch gut benehmen werden. Weil man sich ja nicht dauernd sieht, erhalte ich immer wieder Zettel von Klassenlehrern, die schwierige 7. Klassen haben. Auf den Zetteln in meinem Fach steht dann, dass es in ihrer Gruppe jetzt folgende Regeln gibt, auf deren Einhaltung auch alle Fachlehrer achten sollen.

Okay, die Klasse hat Klassenregeln, aber was passiert dann? Dann geht es darum, dass diese Regeln auch eingehalten werden, und das ist schwer. Störendes Verhalten gewöhnt man sich nicht einfach ab, nur weil es als positive Formulierung auf einem gelben Plakat steht. Vielleicht erleichtern die Regeln den Umgang mit Unterrichtsstörungen, denn der Lehrer kann auf das Plakat zeigen und den Schüler fragen: »Gegen welche Regeln hast du gerade verstoßen?« Daraufhin kann der Schüler antworten: »Wir sind nett zu unseren Mitschülern.« Da zeigt sich die Crux der Positivformulierung. *Ich beleidige meine Mitschüler nicht* ist doch irgendwie deutlicher als *Ich bin nett zu meinen Mitschülern*. Wie ist das denn eigentlich bei den Zehn Geboten: *Du sollst nicht töten* leuchtet mir jedenfalls mehr ein als *Ich lasse alle Menschen am Leben*. Vielleicht sollte man sogar noch deutlicher werden und schreiben: *Kein Schüler möchte Hurensohn genannt werden*. Wobei man dann natürlich sehr viele, sehr spezifische Regeln ausformulieren müsste.

Ich glaube, das Problem ist nicht die Formulierung und Fixierung von Klassenregeln, sondern die unglaublich schwierige Zeit danach, wenn man ständig darauf achtet, welche Regel wieder verletzt wurde, und man nur noch damit beschäftigt ist, Sanktionen zu verhängen. Jeder Schüler wird dann zum Regelpolizisten. Diese Zeit habe ich immer als sehr unangenehm empfunden. Wenn man eine Klasse ein paar Monate oder Jahre unterrichtet, rauft man sich mit den Schülern irgendwann sowieso zusammen. Aber das dauert eben.

Heißt das jetzt, dass man keine Regeln braucht? Nein. Es heißt, dass wir ohnehin schon Regeln haben und die Schüler diese Regeln auch kennen. Es ist selbstverständlich, dass niemand beleidigt werden möchte. Es ist doch klar, dass man niemanden mobben, schlagen oder auslachen soll. Das sagt einem doch der gesunde Menschenverstand. Über den verfügen auch die Schüler. Die meisten jedenfalls. Wenn gegen diese allgemein bekannten Regeln verstoßen wird, dann gibt es Sanktionen. Welche das sind, hängt von der Art des Verstoßes ab. Große Vergehen wie körperliche Gewalt gegen Mitschüler werden über Klassenkonferenzen geregelt und können Suspendierungen nach sich ziehen. Bei kleineren Verstößen wie ständigem Quatschen während des Unterrichts oder heimlichem Chipsessen in der Stunde entscheidet der Lehrer in der Regel selbst, wie er damit umgeht – oft auch in Absprache mit dem Klassenlehrer. Wie jeder Einzelne reagiert, wenn die ihm besonders wichtigen Regeln (Mützen im Unterricht) verletzt werden, liegt ebenfalls im eigenen Ermessen. Generell gilt: Je klarer du bist und je konsequenter du auf die Einhaltung pochst, desto eher werden die Schüler sich den persönlichen Marotten von dir fügen. Aber das schriftliche Fixieren von Verhaltensanweisungen reicht leider nicht. Bei mir zumindest nicht.

Die Klassenregeln meiner ersten Klasse hängen immer noch laminiert über der Tafel. Wir haben die Regeln gemeinsam aufgestellt, ich habe sie abgetippt, ausgedruckt, laminiert und aufgehängt. Jeder Schüler hat mit seiner Unterschrift bestätigt, dass er die Regeln verstanden hat und sich entsprechend verhalten will. Haben sie das geschafft? Nein. Vielleicht machen andere Lehrer bessere Erfahrungen als ich, aber meiner Meinung nach ist es ein sehr langwieriger und mühsamer Prozess, ein gutes Klassen- und Unterrichtsklima herzustellen.

Ich wollte die laminierten Regeln vor einigen Jahren von der Wand nehmen. Weil der Kleber dabei die Wandfarbe ablöste, habe ich sie einfach hängen lassen. Vielleicht gibt es jetzt immer mal wieder einen Schüler, der sich in meinem Englischunterricht gelangweilt darüber Gedanken macht, was das eigentlich bedeuten soll, dass wir darauf achten, dass sich jeder Schüler in unserer Klasse wohl fühlt.

Monster Energy – Das Koffeinverbot

»Haben Sie gehört von dieses eine Mädchen, Frau Freitag? Sie ist gestorben von Energy-Drinks«, erzählt mir Rosa, als sie zur ersten Stunde den Raum betritt.

»Ja, vallah, aber sie hat nur zwei Dosen getrunken. Wie kann man davon sterben?«, fragt Hamid. »Ich habe neulich fünf Dosen getrunken.« Hamid ist viel zu groß und leider auch viel zu schwer für sein Alter. Bei ihm verteilt sich das Koffein bestimmt sehr gut.

»Aber sie hatte Herzfehler«, sagt Raifat.

»Is' trotzdem komisch. Nur zwei Dosen …« Hamid wundert sich immer noch. Ich freue mich. Nicht über den Tod des armen Mädchens, sondern darüber, dass meine Schüler nun endlich mal von jemand anderem als mir über die Gefahr dieser Getränke aufgeklärt werden. In der Zeitung stand, das Mädchen habe 480 Milligramm Koffein zu sich genommen – so viel, wie fünf Liter Cola enthalten.

»Das war dieses Monster Energy«, sagt Hamid. »Das gibt's hier auch.« Meine Klasse ist sichtlich verwirrt. Wie kann man an etwas sterben, das legal verkauft wird und was sie selbst jeden Tag trinken? Auf den Dosen steht »Nicht für Kinder und Schwangere geeignet«, aber welcher Erwachsene greift denn zu einem Erfrischungsgetränk, das »Monster Energy« heißt? Das hat ein totales Kinderdesign, mit dem zum Kauf animiert werden soll. Aber dann schreiben, dass Kinder das nicht trinken sollen! Als würden Kinder das lesen und die Dose zurück ins Regal stellen.

Energy-Drinks sind seit ein paar Jahren der letzte Schrei in der Schule. Mir war das gar nicht so klar. Aber als wir im Sommer auf Klassenfahrt waren, musste ich feststellen, dass einige meiner Schüler regelrecht abhängig von dem Zeug sind.

Am ersten Tag war super Wetter, wir waren den ganzen Tag draußen und sogar noch stundenlang im Schwimmbad. Abends war ich todmüde, aber meine gesamte Klasse hellwach. Die ganze Nacht haben sie gekichert, gequatscht und ständig versucht, in die anderen Zimmer zu kommen.

»Das mache ich keine weitere Nacht mit«, sagte morgens meine extrem übermüdete Kollegin zu mir. »Wie können die nur so lange so wach bleiben?«

Auch ich war komplett gerädert. »Du, ich glaube, die haben die ganze Nacht Cola getrunken. Die haben sich gestern bestimmt damit eingedeckt. Hamids Tasche war doch auch total schwer. Ich gehe mal durch die Zimmer und gucke nach.«

In den Zimmern meiner Klasse traf mich der Schlag. Bei den Jungs standen nicht nur mehrere 1,5-Liter-Flaschen Cola, sondern auch ganze Batterien von Energy-Drinks. Teilweise ebenfalls in 1,5-Liter-Flaschen. Ich konfiszierte jedes koffeinhaltige Getränk und schleppte alles in mein Zimmer. Leider konnte man in der Jugendherberge auch noch Colaflaschen aus dem Automaten ziehen. Hinter dem Gerät standen schon mehrere Kisten mit Leergut. Beim Mittagessen sprach ich ein absolutes Cola- und Energy-Drink-Verbot aus.

»Abooo! NEIIIN!«, riefen die Schüler entsetzt, hielten sich aber daran, denn von nun an saß immer ein Lehrer in der Nähe des Getränkeautomaten. Das Colaverbot erhielt bei uns nun den gleichen Stellenwert wie das Alkoholverbot bei Klassenfahrten mit älteren Schülern. Schon am Nachmittag meldeten sich die ersten Entzugserscheinungen: »Ich brauche Cola, biiitteee!«

»Frau Freitag, ich bin sooo müde, bitteee, nur eine Flasche!« Wir blieben hart. Die zweite Nacht verlief ruhig. Am nächsten Tag jammerte keiner mehr. Als ich am letzten Tag die warmen Cola- und Energy-Drink-Flaschen zurückgeben wollte, fand ich dafür keine Abnehmer mehr.

Aber auch mit Cola- und Energy-Drink-Verbot ist so eine Klassenfahrt sehr anstrengend. Ohne meine zwei Liter Kaffee am Tag hätte ich diese Woche auf keinen Fall überlebt!

Super, weiter so –
Lieber loben als immer nur meckern

»Und wie lief das mit den Klassenregeln?«, frage ich die neue Kollegin einige Tage später beim Rauchen.

»Ging so.«

»Wie? Hat es nichts gebracht?«

»Na ja, doch, also die Klasse hat ganz tolle Regeln aufgestellt und ...« Sie lacht und verschluckt sich am Rauch. »... und du kannst dir nicht vorstellen, was für Strafen die sich ausgedacht haben, falls sich jemand nicht an die Regeln halten sollte.«

»Doch, das kann ich mir genau vorstellen. Daumenschrauben und Waterboarding.«

»Genau.« Sie schmeißt ihre Zigarette auf den Boden und tritt sie aus. »Aber weißt du, Frau Freitag, irgendwie scheinen den Schülern die Regeln ganz egal zu sein. Wir haben das Plakat aufgehängt, ich habe sogar alle unterschreiben lassen, aber die sind trotzdem laut und stören den Unterricht. Weniger Beleidigungen gibt es auch nicht. Irgendwie habe ich das Gefühl, dass ich die schlimmste 7. Klasse der ganzen Schule habe.«

»Das Gefühl kenne ich. Und mach dir mal keine Sorgen. Die werden sich schon beruhigen. Siebte sind immer anstrengend, und es dauert halt, bis die sich zu einer Klassengemeinschaft zusammengerauft haben. Vielleicht nehmt ihr euch erst mal eine Regel vor. Dann guckt ihr, ob ihr die eine Woche lang durchhalten könnt. Ich würde am Montag eine Regel an die Tafel schreiben, und vielleicht versprichst du ihnen eine Belohnung, wenn es am Ende der Woche geklappt hat.«

Eine Regel in einer schwierigen Klasse durchzusetzen, ist ja schon anstrengend genug. Und immer Sanktionen für die Nichteinhaltung zu verhängen, nervt irgendwie auch. Belohnungen sind doch schöner. Meistens reicht schon ein Lob nach dem Unterricht.

Leider vergisst man als Lehrer viel zu oft, die Schüler zu loben. Vielleicht liegt das daran, dass wir Lehrkräfte auch nicht gerade oft gelobt werden. Jeder freut sich zu hören, dass er etwas gut gemacht hat. Schüler und Lehrer. Selbst Schüler, mit denen man im Unterricht besonders viele Schwierigkeiten hat, werden gerne gelobt. Leider geben sie einem nicht immer Anlass dazu. Oft genug ist man als Lehrer nach einigen Stunden Unterricht bereits so genervt, dass man sich nur noch auf die Störungen konzentriert und die positiven Dinge, die im Unterricht passieren, gar nicht mehr wahrnimmt.

Nimm dir einfach mal vor, nur die guten Sachen im Unterricht zu kommentieren. Das ist gar nicht so einfach.

Stundenbeginn

Es klingelt. Von meiner Klasse mit 26 Schülerinnen und Schülern sind nur sieben pünktlich. Sie begrüßen mich freundlich und setzen sich auf ihre Plätze. Anstatt mich zu freuen, dass diese sieben Schüler es rechtzeitig aus dem Bett geschafft haben und vor dem

Klingeln in der Schule waren, sehe ich nur die leeren Plätze und ärgere mich sofort über die 19 fehlenden Schüler.

»Mensch, Leute, so geht das nicht! Von 26 sind gerade mal sieben da. Wie wollt ihr denn eure Abschlüsse schaffen? Meint ihr denn, ihr bekommt so später einen Job? Wenn ihr in der Ausbildung auch nur dreimal zu spät kommt, fliegt ihr sofort wieder raus.«

Sehr oft habe ich die pünktlichen Schüler so begrüßt. Bis irgendwann eine Schülerin sagte: »Aber Frau Freitag, WIR sind doch da!« Und sie hatte ja total recht. Man sollte die Pünktlichen loben und nicht gleich rummeckern. Meistens hatte ich mich außerdem mit meinen Schimpftiraden zu Stundenbeginn so verausgabt, dass ich das Eintrudeln der verspäteten Schüler gar nicht mehr oder nur mit einem ernsten Blick sanktioniert habe.

Die Message für die, die sich morgens im Bett noch mal gemütlich umgedreht hatten, war also: Zuspätkommen ist bei Frau Freitag wohl nicht so schlimm, sie sagt ja nie was.

Arbeitsmaterial

In meinem Englischunterricht möchte ich, dass alle Schüler bei Stundenbeginn ihr Arbeitsmaterial, das Workbook und den anderen Kram, auf den Tisch legen. Ich hasse es, wenn sie während der Stunde in ihren Taschen kramen. Schüler arbeiten gerne zeitverzögert, wenn man etwas von ihnen verlangt. Mein Arbeitsmaterial-rausholen-Ritual am Anfang der Stunde habe ich deshalb immer mit Ermahnungen unterlegt: »Hamid, hol bitte deine Sachen raus. Rosa, ich habe gesagt, dass ihr euer Zeug rausnehmen sollt. Leute, beeilt euch mal ein bisschen, ich will endlich anfangen ...« Ich war schon selbst genervt davon, dass ich die ganze Zeit rummeckern musste. Die Schüler, die meiner Aufforderung sofort nachkamen, wahrscheinlich auch. Irgendwann habe ich einfach angefangen, diejenigen zu loben, die genau das gemacht haben, was ich von ihnen wollte: »Super, Vincent, du warst der Erste, der seine Sachen rausgeholt hat. Toll, Dilay, gut, Zeynep ...« Und siehe da, plötzlich kramten die anderen Schüler nicht mehr in Zeitlupe, sondern witterten ein leicht verdientes Lob, das sie sich nicht entgehen lassen wollten. »Gucken Sie, Frau Freitag, ich hab mein Buch auch schon auf dem Tisch!«

Stundenende

Da ich immer rechtzeitig in die Pause möchte, versuche ich pünktlich meinen Unterricht zu beenden. Nichts ist schlimmer, als noch in das Klingeln hinein die Hausaufgaben zu brüllen. Oder wenn wir aufräumen müssen, während die anderen Klassen schon auf den Pausenhof strömen. Am Ende der Stunde müssen bei mir die Tische leer sein und die Schüler auf ihren Plätzen sitzen. Schüler, die nichts weiter zu tun haben, als auf das erlösende Klingeln zu warten, machen oft Sachen, die uns Lehrer stören. In diesen Phasen können leicht völlig unnötige Konflikte entstehen. Deshalb habe ich mir angewöhnt, den Schülern am Ende der Stunde schnelles Feedback zu ihrer Mitarbeit und ihrem Verhalten zu geben. Manchmal vergebe ich Zensuren für die Beteiligung, die ich dann vorlese. Oft reicht auch ein »Hamid, du hast heute sehr gut mitgearbeitet; Rosa, mir ist aufgefallen, dass du heute viel konzentrierter gezeichnet hast als in der letzten Stunde«. Wenn man negatives Verhalten nicht erwähnen möchte, dann reicht es völlig, auf die gute Mitarbeit und das vorbildliche Verhalten der jeweiligen Schüler hinzuweisen. Danach kommen die Störer meistens von ganz alleine und fragen: »Und ich? Und ich?« Die dürfen sich entweder selbst einschätzen, oder ich sage ihnen, wie ich mir ihre Mitarbeit in der nächsten Stunde vorstelle.

Vorschusslorbeeren

Wenn ein sonst schwieriger Schüler mal einen guten Tag erwischt und in einer Stunde schön mitarbeitet, dann ist es besonders wichtig, ihm oder ihr zu zeigen, dass man das auch registriert. Zu Beginn der nächsten Stunde kann man ihn oder sie ruhig daran erinnern: »Tarik, weißt du noch, dass du in der letzten Kunststunde so super ruhig und konzentriert gemalt hast? Versuch das doch heute wieder.«

Lob streuen

Klassenlehrer haben es schwer. Klassenlehrer von schwierigen Klassen haben es besonders schwer, denn sie hören den ganzen Tag schlechte Sachen über ihre Schüler. Und fühlen sich verantwortlich. Da kann man sagen, was man will, ich habe mich immer verantwortlich und schlecht gefühlt, sobald sich jemand über meine Klasse beschwert hat. Und wie selten habe ich mal etwas Gutes gehört, und wie sehr habe ich das genossen! Also bitte: Gebt den armen Klassenlehrern immer positives Feedback nach einer netten Stunde oder wenn ein sonst schwieriger Schüler mal gut mitgearbeitet hat.

Ich trage jedes Lob über meine Schüler sofort wieder zu ihnen zurück und erzähle, wie sehr es mich freut.

Frau Schwalle sagt immer: »Nicht gemeckert ist genug gelobt.« Aber das stimmt einfach nicht. Und seien wir mal ehrlich – wer hält denn jemals Stunden, in denen nicht geschimpft wird. Wir kommentieren doch alle schnell mal das negative Verhalten der Schüler und betrachten das gute Benehmen als Selbstverständlichkeit. Dabei wollen wir ja, dass sich die Schüler gut benehmen, also ist es doch eigentlich unlogisch, immer nur zu kommentieren, wenn sie sich nicht gut benehmen. Durch das Lob wird das positive Verhalten hervorgehoben und verstärkt, und der Gelobte und man selbst fühlen sich gut.

Also versucht einfach mal, mehr zu loben. Man könnte sich auch vornehmen, für jedes Mal meckern zweimal zu loben. Das gilt auch nicht nur für den Unterricht. Macht einfach mal im Lehrerzimmer weiter. »Oh, vielen Dank, dass du mir das Buch schon zurückgegeben hast, Frau Kriechbaum.« – »Das war echt toll, Herr Werner, wie cool du eben auf dem Gang den Konflikt geschlichtet hast.« – »Das letzte Protokoll der Gesamtkonferenz hast doch du geschrieben, Frau Schwalle, oder? Das war echt total gut zusammengefasst, fand ich.«

Wer lobt, fühlt sich besser und gibt anderen ein gutes Gefühl. Meckern kommt irgendwie automatisch. Loben nicht. Loben muss man sich bewusst vornehmen. Jedenfalls ist das bei mir so. Und wo wir gerade dabei sind: Lobt euch ruhig auch mal selbst. Jetzt habt ihr schon so viel in diesem Buch gelesen. Das habt ihr wirklich toll gemacht!

Vom Wissensvermittler zum Coach – Gruppentische? Ja, nein, vielleicht

Am letzten Schultag vor den Ferien verschiebe ich alle Tische in meinem Raum. Ich will Gruppentische. Gruppentische! Yeah! Schluss mit diesem antiquierten Frontalunterricht. Ab jetzt nur noch moderne, schülerorientierte Lernformen. Auch meine Rolle soll sich ändern: Vom Wissensvermittler werde ich zum Coach. Zum Lernbegleiter meiner Schüler. Nie wieder werde ich wissensvermittelnd vor ihnen stehen und auf sie einquatschen. Nein! Ab jetzt werde ich sie als Begleiter auf ihrem eigenen Lernweg unterstützen. Ich werde die Angel. Ich werde keine Fische mehr darreichen!

Kein Wunder, dass bei mir niemand was lernt. Stehe ich nun doch schon seit über zehn Jahren vor der Tafel und labere und labere. Nie mache ich SOL (Selbstorganisiertes Lernen). Kein Kugellager – für das man die Stühle in zwei Kreise stellen muss –, kein Fishbowl – was auch immer das sein soll –, keine Schreibgespräche – bei denen die Schüler nur schriftlich kommunizieren –; natürlich lernt da niemand was. Nie mache ich irgendwelche neumodischen Trendmethoden.

Aber jetzt: Mit den Gruppentischen ist der Grundstein für ein völlig neues Lehrerleben gelegt. Mein neues Lehrer-Ich erfordert gründliche Planung des Unterrichts. Stationenarbeit will vorbereitet sein. Think-Pair-Share lässt sich auch nicht aus dem Ärmel schütteln. Zum Glück sind ja Ferien. In vierzehn Tagen kann man so einiges schaffen.

Wer aber fast die gesamten Herbstferien mit einem Virus und Netflix verbringt, dem fehlt die Zeit für diese intensive Vorbereitung. Am Montagmorgen bei Schulbeginn war dann alles, was ich hatte: Gruppentische.

Wird schon, wird schon, dachte ich morgens im Bus und konstruierte noch schnell eine feine Mädchen-Junge-Sitzordnung. Dann die erste Stunde: Die Kinder kommen. »Was das?« – »Warum neue Tische?«

»Setzt euch mal hin, ihr Lieben!« Nach anfänglichem Murren sitzen sie irgendwann an den Gruppentischen. Von der Hälfte der Klasse sehe ich nun nur noch den Rücken. Hm. Das fetzt ja nun nicht so. Besonders aufmerksam sind sie irgendwie auch nicht. Da sie sich an ihren Gruppentischen angucken können, quatschen sie alle miteinander.

In der zweiten Stunde – Kunst in der Siebten – ist es auch nicht besser. Die dürfen sich hinsetzen, wo sie wollen, weil ich natürlich vergessen habe, für diese Lerngruppe einen Sitzplan für die Gruppentische zu erstellen. Jeder sitzt, wo er will. Das trägt nicht gerade zu erhöhter Konzentration und mehr Ruhe bei. In der dritten Stunde habe ich Englisch in meiner Klasse, und da geht irgendwie gar nichts mehr. Nach zwanzig Minuten lasse ich die Tische wieder frontal ausrichten. Plötzlich ist es wieder ruhig.

»Sehr schön. Und jetzt nehmt mal ein Blatt raus, und schreibt von der Tafel ab, was ich gleich anschreibe!«

Und was habe ich daraus gelernt? Vielleicht passen Gruppentische einfach nicht zu meiner Lehrerpersönlichkeit. Vielleicht sind Gruppentische doch nicht so toll. Vielleicht versuche ich es mal mit Fishbowl.

Sieben vor der Tür – Wohin mit den Störern?

»Willst du auch Tee?«, frage ich den Referendar, nachdem wir Sushi bestellt haben. Er starrt nur vor sich hin: »Ernst, willst du auch Ingwertee?« Er nickt, ich bestelle zweimal Tee.

»War anstrengend heute?« Wieder nickt er und seufzt. Ich lege meine Hand auf seinen Arm und ziehe sie gleich wieder weg. Ich bin weder seine Mutter noch seine Therapeutin.

»Du hast es auch echt scheiße getroffen. Geschichte in der Siebten, und dann noch Freitagnachmittags.« Er nickt und sackt in sich zusammen. Ich hab gut reden. Freitags unterrichte ich nur eine Stunde in meiner eigenen Klasse. Die sind in der Zehnten und mittlerweile sehr pflegeleicht. Alle Kämpfe sind ausgestanden, und wir dümpeln jede Woche gemeinsam mehr oder weniger stressfrei ins Wochenende.

»Ich meine, Siebte ist ja schon hart. Aber dann auch noch Geschichte ... was ist denn da gerade Thema?«

»Mittelalter.«

Ah! Da denke ich immer gleich an Midlife-Crisis und Menopause. »Na, da kann man doch bestimmt schöne Sachen machen, so mit Rittern und so.«

Der Referendar verdreht die Augen. »Pff, als ob die das interessiert. Die interessiert gaaar nichts. Egal, was ich da anbringe. Arbeitsblätter, Filme, Spiele zu den Ständen ... NICHTS interessiert die. Es ist gar nicht möglich, denen irgendwas beizubringen. Die hören mir überhaupt nicht zu.« Verzweifelt reibt er sich die Augen. »Oh Mann, ich glaube echt, dieser Beruf ist nichts für mich. Vielleicht sollte ich einfach alles hinschmeißen. Ich könnte doch Surflehrer in Portugal werden. Da kenn ich ein Bed & Breakfast, das ...«

»Ernst, nun hör doch mal auf! Du fängst doch gerade erst an. Du wirst ein super Lehrer. Das wird schon. Glaub mir!«

Unser Tee kommt. Wortlos pusten wir in die Tassen.

»Wie war es denn heute?«

»Heute hatte ich sieben Leute vor der Tür.«

»Häh? Wie vor der Tür?«

»Na, rausgeworfen. Aus der Klasse.«

Sieben Siebtklässler? Das klingt nicht gut. Und wie kann man denn sieben Leute in einer Stunde rausschmeißen?

»Ich hatte gesagt, wer jetzt noch quatscht, der fliegt raus.«

»Aha.«

»Ein Schüler hat sofort losgequasselt, und da hab ich ihn rausgeworfen. Na ja, und dann meinte ein anderer: ›Darf ich auch raus?‹ Irgendwie waren dann sieben vor der Tür.«

Oh, no! Da fällt mir erst mal gar nichts zu ein. Schüler vor die

Tür zu stellen, ist überhaupt so eine Sache. Das sollte in jedem Fall das allerletzte Mittel sein. Wenn nichts mehr hilft – dann vor die Tür. Ich lasse dann immer die Tür auf. Manchmal stelle ich noch einen Stuhl raus, auf den der Schüler sich setzen soll. Das geht aber nur, wenn die Tür so positioniert ist, dass allein ich auf den Flur gucken kann und die anderen Schüler den entfernten Klassenkameraden nicht beobachten können. Der macht sonst draußen Faxen, um seine Leute zu unterhalten.

Eigentlich versuche ich es zu vermeiden, Schüler rauszuschmeißen. Manchmal hilft es, jemandem kurz die Möglichkeit zur Neujustierung zu geben. »Geh mal kurz raus und beruhige dich.« Dann ist es aber wichtig, relativ schnell zu dem Schüler zu gehen – für ein kurzes Gespräch: »Geht es wieder? Meinst du, du kannst jetzt, ohne zu stören, wieder reinkommen?« Nach Möglichkeit sollte man den Schüler dann an einen anderen Platz setzen.

Aber niemals sollte man zwei Schüler gleichzeitig vor die Tür schicken. Schon gar nicht, wenn ein Schüler fragt, ob er auch rausdarf. Fällt ein Schüler durch unangemessenes Verhalten auf und äußert einen Wunsch, dann ist doch wohl klar, dass der auf gar keinen Fall erfüllt werden sollte.

Natürlich glaubt man im ersten Moment, dass alles besser ist, sobald die sieben Störer nicht mehr im Raum sind und deinen Unterricht kaputtmachen. Aber was machen die wohl auf dem Flur?

»Und wie lief das mit den sieben Schülern vor der Tür?«, frage ich.

Ernst grinst. »Na, die waren ziemlich laut da draußen. Bis eine Kollegin vorbeikam.«

»Oh, eine Kollegin.« Nicht gut. Ich sehe es direkt vor mir: Erfahrene Lehrerin schlendert durchs Schulgebäude und sieht sieben Siebtklässler im Flur rumtollen. »Was macht ihr denn hier?« – »Wir sind rausgeflogen.« – »Bei wem habt ihr denn Unterricht?« – »Bei

Herrn Soundso.« Aha, denkt die Lehrerin. Der Referendar. Bei dem gehen sie also über Tische und Bänke. Je nachdem, was für ein Referendar oder Junglehrer du bist, denkt sie noch: Typisch, der hat seine Truppe nicht im Griff, tut aber im Lehrerzimmer immer so, als wäre alles sooo einfach. Oder: Na, kein Wunder, wenn diese Referendarin sich so anzieht und spricht wie die Schüler. Die biedert sich so dermaßen bei denen an, ist ja klar, dass sie die nicht ernst nehmen. Vielleicht kommt die Lehrerin auch zu dir in den Raum: »Herr Kollege, Sie verletzen Ihre Aufsichtspflicht. Sie können diese Schüler nicht draußen im Gang alleine lassen.« Wenn du Pech hast, haben die Schüler Stifte dabei und damit gerade die Wand angemalt, als die Kollegin vorbeikam.

»Ach, Herr Kollege Referendar, bitte sorgen Sie auch dafür, dass die Schmierereien wieder entfernt werden.«

»Und, Ernst, was hat die Kollegin gesagt?«

»Das war so ein harter Hund. Da waren die Schüler sofort voll still. Sie hat gar nichts gemacht. Nicht gemeckert oder so. Die kamen dann wieder zu mir in den Raum. Sie hat sich noch in der Klasse umgeguckt. Das war voll peinlich. Der Raum sah schlimm aus. Überall Papier auf dem Boden und ... ach ... ich bin einfach nicht gemacht für diesen Job.«

»Na, die wird das schon wieder vergessen. Aber denk dran: wenn überhaupt, nur einen Schüler pro Stunde vor die Tür stellen. Und auch nur, wenn du ihn im Blick behalten kannst. Auf keinen Fall mehrere Schüler rausschmeißen, und schon gar nicht auf eigenen Wunsch. Wo kämen wir denn hin, wenn man fürs Stören auch noch belohnt würde. Und achte immer darauf, dass der Schüler vor der Tür keinen Unsinn macht. Schicke nie einen sehr wütenden Jugendlichen vor die Tür, der macht mit großer Sicherheit irgendetwas auf dem Flur kaputt, um sich abzureagieren.«

»Okay, ich merk's mir fürs nächste Mal«, sagt Ernst.

Viele Schulen haben mittlerweile Trainingsräume oder Schulstationen. Da kann man einzelne Schüler zum Abreagieren hinschicken – unter Aufsicht. Sollte es so etwas an deiner Schule nicht geben, dann versuch, auch wenn es schwieriger ist, die Schüler nicht oder nur sehr kurz aus dem Raum zu verweisen. Manchmal ist es taktisch klug, einen Störer mal schnell mit einer kleinen Aufgabe rauszuschicken: Kreide holen oder auf dem Vertretungsplan etwas nachgucken. Wenn der Schüler dann wiederkommt, hat er sich in den meisten Fällen beruhigt und kann bei der Wiederkehr in den Unterricht einen Neustart versuchen.

Ruf doch die Eltern an – Was bringen Telefonate mit den Erziehungsberechtigten?

»Wissen Sie noch, wie Sie uns damals beim Rauchen erwischt haben, Frau Freitag?«, fragt Marcella und schiebt sich eine Handvoll Chips in den Mund. Dilay und Esra kichern. Sie sind erwachsen geworden. Richtige kleine Damen. Außer Marcella, die sieht immer noch genauso aus wie vor vier Jahren.

Auf Facebook haben wir uns zu einem Klassentreffen verabredet. Jetzt sitzen wir in der kleinen Wohnung von Marcella vor Unmengen von Chips, Pizza und Bier. Dilay hat Bulgur gemacht, alle rauchen. Wir rauchen, als gäbe es kein Morgen.

»Ich weiß nicht …« Die Erinnerungen an meine erste eigene Klasse haben sich auf ein paar Fetzen reduziert: Immer war es laut, die Mädchen saßen immer auf dem Hof, anstatt zum Unterricht zu gehen, und dann war da noch das große NICHTS, das ich von ihnen zum Abschied bekam. Sang- und klanglos sind wir auseinandergegangen. Das war wirklich traurig. Aber dass ich sie beim Rauchen erwischt haben soll ...

»Ja! Sie sind ins Mädchenklo gekommen, und wir haben uns in einer Kabine versteckt. Und Sie ...« Marcella fängt an zu kichern. »Sie sind hochgeklettert und haben von oben reingeguckt.«

Dilay verschluckt sich vor Lachen an ihrem Bier: »Wir haben uns sooo erschreckt, als Sie plötzlich von oben runtergeguckt haben.«

Dunkel erinnere ich mich jetzt doch. Die drei Mädchen zusammengepfercht, die Kabine voller Rauch.

Marcella nimmt sich eine Zigarette aus der Packung auf dem Tisch, Dilay gibt ihr Feuer. Marcella inhaliert, pustet den Rauch gekonnt an mir vorbei: »Frau Freitag, wir hatten solche Angst, dass Sie unsere Eltern anrufen.«

Eltern anrufen, denke ich. Eltern anrufen ... Ich gucke von Marcella zu Dilay und wieder zu Marcella. »Und, habe ich angerufen?«

Was für eine Frage! Wie gerne würde ich jetzt hören, dass ich sofort, nachdem ich sie erwischt habe, zum Hörer gegriffen habe. Aber an derartige Telefonate kann ich mich überhaupt nicht erinnern. Obwohl das ja nichts heißt, ich erinnere mich ja eh nicht mehr an viel. Vielleicht ...

Marcella grinst: »Neeein, haben Sie nicht. Sie haben ja nie angerufen. Aber, Frau Freitag, wenn Sie das damals meinen Eltern erzählt hätten, ich schwöre, ich würde heute nicht rauchen.«

»Ich schwöre, ich würde heute nicht rauchen.« Dieser Satz läuft in Endlosschleife in meinem Kopf. Oh Mann, hätte ich doch damals einfach zum Telefonhörer gegriffen und Marcellas Mutter angerufen. Und Dilays Mutter. Die war doch immer so nett bei den Elternabenden. Und Esras Eltern, die habe ich nie kennengelernt. Vier Jahre lang Esra – ohne Kontakt zu ihren Eltern. Kein Bild habe ich im Kopf von einer Esra-Mama oder einem Esra-Vater. In meiner Erinnerung haben einige Schüler meiner ersten eigenen Klasse gar keine Eltern. Warum habe ich eigentlich nie den Kontakt gesucht? Wovor hatte ich denn damals Angst?

Was hat mich daran gehindert, ins Lehrerzimmer zu gehen, bei den Mädchen zu Hause anzurufen und schnell mal den Erziehungsberechtigten mitzuteilen, dass ihre lieben kleinen Mädchen heimlich in der Toilette geraucht haben? Siebtklässler. Zwölf, dreizehn Jahre alt. Die Eltern hätten sich bedankt und abends ihre Töchter zur Rede gestellt. Wahrscheinlich hätten sie Ärger bekommen, und ich wäre schuld gewesen. So habe ich damals gedacht: Wenn ich bei Schülern zu Hause anrufe und petze, dass sie in der Schule was angestellt haben, dann bekommen die tierisch Ärger. Vielleicht nur Anmeckern, aber vielleicht werden sie sogar geschlagen. Daran wäre ich dann schuld.

Deshalb habe ich damals nicht angerufen. Manchmal dachte ich: Ach, das mache ich dann in Ruhe von zu Hause, oder ich warte bis zum nächsten Tag. Ich bin jetzt gerade zu müde, muss noch was kopieren und dann wieder in den Unterricht. Ein Teil von mir hatte auch Angst, dass die Eltern mir irgendwie die Schuld an den Vergehen ihrer Kinder geben könnten.

»Frau Freitag, Sie sind doch auch dafür verantwortlich, dass Emre unerlaubt das Schulgelände verlassen hat.« – »Meinen Sie nicht, dass Sie in gewisser Weise besser dafür sorgen könnten, dass Samira ihr Arbeitsmaterial nicht immer wieder zu Hause vergisst?« Das ist natürlich Quatsch. Eltern würden wahrscheinlich nie so etwas sagen. Aber wenn man jeden Tag im Unterricht so dermaßen nicht klarkommt, dann hat man die ganze Zeit das Gefühl, ein Hochstapler zu sein, der irgendwann auffliegt.

Manche Schüler meiner Klasse kamen mir so autonom vor, dass ich mir gar nicht vorstellen konnte, dass sie mit irgendwelchen Eltern zusammenwohnen könnten. Andere flehten mich an: »Bitte, bitte, Frau Freitag, rufen Sie nicht meinen Vater an. Er schlägt mich tot, wenn Sie anrufen.« Und diese ungute Mischung aus »Bringt ja eh nichts, wenn ich mich mit den Eltern kurzschließe« und »Auweia, die werden meinetwegen solche Schläge kassieren, das kann ich doch nicht verantworten« hielt mich vier Jahre davon ab, die Väter und Mütter meiner Schüler über die Fehltritte ihrer Kinder zu unterrichten.

Frau Freitag hat nicht gepetzt. Ha! Frau Freitag hatte Schiss vor den Eltern. Vier Jahre Schiss.

Und heute, heute muss nur einer seinen Bleistift vergessen, schon zücke ich mein Handy. Nicht gemachte Hausaufgaben: Frau Freitag kommt unangemeldet zum Hausbesuch.

Es bringt gar nichts, mit der Kontaktaufnahme zu warten. Heute habe ich die Handynummern aller Eltern und schreibe eine schnelle SMS, wenn ihre Kinder schwänzen oder Stress gemacht haben. Wenn ein Schüler sagt: »Rufen Sie ruhig an, meinem Vater ist das egal«, dann glaubt das bloß nicht! Lieber die Eltern einmal zu viel informieren, als sich später von Marcella sagen zu lassen, dass sie niemals mit dem Rauchen angefangen hätte, wäre ich damals nicht so feige gewesen.

Also zögert nicht, die Eltern über das Fehlverhalten ihrer Kinder zu informieren. Versuch dich mit den Eltern zu verbünden, und besorge dir schnell die Handynummer von dem strengeren Elternteil. Schreck nicht davor zurück, die Eltern per SMS zu kontaktieren. Lieber nachfragen, ob der Sohn wirklich mit Bauchschmerzen zu Hause liegt, als sich später zu ärgern, dass man zu wenig gegen das Schwänzen unternommen hat. Wenn du eine 7. Klasse hast, dann versuch im ersten Jahr alle Eltern persönlich kennenzulernen. Manche Kinder brauchen eine engmaschige Überwachung, und die Eltern bedanken sich auch sehr oft bei mir, dass ich sie über das Fehlverhalten ihrer Kinder informiere.

»Frau Freitag, rufen Sie bitte sofort an, wenn Frank wieder fehlt.«

»Ist doch seltsam, dass er immer nur dienstags nicht zur Schule kommt.«

»Nein, das ist gar nicht seltsam, denn ich muss dienstags immer sehr früh zur Arbeit, und das nutzt er dann aus und bleibt im Bett.«

»Ah, verstehe. Gut. Dann warten wir mal den nächsten Dienstag ab.«

Wenn die Eltern kommen – Wie führt man ein gutes Elterngespräch?

An meiner Schule suchen die Eltern selten den Kontakt zu den Lehrern. Das ist allerdings nicht überall so. Meine Freundin erzählt mir, dass ihre Tochter in der 4. Klasse ihr erstes Diktat geschrieben hat.

»Und, wie war's?«, frage ich.

Sie verzieht den Mund und sagt, dass der Text viel zu schwer gewesen sei und die Tochter eine Vier bekommen habe. Sie sei daraufhin zu der Lehrerin gegangen und habe der gesagt, dass sie das Diktat doch ganz anders hätte vorbereiten müssen.

»Du warst deswegen in der Schule? Und du hast der Lehrerin gesagt, wie sie unterrichten soll?«

Ich bin baff. So etwas kenne ich nicht. Ich hatte noch nie ein Elterngespräch, in dem es nicht um das schlechte Verhalten der Schülerin oder des Schülers ging. Bei uns kommen die Eltern nicht freiwillig in die Schule. Sie kommen nur, wenn wir ihren Kindern die Handys abnehmen, und dann kommen sie auch nur, um die Handys wieder abzuholen. Auf Elternabenden sprechen sie mich nicht auf den Unterricht an. Ich erzähle ihnen zwar, was wir machen, erkläre ihnen das Betriebspraktikum, die Prüfungen zum Mittleren Schulabschluss oder die Abschlussprognosen, aber ich bin sicher, dass die meisten Eltern fast nichts davon verstehen. Und das nicht nur, weil viele Eltern bei uns nicht so gut Deutsch sprechen, sondern auch, weil es jedem Normalsterblichen schwerfällt zu kapieren, welche Voraussetzungen man zum Beispiel für die Anmeldung zum Mittleren Schulabschluss erfüllen muss. Ich habe jedenfalls keine Erfahrungen mit Eltern, die kommen und meinen Unterricht kritisieren. Und ich vermisse es auch nicht.

»Wir Eltern wussten auch gar nicht, was wir üben sollten«, sagt meine Freundin.

Ich denke: Sag den Satz bitte noch mal! Die Eltern wussten nicht, was sie üben sollten? Die Eltern schreiben doch nicht das Diktat. Die Kinder sollen doch wissen, was drankommt, und dann zu Hause oder im Hort üben.

»Hat denn deine Tochter kein Hausaufgabenheft?« Doch, hat sie. Da stand aber wohl nur drin, dass der Text geübt werden solle. Einige Eltern haben den ganzen Text, der ja viel zu schwer war, mit ihren Kindern geübt. Meine Freundin hat aber nur ein paar Übungswörter mit ihrer Tochter trainiert.

»Hat sie wenigstens die Wörter, die ihr geübt habt, richtig geschrieben?«, frage ich.

»Nee, hat sie nicht. Die Lehrerin hätte viel länger mit denen üben müssen und auch klar ansagen müssen, was genau drankommt.«

»Und wie hat die Lehrerin da reagiert, als du ihr das gesagt hast?«

»Das war ja das Komische. Man würde doch erwarten, dass sie sagt: ›Ja, stimmt, so hätte ich das machen können‹, und dass sie sich bedankt für die Tipps. Aber die saß nur da und hat mich angeguckt.«

»Ach, sie war gar nicht so begeistert davon, dass du ihren Unterricht in Frage gestellt hast? Komisch.«

»Ja, und die anderen Eltern finden auch, dass der Text viel zu schwer war für eine 4. Klasse.«

»Ach, ihr habt euch schon alle ausgetauscht?« Meine Freundin nickt. Ich sehe die arme Lehrerin vor mir, die von wütenden Eltern belagert wird, die ihr alle das Gleiche erzählen.

»Meinst du nicht, dass sie bereits selbst gemerkt hat, dass sie einen falschen Text ausgewählt hat? Wahrscheinlich gab es ja mehrere Schüler, die schlechte Noten geschrieben haben. Sie wird bestimmt auch wissen, dass sie mehr mit den Schülern hätte üben müssen. Hinterher ist man ja immer schlauer. Weißt du, im Referendariat haben mir die Seminarleiter nach der Stunde auch immer gesagt, was schlecht gelaufen ist, aber das wusste ich dann schon selbst. Ich war ja dabei, als irgendetwas in meinem Unterricht nicht geklappt hat.«

Meine Freundin ist immer noch aufgebracht: »Aber trotzdem. Das geht doch so nicht.« Sie hat bereits einen neuen Termin mit der Lehrerin ihrer Tochter vereinbart.

»Was willst du denn? Bist du jetzt sauer, dass sie deine Tipps zur Verbesserung ihres Unterrichts nicht angenommen hat? Das steht dir überhaupt nicht zu, ihren Unterricht zu kritisieren. Du bist doch gar keine Lehrerin und auch nicht Schulrätin. Und selbst wenn, das ist nicht deine Klasse. Auch wenn sie etwas falsch gemacht hat, deine Tochter wird schon keine bleibenden Schäden davontragen. Auweia, der Text vom Diktat war zu schwer – da muss man sich doch nicht gleich beschweren. Sie hat ja kein Kind geschlagen oder in den Schrank gesperrt.«

»Na, so weit kommt's noch.«

»Ich mein ja nur. Ist doch eigentlich gar nichts passiert. Ihr Eltern solltet euch mal fragen, was ihr wollt. Wollt ihr nur recht behalten? Wollt ihr, dass sie die Klasse abgibt, oder was? Ich garantiere dir, dass die arme Frau in drei Monaten dauerhaft krank ist und spätestens nächstes Jahr ein Burn-out hat. Wollt ihr das?«

Bin ich froh, dass sich bei mir keine Eltern beschweren. Das ist an vielen Grundschulen und an Gymnasien natürlich anders. Ich würde sogar sagen, dass es eine einfache Formel gibt: Je schwieriger und verhaltensauffälliger die Schüler sind, desto seltener kommen die Eltern in die Schule. Es wäre ja auch ungerecht, wenn wir uns nicht nur mit den Schülern, sondern auch noch mit deren Vätern und Müttern rumärgern müssten.

»Das stimmt doch gar nicht«, sagt Frau Dienstag. »Wir führen doch auch Elterngespräche.«

»Ja, aber doch nicht über den Unterricht oder wie du ein Diktat vorbereitest.«

»Ich lasse gar keine Diktate schreiben«, sagt sie.

»Ich auch nicht. Und ja, ich spreche mit den Eltern, aber da geht es immer nur um das Verhalten ihrer Kinder.«

Okay, Elterngespräche. Mir machen Gespräche mit den Eltern immer viel Spaß. Ich liebe es, die Schüler neben ihren Müttern oder Vätern sitzen zu sehen. Wenn es nach mir ginge, könnten die Muttis auch alle mit in meinem Unterricht kommen. Der eine oder andere Störer wäre bestimmt sehr viel ruhiger in Englisch.

Die schönste Lektion in Sachen Elterngespräch hatte ich, als ich mit Frau Schwalle zusammen die Mutter von Abdul empfing. Abdul war der große Entertainer meiner ersten eigenen Klasse. Zwar machte er ziemlich gute Witze, arbeitete aber nicht besonders gut mit und störte auch oft den Unterricht. Trotzdem war ich ein Fan von Abdul. Seine noch sehr junge Mutter, die uns nun gegenübersaß, schloss ich sofort ins Herz.

Nicht so Frau Schwalle, die kein großer Fan von Abdul war. Nachdem wir uns kurz begrüßt hatten, holte Frau Schwalle schon aus: »Mit Ihrem Sohn stimmt etwas nicht. Wirklich, Mama Abdul. Da läuft irgendwas nicht rund. Den müssen sie mal testen lassen!«

Ich dachte: Krass! Was macht die Schwalle da? Und dann donnerte sie weiter. Wie Abdul immer den Unterricht störe, nie mitarbeite, gar kein Arbeitsmaterial dabeihabe und so weiter. Ich dachte nur: Krass, krass, krass. Frau Schwalle, hör doch auf! So kannst du doch nicht mit Abduls Mama reden! Das ist doch ihr Sohn! Den hat sie doch lieb. Okay, er ist kein besonders guter Schüler. Aber der geht doch in Ordnung.

Abduls Mama guckte uns schon ganz besorgt an. Es erforderte viel Einfühlungsvermögen von mir, dieses Gespräch noch in angenehme Bahnen zu lenken. Was ich daraus gelernt habe? Immer nur das Verhalten kritisieren. Nie das Kind.

Wenn ich mit Eltern spreche, sage ich zunächst, dass ich das Kind mag. Das stimmt auch meistens. Dann sage ich, dass die Eltern sich ja große Mühe geben, ihren Sohn oder ihre Tochter zu Hause gut zu erziehen. Auch wenn sie es nicht tun, wissen sie, dass sie das eigentlich machen sollten. Dann komme ich auf das verbesserungswürdige Verhalten zu sprechen. Meistens machen wir Verträge: Dilay verpflichtet sich, früh ins Bett zu gehen, damit sie morgens pünktlich zum Unterricht kommen kann. Hamid schreibt sich jeden Tag die Hausaufgaben in sein Hausaufgabenheft, und Mama unterschreibt das abends ... Und dann machen wir einen Termin aus, zu dem wir das Verhalten noch mal überprüfen.

Ich scheue auch nicht davor zurück, den Eltern Tipps für schmerzhafte Sanktionen zu geben: »Sie müssen gar nicht den ganzen Computer aus dem Kinderzimmer nehmen. Machen Sie einfach das Kabel ab.« Oder eine ganz schlimme Folter: »Ja, kein Handy bis Weihnachten, das klingt doch gut.«

Die Mutter von Hamid sagte mir einmal zur Begrüßung bei einem Elterngespräch: »Frau Freitag, ich hab schon alles einkassiert, was ein Kabel hat.« Das tut weh!

Und ich verabschiede mich von Eltern immer mit einem positiven Ausblick: »Das kriegen wir schon hin. Unser Ziel ist doch der Schulabschluss. Wäre doch gelacht, wenn er den nicht schafft. Hamid ist doch ein schlauer Junge.«

Scheut euch auch nicht vor Elterngesprächen mit Eltern, die nicht so gut Deutsch sprechen. »Meine Mutter spricht kein Deutsch. Und mein Vater arbeitet immer«, höre ich oft, wenn ich Eltern in die Schule einladen möchte. Achtung! Erstens stimmt das oft gar nicht, und zweitens kann man immer jemanden finden, der die wichtigsten Fakten im Gespräch übersetzt. Aber bloß nicht den störenden Schüler selbst übersetzen lassen. Man kann den Eltern auch in sehr wenigen Sätzen mitteilen, dass sich ihr Kind im Unterricht nicht gut benimmt. Außerdem wissen wir doch alle, dass man beim Fremdsprachenlernen immer besser im Verstehen als im Sprechen ist.

Nach einigen Elterngesprächen sagte Abdul: »Frau Freitag, ich weiß, wie Sie das immer machen, wenn meine Mutter kommt. So wie ein Salamibrötchen. Mit erst Brot, dann Salami und dann wieder Brot. Erst kommt das Gute, dann das Schlechte und dann wieder was Gutes. Aber das Gute überdeckt das Schlechte.«

Ich bemühe mich auf jeden Fall um einen guten Draht zu den Eltern. Schmiere ihnen Honig um den Bart und plaudere immer noch ein wenig länger mit ihnen, als ich muss. Den Schülern gefällt das gar nicht. Sie werden ganz bleich, wenn ich die Handynummer von Mama und Papa aufschreibe und die mir sagen, dass ich jederzeit anrufen könne, falls der Sohn oder die Tochter mal wieder aus der Reihe tanzt.

Der gute Kontakt zu den Eltern wirkt oft Wunder. Stört ein Schüler im Unterricht, reicht es oft, ihn kurz daran zu erinnern:

»Abdul, ich hab mich mit deiner Mama sooo gut verstanden. Vielleicht sollte ich heute Abend mal mit ihr sprechen.«

»Hamid, ich hab richtig Lust auf einen schönen Tee heute Nachmittag. Ich bin sicher, dein Vater freut sich, wenn ich mal kurz vorbeikomme. Was für Kuchen mag der denn? Ich bringe gerne welchen mit.«

Die berühmte Lehrerpersönlichkeit

Ich bin die Tollste –
Wann ist man eine gute Lehrerin?

Wer ist die beste Lehrerin? Frau Dienstag! Sonntagnachmittag. Ich rufe Frau Dienstag an: »Frau Dienstag, ich geh zum Yoga. Was machst du?«

»Ich bereite meinen Unterricht vor.«

»Echt? Ich habe beschlossen, nichts für die Schule zu machen.«

»Ja. War klar jewesen. Darum bist du auch nicht so eine tolle Lehrerin wie ich.«

»Nee, anders wird ein Schuh draus: Ich bin so eine tolle Lehrerin, dass ich mich gar nicht mehr vorbereiten muss!«

Ich gehe zum Yoga. Bin ich wirklich so eine tolle Lehrerin? Sollte ich mich nicht auch auf die Schule vorbereiten? Vorher hatte ich zwei Wochen Ferien, in denen ich ebenfalls nichts für die Schule getan habe. Die ganze Zeit dachte ich: Ach, das machst du dann am Sonntagnachmittag. Dann kommt der Sonntagnachmittag, und was mach ich – Yoga, *Lindenstraße, Tatort* und gute Nacht. Und Frau Dienstag sitzt schon das ganze Wochenende und bereitet eine Unterrichtseinheit nach der anderen vor.

Während der *Tagesschau* denke ich: Mist, hätte ich nicht doch irgendwas für Englisch machen sollen? Irgendwas. Irgendwas gibt es doch immer vor- oder nachzubereiten. Soll ich vielleicht jetzt noch? Ein Blick zum Schreibtisch. Nee, jetzt liege ich ja schon auf der Couch, Yoga war voll anstrengend, und gleich kommt doch *Tatort*.

Der *Tatort* nervt. Ich schreibe Frau Dienstag eine WhatsApp-Nachricht: *Tatort* nervt.

Frau Dienstag: Ich freu mich auf morgen.

Oh Mann, Frau Dienstag nervt auch!

Montagmorgen dann Schule. Unvorbereitet schummle ich mich durch den Tag. Manche Kollegen kommen gar nicht. Dann doch lieber unvorbereitet als gar nicht.

Nachmittags schwärmt Frau Dienstag: »Oh, es macht sooo Spaß, die Kinder zu fragen, was sie in den Ferien gemacht haben.«

Mist, das habe ich meine nicht gefragt. Ich habe gleich mit dem Unterricht angefangen.

Sie: »Die anderen Kollegen fangen gleich mit dem Unterricht an. Die holen die Schüler gar nicht da ab, wo die sind. Ich habe die ganze Stunde mit denen über die Ferien geredet. Das war total schön.«

Mist, ich habe nur Unterricht gemacht!

Sie: »Ach, ich bin einfach sooo eine tolle Lehrerin.«

Ich denke: Ja. Frau Dienstag ist die tollste Lehrerin der Welt. Ob ich die Schüler morgen noch nach ihren Ferien fragen kann? Das klappt bestimmt nicht. Die hassen mich jetzt alle. Weil ich kalt und gemein und noch dazu schlecht – pfff, gar nicht – vorbereitet bin. Vielleicht gehe ich mit meiner Klasse morgen Eis essen. Aber ich befürchte fast, das nützt jetzt auch nichts mehr.

Es sah so easy aus –
Warum sieht man nicht, wie sie das macht?

Ein guter Lehrer fragt die Schüler nach ihren Ferienerlebnissen. Im Unterricht von guten Lehrern sind die Schüler still, arbeiten mit, die Stimmung ist entspannt. Ein guter Lehrer ist zugewandt, gelassen, hat alles im Griff, ist empathisch, gerecht und humorvoll. Fräulein Krise ist eine gute Lehrerin. Wenn man bei ihr hinten im Unterricht sitzt, sieht das Unterrichten immer kinderleicht aus. Sie muss die Klassen nicht anschreien, damit sie still sind, und meistens machen auch viele Schüler im Unterricht mit. Wenn man sich das so anguckt, sieht man eine entspannte Lehrerin, die Spaß an ihrem Job hat.

Weil sie so eine gute Lehrerin ist, schickt die Schulleitung gerne Praktikanten oder Referendare zu ihr. »Gehen Sie mal in den Unterricht zu Fräulein Krise, da können Sie lernen, wie man das macht.«

Die jungen Leute sitzen dann hinten drin und denken: »Easy. Das kann ich auch.« Und nach ein paar hospitierten Stunden stehen sie selber vorne, um auch mal zu unterrichten. Sie denken: Na, das wird schon gehen. Die Klasse ist ja lieb und nett, die arbeiten ja auch immer gut mit.

Aber wenn sie vorne stehen und Fräulein Krise hinten sitzt, ist die Klasse plötzlich nicht mehr so lieb und nett, und mitarbeiten wollen die Schüler auch nicht mehr. Die Atmosphäre wird unruhig, die Stunde versinkt im Chaos. Nach dem Unterricht ist man total verwirrt und enttäuscht. Man setzt sich mit Fräulein Krise ins Lehrerzimmer und schaut traurig in seine Kaffeetasse. Was ist da eben falsch gelaufen? Warum war die Stunde so furchtbar? So ganz anders, als man das erwartet hätte?

Unterrichten ist nicht einfach, und eine gestandene Lehrerpersönlichkeit wie Fräulein Krise wird man nicht über Nacht. Nicht einmal in der Klasse von Fräulein Krise. Fräulein Krise war auch nicht immer so, wie sie jetzt ist.

Ich glaube nicht an den Mythos vom Naturtalent. Sicher, es gibt Menschen, denen es leichter fällt als anderen, Lehrer zu werden. Es gibt mit Sicherheit Menschen, für die der Beruf gar nichts ist, obwohl man da Aussicht auf einen unbefristeten Vertrag und eine sichere Rente hat. Aber selbst wenn man von der Persönlichkeit her zum Lehrer taugt, heißt das nicht, dass man sofort guten Unterricht machen kann, nur weil man Fräulein Krise ein paar Stunden zugeguckt hat.

Unterrichten ist wie Autofahren, sagt Fräulein Krise immer. Erst muss man lernen mit dem Auto umzugehen. Also Gas geben, schalten und bremsen. Dann muss man auch noch den Verkehr – die Klasse – im Auge behalten. Am Anfang unserer Lehrerkarriere kann man das nicht gleichzeitig. Man konzentriert sich so sehr auf das Unterrichten, dass man nie die ganze Klasse und nicht einmal einzelne Schüler im Auge behalten kann. Dadurch wird es unruhig, der Unterricht wird gestört. Mit der Zeit fällt einem das Unterrichten leichter, nun kann man sich auch auf die Schüler und die Situation in der Klasse konzentrieren. Und gleichzeitig unterrichten. Aber das dauert.

Was man beim Hospitieren bei guten Lehrern nicht sieht, sind die vielen Stunden, die der Lehrer schon mit der Gruppe verbracht hat. Die Beziehungsarbeit, die zwischen denen bereits gelaufen ist. Die Wandertage, das Frühstücken, die Weihnachtsfeiern. Die vielen Einzelgespräche, das kurze Geplauder in den Pausen, aber auch die vielen Konflikte, die man schon gemeinsam gelöst hat. Man war nicht dabei, als Fräulein Krise darauf achtete, dass ihre Regeln eingehalten werden. Wie sie vielleicht Kämpfe gewonnen, vielleicht aber auch Niederlagen erlitten hat.

Man geht in den Unterricht und sieht nur: läuft. Doch der Weg dahin kann ein ganz steiniger gewesen sein. Vielleicht war das Unterrichten von Anfang an leicht in dieser Gruppe. Aber Fräulein Krise weiß eben auch, wie man den Verkehr im Auge behält. Sie weiß, dass Hamid nie neben Erhan sitzen sollte und dass man Vincent nicht anfassen darf, um ihn zu beruhigen, weil er sonst ausflippt, Amir sich aber nur beruhigen lässt, indem man ihm kurz die Hand auf die Schulter legt. Fräulein Krise hat vielleicht schon sehr lange mit Rosas Vater gesprochen und weiß außerdem, dass es für Chanel eine große Leistung ist, überhaupt in die Schule zu kommen, weshalb es zweitrangig ist, dass sie keinen Fineliner hat.

Obwohl man das alles nicht sieht, kann man aus den Hospitationsstunden bei Fräulein Krise viel lernen. Man kann sehen, dass es eben auch so geht und dass man da vielleicht selbst mal hinkommt. Ich habe mir Fräulein Krise jedenfalls als Vorbild genommen und versucht, eine ebenso gute Lehrerin zu werden wie sie. Das klappt nicht immer, aber wenn doch, fühlt es sich super an. Dann wünschte ich mir, dass alle Referendare der Welt hinten in meinem Raum sitzen und uns zusehen könnten.

Frau Dienstag – take this! – Es ist nie zu spät, sich zu verbessern

Ich beginne meine Stunde heute so: »Also, ich habe eine Freundin, die ist auch Lehrerin. Die fragte mich gestern: ›Was haben denn deine Schüler in den Ferien gemacht?‹ Und ich sage: ›Oh, das hab ich sie gar nicht gefragt.‹ Und sie so: ›Waaas? Hast du nicht? Ich habe die ganze Stunde mit meinen über ihre Ferien geredet. Darum bin ich eine viel tollere Lehrerin als du.‹«

Meine Schüler starren mich an. Ich hole tief Luft: »Na ja, deshalb wollte ich euch heute fragen, wie eure Ferien waren.«

Rosa sofort: »Nee, Frau Freitag, heute ist zu spät!«

Ich: »Oh, echt?«

Sie grinst: »Nee, nee ... boah, die Ferien waren voll langweilig. Das Wetter war schlecht, und ich habe mich übelst gelangweilt.«

Dilay: »Ich mich auch.«

Ich: »Aber in der zweiten Woche, da war doch schönes Wetter, wart ihr da draußen?«

Die Jungen nicken. Rosa auch. Sie sagt: »Firat war die ganze Zeit im Center.«

Firat liegt mit dem Kopf auf dem Tisch. Jacke an, Rucksack auf dem Rücken.

Ich: »Firat, echt? Warst du immer im Center? Arbeitest du dort?«

Firat hebt seinen Kopf in Zeitlupe: »Ich wohne neben Center.«

Ich wittere eine Chance, Wissenswertes unterzujubeln: »Wisst ihr, in Amerika, da heißen Center ja *malls*, und zu Leuten, die immer in den *malls* rumhängen, sagt man *mall rats*. Also Center-Ratten.«

Rosa lacht: »Haha, Firat, du bist Center-Ratte.« Firat hat sich wieder abgelegt.

Ich: »Firat, gehst du denn immer nur in das eine Center?«

Vincent: »Er traut sich nicht woanders.«

Ich: »Vincent, und was hast du gemacht in den Ferien?«

»Gechillt.«

»Und wie muss ich mir das vorstellen? Auf dem Bett rumgelegen?«

Vincent nickt.

Ich: »Und an die Decke gestarrt? Zwei Wochen lang?«

Hamid leise: »Und sich einen gekurbelt.« Allgemeines Gelächter.

Günther: »Ich war im Kino.«

Ich: »Ah, was hast du denn gesehen?«

Günther: »*Fast and Furious.*«

Ich: »*Fast and Furious 17?*« Und denke: Hört das eigentlich noch mal auf mit dem *Fast and Furious*?

Günther: »7.«

Melike: »Als das Wetter besser war, waren wir am Tegeler See. Voll schön da.«

Ich: »Ja, Tegeler See ist schön.«

Melike: »Können wir da mal am Wandertag hingehen?«

Ich: »Kannst du uns da hinbringen?« Melike nickt.

Rosa: »Frau Freitag, was machen Sie eigentlich, wenn wir alle durch die MSA-Prüfung in Englisch fallen?« Der MSA ist der Mittlere Schulabschluss, das, was man früher Realschulabschluss nannte. Für unsere Schüler ist das eine wichtige Marke, so wie das Abi an Gymnasien.

»Dann häng ich mich auf.« Sie grinsen.

Ich: »Damit das nicht passiert, üben wir jetzt für den Schreibteil vom MSA.«

Also fingen wir an und übten bis zum Klingeln. Gut so, Frau Dienstag?

Dranbleiben wie ein Pitbull – Wenn sie kein Arbeitsmaterial haben

Der Bus kommt mal wieder nicht. Ich habe bereits alle Schuhe im Schaufenster angeschaut und langweile mich. Zum Glück habe ich ein Handy: »Hallo, Ernst, ich bin's. Wie geht's?«

»Pfff.«

Es ist Freitagnachmittag. Die Sonne scheint. Ich freue mich, dass das Wochenende endlich beginnt. Ernst scheint es nicht so gutzugehen.

»Ernst, was ist denn? Wie war Geschichte heute?«, frage ich und weiß schon, dass seine Stunde wahrscheinlich besser hätte laufen können.

»Ich hatte denen doch letzte Woche gesagt, dass sie alle einen Geschichtshefter brauchen und dass ich den heute sehen will ...«

»Lass mich raten. Nicht alle hatten heute einen Hefter dabei, stimmt's?«

»Nur vier Leute hatten einen. Vier von siebenundzwanzig!«

Nein, das ist kein guter Schnitt. Obwohl man sich ja erst mal über die vier freuen kann. Die Sache mit dem Arbeitsmaterial, oh Mann! Irgendwie scheinen einige Schüler nicht zu wissen, wo man Bleistifte, liniertes Papier und Hefter käuflich erwerben kann.

»Na ja, vier. Das ist echt nicht viel. Aber jetzt musst du dranbleiben«, sage ich, »Dranbleiben wie ein Pitbull!« Ich höre ein schwaches Lachen. »Nee, wirklich, Ernst. Jetzt, wo du das gesagt hast, muss es dein oberstes Ziel sein. In den nächsten Wochen gibt es nichts Wichtigeres, als dass alle Schüler dieser Klasse einen Geschichtshefter haben.«

»Und wie soll ich das machen? Ich sage doch schon seit der ersten Stunde, dass sie einen brauchen.«

Wie gut ich das kenne! Man geht in eine neue Lerngruppe und teilt den Schülern mit, was sie für den Unterricht kaufen sollen. Ein Workbook, zwei Bleistifte und einen Anspitzer – oder eben einen Geschichtshefter. Und dann passiert gar nichts. Die vier Schüler, die in der nächsten Stunde einen Hefter haben, hatten den wahrscheinlich schon vorher. Ist ja auch nicht ungewöhnlich, dass man in der 7. Klasse einen Hefter braucht.

»Ernst, du musst auf jeden Fall nächste Woche wieder nachfragen und dir alle Hefter zeigen lassen. Dann würde ich denen, die immer noch keinen haben, einen Brief nach Hause schicken oder bei den Eltern anrufen. Für die ganz hartnäckigen Fälle kannst du auch billige Hefter kaufen, die du ihnen dann weiterverkaufst. Natürlich ohne Gewinn. Wir wollen uns ja nicht an den Schülern bereichern.«

»ICH soll die kaufen?«, fragt Ernst entsetzt.

»Ja, mache ich auch. Ich kaufe eine Packung schwarze Fineliner und verkaufe die dann für 80 Cent. Geld haben die Schüler irgendwie immer. Oft wollen sie dann gleich drei haben. Aber jeder bekommt erst mal nur einen. Wenn sie bei mir in Kunst keinen Fineliner haben, kriegen sie jedes Mal null Punkte und müssen mit einem Kuli oder Bleistift zeichnen. Früher habe ich den Schülern immer Stifte ausgeliehen, aber das ist irgendwie unlogisch, denn dann verlassen sie sich darauf, dass sie alles von mir bekommen. Außerdem ist es ungerecht den Schülern gegenüber, die ihr eigenes Arbeitsmaterial immer dabeihaben.«

»Okay, dann kaufe ich mal ein paar Hefter. Sind ja auch nicht so teuer.«

»Genau. Und am Anfang jeder Stunde würde ich die einen kleinen Test schreiben lassen, bei dem man den Hefter benutzen kann. Einen Heftertest. Wer keinen hat oder seinen vergessen hat, der bekommt dann eben keine so gute Note.«

»Ach, das klingt gut.«

»Ja, die müssen ja auch sehen, warum es wichtig ist, einen Geschichtshefter zu haben. Frau Dienstag macht mit ihren Geschichtsklassen immer ein Geschichtsheft. Die Schüler kriegen dann im Unterricht keine ganzen Arbeitsblätter, sondern nur so Schnipsel mit Texten oder Bildern. Die müssen sie einkleben. Dann hast du auch nicht das Problem, dass einige Schüler immer ohne Papier kommen. Manchmal will man ja nur, dass sie sich ein oder zwei Sätze aufschreiben, da ist so ein Heft schon besser.«

»Ja. Klingt nicht schlecht.« Ernst scheint mit seinen Gedanken noch irgendwo anders hängengeblieben zu sein.

»Ernst, das kriegst du schon hin. Nur nicht aufgeben. Wenn die so zuverlässig wären und ihre Sachen immer sofort dabeihätten, dann wären die doch auf dem Gymnasium. Das darfst du einfach nicht vergessen. Wir haben die schwierigen Schüler. Die ohne Bleistift, Fineliner und ohne Geschichtshefter. So ist das nun mal. Bei denen dauert eben alles ein bisschen länger. Aber du wirst sehen, irgendwann hat jeder einen Hefter. Ob sie den dann allerdings auch immer mitbringen, ist ja noch mal eine ganz andere Sache.«

Wenn man möchte, dass die Schüler bestimmte Arbeitsmaterialien mitbringen, dann muss man das frühzeitig ansagen und zu Beginn jeder Stunde kontrollieren, ob sie auch alles dabeihaben. Das geht eigentlich ziemlich schnell. Hat jemand dreimal sein Arbeitsmaterial vergessen, wirkt sich das bei mir negativ auf die Mitarbeitsnote aus. Dreimal kein Englischbuch bedeutet in meinem Unterricht so viel wie einmal null Punkte in einem Vokabeltest. Das sage ich den Schülern von Anfang an.

Bringt ein Schüler kein Arbeitsmaterial mit, dann würde ich die Eltern informieren. Es gibt Schüler, bei denen das nicht hilft, weil auch die Eltern nicht dafür sorgen, dass sie ihr Zeug mitnehmen. Denen verkaufe ich dann das gewünschte Arbeitsmaterial zum Selbstkostenpreis. Man will sich ja nicht die ganze Zeit darüber ärgern, dass jemand nach Wochen immer noch keinen Hefter hat. Sehr wirkungsvoll ist es, Schüler nach Hause zu schicken, wenn sie ihr Arbeitsmaterial vergessen haben. Es nervt die Schüler gewaltig, nach Hause zu laufen, um das Englischbuch zu holen. Vor allem, wenn sie weit weg wohnen. Allerdings muss man das vorab mit den Klassenlehrern und den Eltern besprechen. Man kann auch versuchen, die Eltern anzurufen und sie zu bitten, das vergessene Englischbuch oder den Geschichtshefter in die Schule zu bringen. Es gibt dafür unendlich viele Möglichkeiten. Trotzdem wird es kaum eine Stunde geben, in der alle Schüler alles dabeihaben. Aber es ist wichtig, dass man dranbleibt. Dranbleibt wie ein Pitbull.

Wurzeln –
Wenn sie nicht lernen und
der Lehrer nicht zuhört

Hausaufgabenstunde. Meine Schüler üben für einen Biotest. Sie sitzen vor ihren Heftern. Und starren auf die Seiten. Sie starren in Einzel-, aber auch in Partnerarbeit.

»Ihr sollt LERNEN!«, rufe ich in den Raum, ohne jemanden direkt anzureden. Keiner fühlt sich angesprochen. Also noch mal: »Rooosaaa, lernen! Für Bio lernen, ihr schreibt doch einen Test!« Eigentlich muss man immer der dranbleibende Pitbull sein. Auch im Unterricht. Vor allem, wenn die Schüler ihre Hausaufgaben machen oder für eine Arbeit lernen sollen.

»Vallah, ich lern doch!« Rosa verdreht die Augen und senkt ihren Blick wieder auf das Blatt.

Ich nehme mir den Hefter von Vincent, der direkt vor mir sitzt. Und flüstere: »Worüber schreibt ihr denn eigentlich?«

»Wurzeln«, sagt Berat. Berat ist kein Freund großer Worte und hält sich selten mit Nebensätzen oder irgendwelchen grammatikalischen Ergänzungen auf. Ich gucke ihn fragend an. Nichts sagen kann ich auch.

»Na, WURZELN!«, wiederholt er. Er sagt es auch ein bisschen lauter – als dächte er, dass die Verstärkung der Lautstärke automatisch zum besseren Verständnis beitrüge. Trägt sie aber nicht.

»Aufbau und Ernährung der Pflanzen!«, ruft Erhan aus der vorletzten Reihe.

Na, das sind doch mal Informationen, die sofort an meinen Synapsen andocken. Und ja, das hat dann wohl irgendwie auch mit Wurzeln zu tun.

Ich schaue vom Pult aus in die Runde. Die Schüler tun alle so, als lernten sie. Sie sitzen aber nur da. Lernen tun sie nicht. Plötzlich überkommt mich eine Welle unglaublich schlechten Gewissens. Ein alter Mann, er muss das pädagogische Gewissen sein, er trägt einen Pullunder – wahrscheinlich ist es Klippert –, rüttelt an mir und schreit: »Siehst du denn nicht, dass sie NICHT LERNEN? TU DOCH WAS! ES IST DOCH DEINE VERANTWORTUNG!«

Und ich springe auf und renne nach hinten zu Erhan, Hamid und Volkan. Ich schnappe mir Erhans Hefter. »So, Jungs, los, lasst mal hören! Die Pflanze ... hier ... Worum geht es?« Ich überfliege den kraklig, lieblos hingekliertten Text. Erhan kann nicht mal faken, dass er sich für Bio interessiert. Pfff. Ah, Nährstoffe ... Es geht irgendwie um Nährstoffe.

»Okay, Jungs, also, wie ernährt sich die Pflanze?«

»Wasser!«

»Ja, okay, richtig, wo kommt denn das Wasser her?« Ich will irgendwie zu den Wurzeln und dem Boden und den Nährstoffen kommen. »Also, woher kommt das Wasser?«

»Aus dem Wasser.« Das ist wieder so eine typische Schülerantwort.

Liebe Jung- und Neulehrer – auf solche Antworten nie ernsthaft eingehen. Hier sind Ironie, Sarkasmus und rückhaltlose Bosheit gefragt. »ÄH? Wasser? Wasser kommt aus Wasser? Hast du auch nur Wasser in deinem Hirn?« Und so weiter. Bis der Schüler merkt, dass es nicht reicht, nur irgendwas vor sich hin zu plappern.

Ich versuche es mit den Nährstoffen. »Okay, Wasser braucht die Pflanze, aber was braucht sie noch zur Ernährung?«

Volkan guckt in seinen Hefter, dann mit konzentriertem Blick zu mir und sagt: »Döner.«

»DÖNER?«

»Ja, na klar, der Bauer füttert seine Pflanzen mit Döner!«

Darauf folgte eine – wie Fräulein Krise es immer nennt – megamäßige Entleibung von mir: Aufregen, Meckern und am Ende weinerliche Moralpredigt. »Na logo, der Bauer rennt übers Feld und schmeißt den Pflanzen Döner zu. Alles klar. Jungs, ihr schreibt morgen die Arbeit ... Seid doch mal ernst, nehmt das hier doch mal ernst ... bitteee.« Volkan guckt verwirrt.

»Dünger. Frau Freitag, ich hab DÜNGER gesagt. Vielleicht haben Sie das nicht richtig verstanden.«

Gymnasium kann jeder – Warum es an manchen Schulen besonders anstrengend ist

»Du musst auch schreiben, wie anspruchsvoll und wie anstrengend unser Beruf ist«, sagt Frau Dienstag erschöpft. »Das ist sooo anspruchsvoll. Was wir alles machen müssen. Nicht nur das Unterrichten, auch die Elterngespräche und die ganzen Sitzungen und das Planen. Ich glaube, das ist alles sehr viel anstrengender als die meisten anderen Jobs. Als Lehrer kannst du nicht einfach morgens nur Kaffee machen, dich an den Schreibtisch setzen, E-Mails checken und dich nicht vor halb elf ansprechen lassen.«

»Nee, kannst du voll nicht«, antworte ich.

»Du bist immer total gefordert. Selbst in den Pausen wirst du dauernd angesprochen. Nicht nur, wenn du irgendwo Aufsicht hast, sondern auch im Lehrerzimmer, wenn du dich eigentlich erholen willst. Immer ist irgendwas. Ständig gibt es neue Informationen, die man sich merken soll. Immer musst du sofort Entscheidungen treffen. Wenn du dich nicht richtig entscheidest, dann hast du oft noch einen Berg von Arbeit hinterher. Und wehe, du flippst mal aus, weil du einfach nicht mehr kannst.«

»Oh ja, das geht ja gar nicht. Du bist ja Pädagogin. Du musst ja auch immer pädagogisch reagieren.«

»Aber Freitagnachmittag kann man einfach nicht mehr. Da warte ich nur noch, dass es klingelt.«

»Man bräuchte so einen Berater, der hinter einem herläuft und einem ins Ohr flüstert, was man sagen soll. Oder so ein Teil im Ohr, wo jemand dir genau sagt, was du sagen sollst.«

»Nee, ich will doch selbst entscheiden, was ich sage, und mich nicht überwachen und fernsteuern lassen.«

»Ich unterrichte oft wie ferngesteuert. Wenn ich nicht mehr kann, dann schalte ich auf Autopilot und sage so typischen Lehrerkram und denke dabei, dass ich lieber auf der Couch läge und Kaffee trinken würde.«

»Kannst du dich an die Fortbildung erinnern, bei der sie uns gesagt haben, dass man sich diese kleinen Fluchten suchen soll?«

»Meinst du diese Energieinseln, oder nee, die hießen Tankstellen. Obst, helle Kleidung und Sport, das soll doch alles helfen, wenn man nicht depressiv werden will.«

»Nein, diese eine Frau mit den riesigen Ketten hatte doch erzählt, dass sie immer ein bisschen Sand aus Gomera in ihrer Hosentasche hat, und wenn eine Stunde mal ganz schrecklich läuft, dann berührt sie diesen Sand und träumt sich nach Gomera. Ein anderer Typ guckt aus dem Fenster und denkt an seine Marathonvorbereitung, wie sehr ihm das Laufen Spaß macht.«

»Und was hatte der dann in der Tasche? Einen Turnschuh?«

»Ich glaube, eine Murmel.«

»Eine Murmel? Was hat die denn mit Laufen zu tun? Außerdem ist es doch recht fragwürdig, dass man in einer Fortbildung lernt, wie man sich in schwierigen Unterrichtssituationen geistig wegbeamen kann, als hätte man mit der ganzen Sache nichts zu tun.«

»Ja, als wäre man nicht verantwortlich. Denn man ist doch trotzdem verantwortlich, und wenn die Frau mit dem Sand in der Tasche so wegdöst und die Schüler sich hinten im Raum die Köpfe einschlagen, dann muss sie ja trotzdem darauf reagieren.«

»Ernst, der Referendar, hat mir neulich erzählt, dass sie im Seminar über Unterrichtsstörungen gesprochen haben. Jeder sollte von einer Unterrichtsstörung erzählen. Eine Frau, die am Gymnasium unterrichtet, meinte, dass einmal zwei Schüler leise in ihrer Stunde miteinander getuschelt hätten. Und sie hätte die dann ermahnt, und dann wären sie still gewesen.«

»Getuschelt. So, so.«

»Ernst ist ausgeflippt. Er meinte, ob das ihr Ernst sei. Ob das wirklich das Schlimmste sei, was bei ihr im Unterricht passiert. Der hat sich gar nicht mehr eingekriegt. Der hat ja auch so seine Schwierigkeiten an seiner Sekundarschule.«

»Ist ja normal im Referendariat.«

»Ja, aber das ist doch total gemein, dass die eine am Gymnasium schön ihren Unterricht machen kann, und alle paar Wochen tuscheln mal zwei Schüler, und dann sagt sie, die sollen leise sein, und dann sind sie still. Während die, die nicht am Gymnasium ausgebildet werden, sich total abrackern.«

»Ja, das ist wirklich ungerecht. Eigentlich müsste jeder mal an einer Schule mit schwierigen Schülern arbeiten.«

»An den Grundschulen sind die Kinder ja noch alle zusammen. Da hast du vielleicht drei oder vier, die dir das Leben schwermachen. Aber du hast eben auch sehr viele, die gut mitarbeiten und sich benehmen können. Die gehen dann aufs Gymnasium, und die anderen an die ISS (Integrierte Sekundarschule – so heißen alle Schulen in Berlin, die keine Grundschulen oder Gymnasien sind). Die vier schwierigen kommen dann zu uns an die Schule. Jede Grundschulklasse gibt die vier schwierigen Schüler an die ISS ab, und da sitzen sie dann in einer Klasse zusammen. 27 Schüler, die sechs Jahre lang in der Grundschule Probleme gehabt und gestört haben. Das ist doch total krass. Und am Gymnasium tummeln sich die ganzen wissbegierigen Schüler, die sich gut benehmen.«

»Ja, aber vielleicht benehmen die sich da auch nicht alle super.«

»Na, dann kann man die ja immer noch das Probejahr nicht bestehen lassen. Und sie dann zu uns schicken.«

»Aber dafür musst du am Gymnasium immer total viel korrigieren.«

»Ach, mir kommen die Tränen. Und ich weiß schon, ab und zu tuscheln vielleicht auch mal welche miteinander.«

Der Schüler

Stell dir vor, du wärst 13 –
Was Schüler täglich leisten

Komme gerade von einer Fortbildung. Wir mussten im Stuhlkreis sitzen. Wir waren zu viele Leute. Der Raum war nicht gut gelüftet. Der Fortbilder hat geredet und geredet.

Er fragt uns, wie lange Schüler zuhören können, und wir stellen fest, dass sie eine Aufmerksamkeitsspanne von fünf Minuten besitzen, und dann redet der Typ zwanzig Minuten ohne Pause. Ich drehe innerlich durch. Ich rutsche auf meinem Platz hin und her. Zeichne kleine Affen auf das Handoutpapier. Rege mich auf, dass es in Comic Sans geschrieben ist. Suche nach Rechtschreibfehlern. Drehe mich zu meinem Nachbarn und mache dumme Sprüche. Ich kann nicht mehr. Ich will aufstehen. Ich will nicht mehr zuhören. Ich leide!

Wenn wir Lehrer in Situationen geraten, in denen normalerweise nur Schüler sind, dann drehen wir durch. Lehrer benehmen sich dann mindestens genauso daneben wie Schüler.

In Gesamtkonferenzen wird gegessen, getrunken, geschlafen, gequatscht, ständig aufs Klo gerannt, heimlich geraucht (also draußen, wenn man so tut, als wäre man aufs Klo verschwunden). Viele korrigieren in Konferenzen Tests und Arbeiten. Wo ist da eigentlich der Unterschied zu einem Schüler, der in meinem Englischunterricht seine Deutschhausaufgaben macht? Warum regen wir uns eigentlich über die Handynutzung im Unterricht auf, wenn wir uns doch während der Konferenzen auch ständig lustige WhatsApp-Nachrichten schreiben? Ich muss wirklich sagen, dass ich viel weniger Sitzfleisch habe als meine Schüler und schon nach ein paar Minuten nicht mehr konzentriert zuhören kann.

Vielleicht sollte man sich das immer mal wieder vor Augen führen, wenn man sich über die Schüler aufregt. Und wie oft hat man denn als Lehrer schon Konferenzen – im Vergleich zu den Verpflichtungen der Schüler? Beobachtet euch mal, wenn ihr auf einer Fortbildung oder am Studientag, wenn ihr in der Schule mit den Kollegen etwas erarbeiten sollt und dafür in Gruppen eingeteilt werdet. Da klammert sich der eine oder die andere aber auch an die beste Freundin oder den Lieblingskollegen, und wehe, die Gruppen werden ausgelost. Wem gefällt es denn, in einer Arbeitsgruppe mit dem blöden, nach Schweiß riechenden Mathelehrer zu sein, mit dem man noch nie ein Wort gewechselt hat? Wer möchte denn mit der Lehrerin, über die man sich mit der besten Freundin im Kollegium immer lustig macht, in einer Kleingruppe irgendetwas diskutieren? Wie effektiv arbeiten wir denn in diesen Zwangsgemeinschaften? Auch nicht besser als die Schüler. Klar, wir schludern da am Ende immer noch irgendein Ergebnis auf das Plakat. Dass wir immerhin das können, unterscheidet uns natürlich von vielen Kindern und Jugendlichen. Aber die Abneigung, mit Leuten zusammenzuarbeiten, die wir nicht mögen, ist bei uns genauso ausgeprägt wie bei den Schülern. Nur wir Lehrer haben das Glück, dass wir sehr selten in solche Situationen kommen. Jetzt muss man sich mal die Welt eines Schülers angucken.

Der Schüler kommt in eine Klasse. Da sitzen fünfundzwanzig andere Schüler. Von denen mag er vielleicht drei oder vier, die meisten sind ihm oder ihr egal. Dann gibt es aber noch ein paar Schüler, die ihn oder sie aus irgendeinem Grund total aufregen. Jetzt muss der Schüler sieben bis acht Stunden mit denen gemeinsam im Unterricht sitzen. Und zwar vier Jahre lang. Schüler einer Klasse können sich nur schlecht aus dem Weg gehen.

Wenn einen schon beim eigenen Freund oder Ehemann bestimmte Verhaltensweisen stören, wie schlimm muss das dann erst für Schüler sein, die neben, vor oder hinter jemandem sitzen, den sie überhaupt nicht leiden können. Schüler können wirklich schlimme Macken haben und sehr unangenehme Verhaltensweisen an den Tag legen. Manche machen permanent Geräusche, andere ziehen immer den Rotz hoch oder wippen so penetrant mit den Beinen, dass der Tisch wackelt, auf dem man schreiben möchte. Als Lehrer ist man von vielen Verhaltensweisen der Schüler genervt. Zum Glück unterrichtet man immer wieder andere Lerngruppen und wird spätestens nach ein paar Stunden vom geräuschemachenden Vincent erlöst.

Aber Vincents Klassenkameraden müssen ihn sieben Stunden lang ertragen. Dazu noch Hamid, der alles kommentiert. Oder Erhan, der jede Antwort reinschreit, auch wenn alle anderen sich melden. Na ja, wenigstens ermahnt Herr Schwarz Erhan immer wieder, da hört er wenigstens in Mathe damit auf. Aber Frau Brendel sagt gar nichts, deshalb labert Erhan die ganze Zeit in ihrem Unterricht. Frau Freitag gibt zwar Dilay immer ein Taschentuch, aber sie tut nichts gegen das Beingewackel von Günther. Und bei Frau Kriechbaum kommt die halbe Klasse zu spät zum Unterricht, und für jeden Nachzügler erklärt sie alles tausendmal von vorne. Das nervt total.

Ich finde die Schüler einer Klasse leisten enorm viel. Sie stellen sich alle 45 Minuten auf einen neuen Menschen ein. Uns Lehrer gibt es ja in allen nur erdenklichen Ausführungen. Die Schüler schnallen ziemlich schnell, wie sie sich bei wem verhalten müssen. Bei Frau Freitag immer schön Arbeitsmaterial auf dem Tisch und Mütze ab. Bei Frau Schwalle muss man total pünktlich sein, wenn man da Kaugummi kaut, dann flippt sie aus. Frau Freitag merkt das nicht mit dem Kaugummi, dafür muss man da total aufpassen mit dem Handy. Bei Frau Kriechbaum kannst du ruhig dein Handy benutzen. Die nimmt das nie ab, den Stress gibt die sich nicht.

Aber Schüler können sich nicht nur auf die persönlichen Regeln von verschiedenen Lehrern einstellen, die meisten Schüler ertragen auch Mitschüler, mit denen sie privat nichts zu tun haben möchten. Die Mehrzahl einer Klasse arbeitet sogar mit diesen Schülern zusammen. Das verlangen wir ja auch ständig von ihnen.

Wenn man sich vor Augen führen will, wie schwierig das sein kann, dann stellt euch mal den blödesten, ekeligsten und nervtötendsten Menschen vor, den ihr je getroffen habt, und überlegt, wie es wäre, wenn ihr vier Jahre neben dem sitzen müsstet und auch noch alle paar Stunden zu irgendeiner langweiligen Partnerarbeit mit dieser Person gezwungen würdet.

Bei ihm zu Hause ist es voll dreckig – Wenn Schüler über Lehrer meckern

Ach, die Kinder sind schon süß. Der Trick ist, dass man nett zu ihnen ist. Und nicht auf jeden Scheiß, den sie von sich geben, eingeht. Heute auf dem Hof kommen sie aus Mathe und beschweren sich lautstark über den Mathelehrer. Dass der ihrer Meinung nach behindert ist, weiß ich schon. Die sollen sich mal was Neues einfallen lassen, denke ich. Vincent, der anscheinend Gedanken lesen kann, legt gleich los. »Herr Schwarz – was will der Mann? Er ist voll gay. Er ist schwul, und seine ganze Familie auch, und bei ihm zu Hause ist es voll dreckig, und überhaupt, er ist voll hässlich und behindert.«

Nun ist die normale Lehrerreaktion ein besänftigendes »Ach, Vincent ... sprich doch bitte nicht so über den Kollegen«. Oder noch besser – aktives Zuhören und die Gefühle des Schülers spiegeln: »Vincent, du bist sauer auf Herrn Schwarz, habe ich recht? Hattest du heute Streit mit ihm?« Dann ganz pc (pädagogisch correct): »Ahhh, du fühlst dich ungerecht von ihm behandelt. Deshalb behauptest du, dass er und seine Familie schwul sind. Das ist für dich eine Beleidigung, weil Homosexualität in deinen Augen etwas Schlechtes ist. Stimmt's?« So könnte man reagieren. Und normalerweise reagiere ich immer so. Aber heute hatte ich keine Lust dazu. Heute, als mal kurz auf dem Hof die Sonne schien und ich mich noch freute, weil ich am Nachmittag kein Ethik mehr unterrichten muss und weil meine Haare so toll aussehen, heute war ich nicht auf pädagogische Correctness gepolt und sagte deshalb nur: »Vincent, vielleicht denkt Herr Schwarz genau dasselbe über dich.« Damit ließ ich ihn stehen.

Wahrscheinlich hat Vincent noch eine Weile darüber nachgedacht. Ich jedenfalls nicht. Ich habe mich an der Vorstellung erfreut, dass Herr Schwarz denkt, es gäbe bei Vincent zu Hause nur Schwule in einer dreckigen Wohnung.

Ach, das Leben kann so schön sein, wenn man sich mal anders verhält als sonst. Vielleicht kommen die Schüler da auch mal drauf. Immer stört der Störer. Immer nervt der Nervende. Immer stinkt der Stinkende. Einfach mal nicht stören, nicht nerven und öfter duschen. Und dann mal gucken, wie sich unsere kleine Welt verändern kann.

Der Störer, die Schlampe und der Pate – Wie man Schülertypen erkennt

Das Spannende an unserer Arbeit ist ja gerade, dass jeder Schüler anders ist. Der eine ist groß, der andere klein. Der eine lernt gut, wenn er beim Zuhören auch noch essen kann, die andere behält die Vokabeln nur, wenn sie die Buchstaben anfassen darf. Und wieder andere müssen alles sofort in ihr Handy tippen.

Aber es gibt nicht nur verschiedene Lerntypen, wie den visuellen Lerner oder den akustischen Lerner, es gibt auch den Lernverhinderer-Typen, den Alles-richtig-machen-Woller-Typen, den Nervtöter-Typen.

Natürlich soll man Schüler nicht in Schubladen stecken. Der Störer ist vielleicht gar nicht immer und überall nur der Störer, der Streber strebt vielleicht nur in bestimmten Fächern und stört in anderen. Allerdings ist es hilfreich, sich bestimmte Schülertypen, die in Klassen vorkommen, mal genauer anzusehen. Wenn man das Verhalten von einzelnen Schülern länger beobachtet, dann fällt es einem leichter, mit ihnen umzugehen. Denn nicht alles wirkt bei jedem Schüler gleich. Genauso wie der visuelle Lerntyp eher sichtbare Impulse braucht, braucht der immer störende Schüler eine andere Art der Zuwendung als der nicht immer störende Schüler.

In meinen Klassen habe ich sehr unterschiedliche Schüler kennengelernt. Bestimmte Archetypen tauchen aber immer wieder auf:

Der Alles-richtig-Macher

Der Alles-richtig-Macher sollte eigentlich der Alles-richtig-machen-Wollende genannt werden. Er ist immer pünktlich und setzt sich gerne weit vorne zum Lehrer. Er hat sein Arbeitsmaterial dabei und schreibt sich die Hausaufgaben auf. Er macht sogar die Hausaufgaben. In den Stunden arbeitet er gut mit. Eigentlich sollte man sich über ihn freuen, denn er stützt deinen Unterricht, auch wenn der langweilig und schlecht vorbereitet ist.

Aber der Alles-richtig-Macher ist oft nicht besonders beliebt bei seinen Mitschülern, weil er manchmal petzt und arrogant und altklug sein kann. Deshalb meiden ihn die anderen Schüler. In den Pausen ist er allein und versucht, Kontakt zu den Lehrern aufzunehmen, die aber in der Pause keine Zeit und Lust haben, sich mit ihm zu beschäftigen.

Das Verrückte an diesen Schülern ist, dass sie sich genauso verhalten, wie wir es gerne wollen. Sie sind eigentlich der fleischgewordene Lehrertraum. Trotzdem sind diese Schüler einem oft irgendwie unsympathisch. Man kann eigentlich gar nicht genau sagen warum, aber man mag sie nicht. Und dann hat man auch noch ein schlechtes Gewissen, weil man sie nicht mag. Aber als Lehrer bist du genervt von ihrer altklugen Art und willst nicht, dass sie bei jeder Gelegenheit an dir kleben. Diese Schüler werden schnell zu Außenseitern und von ihren Mitschülern gemobbt (siehe auch Kapitel *Wie man einen Sitzplan erstellt*, S. 46).

Der Störer

Nun, Störer ist nicht gleich Störer. Da der Unterricht immer wieder von sehr vielen Störern gestört wird, jedenfalls ist das bei mir so, muss man sich diese Schülerspezies einmal genauer ansehen. Ohne hier zu sehr in die Ursachenforschung abzutauchen, kann doch festgestellt werden, dass Schüler aus unterschiedlichen Gründen stören. Deshalb erfordert diese Kategorie eine gewisse Differenzierung.

Der überforderte Störer

Der überforderte Störer ist meistens männlich und oft etwas älter als seine Mitschüler, wodurch er über körperliche Überlegenheit ihnen gegenüber verfügt. Kurz gesagt, die meisten haben Angst vor ihm. Weil es ihm schwerfällt, seine Bedürfnisse zu formulieren, haut er gerne mal einfach zu. Oft auch grundlos. Na ja, grundlos? Sagen wir, er haut zu, weil er kann. Von den Unterrichtsinhalten ist er allerdings komplett überfordert, und zwar schon seit der ersten Klasse. Man hat ihn immer wieder mitgeschleift, ohne sich intensiver mit ihm zu beschäftigen. Vielleicht hat mal jemand den Versuch unternommen, ihn auf irgendeinen Integrationsstatus hin zu testen, um mehr Betreuung einzustreichen. Vielleicht wurde eine Lernbehinderung festgestellt oder sein emotional-soziales Defizit entdeckt. Schön, dass man das jetzt weiß. Dass mit ihm irgendetwas nicht stimmt, hätten allerdings schon die Mitschüler seiner 2. Klasse bestätigen können. Oft genug liegt gar kein Befund vor. Außer den Klagen im Lehrerzimmer, dass er permanent den Unterricht stört.

Er hat keine Geduld, alles ist zu schwer für ihn, was er aber nicht sagt. Er versteht nichts, kann es aber auch nicht ertragen, dass die anderen Schüler mitarbeiten. Das regt ihn auf. Diese kleinen Würmer, denen er doch körperlich so überlegen ist, die kapieren den ganzen Scheiß, und er nicht. Na, dann stört er halt den Unterricht. Wenn gar nicht unterrichtet wird, können die anderen ja auch nicht mitmachen, und dann fällt sein Nichtskapieren nicht mehr so auf.

Wie geht man nun mit dem überforderten Störer um? Wer nur stören kann und sonst nichts, der tut das dann auch – und zwar die ganze Zeit. Man muss ihn also einbinden. Am besten überträgt man ihm Verantwortung. Wenn zum Beispiel andere eine Aufgabe bearbeitet haben, dann kann er mit einem Lösungsblatt alles korrigieren. Es empfiehlt sich auch, den überforderten Störer in Lehrernähe sitzen zu haben, nicht nur, um beruhigend auf ihn einzuwirken, sondern auch, um die anderen Schüler vor ihm zu schützen.

Dem überforderten Schüler müssen leichtere Aufgaben gestellt werden. Am Anfang setzt man sich am besten neben ihn, damit er überhaupt mit der Bearbeitung beginnt. Nach Möglichkeit sollten die anderen Schüler nicht mitbekommen, dass er differenzierte Aufgaben erhält, denn er möchte auf keinen Fall, dass die Mitschüler sehen, dass die normalen Aufgaben für ihn zu schwer sind. Also alles ein bisschen heimlich geschehen lassen und immer wieder motivierend auf ihn einwirken: »Gut gemacht, Tarik, jetzt hast du schon einen Satz geschrieben, jetzt mach mal weiter.« Und immer viel loben! Diese Schüler brauchen sehr viel Lob und Unterstützung. Wenn sie einmal erfahren haben, dass sie mehr können, als den kleineren Schülern auf die Nase zu hauen, dann freuen sie sich und fressen dir aus der Hand.

Der unterforderte Störer

Ja, ja, der berühmte unentdeckte Hochbegabte, der stört, weil ihm oder ihr der Unterricht zu langweilig ist. Es ist gar nicht so einfach zu erkennen, ob man es mit einem über- oder unterforderten Störer zu tun hat. Wenn man allerdings merkt, dass ein Schüler sich langweilt und deshalb stört, dann muss man ihm eben schwierigere Aufgaben geben oder rausfinden, wofür er sich interessiert, und ihm dementsprechend Futter besorgen. Ich hätte auch kein Problem damit, wenn ein Schüler, nachdem er seine Aufgaben gemacht hat, still etwas liest oder sich irgendwelche Bücher anguckt.

Ich muss allerdings zugeben, dass es an meiner Schule nicht so häufig vorkommt, dass jemand aus Unterforderung stört. Hochbegabte sind nicht gerade unsere Klientel. Obwohl, ich habe immer wieder künstlerisch hochbegabte Schüler und Schülerinnen, die Arbeiten abliefern, die alle umhauen. Die werden in meinem Kunstunterricht allerdings nicht unterfordert und stören deshalb auch nicht.

Es gibt natürlich noch tausend andere Gründe, warum Schüler deinen Unterricht stören. Der Unter- und der Überforderte sind ja nur zwei. Auch die Klassenqueen kann deinen Unterricht stören, aber ihre Rolle zeichnet sich nicht in erster Linie durch permanentes Fehlverhalten aus.

Die BFFs (»Best Friends Forever«-Typen)

Leise BFFs

Die BFFs sind eigentlich immer Mädchen. Sie kommen in zwei total unterschiedlichen Ausführungen. Es gibt die sehr stillen BFFs, die immer zusammensitzen wollen, die man auch gerne zusammensitzen lässt, weil sie nie stören und immer gut mitarbeiten. Man sieht sie eigentlich nie miteinander sprechen, aber trotzdem sind sie unzertrennlich, sie treten nie alleine auf, außer eine von ihnen ist krank. Mit den Jahren werden sie sich, wenn sie das nicht bereits sind, auch vom Äußeren immer ähnlicher. Im Gegensatz zu den lauten BFFs zelebrieren die leisen BFFs ihre Krisen miteinander nicht so, dass alle es mitbekommen. Wenn du diese Art von BFFs in deiner Klasse hast, dann freu dich, denn dann hast du ja bereits zwei liebe, gut mitarbeitende Schülerinnen. Oft denke ich, die Welt wäre ein schönerer Ort, wenn es mehr von diesen ruhig-lieben BFFs gäbe. Es wäre auf jeden Fall friedlicher. Vielleicht ein wenig langweiliger.

Laute BFFs

Langweilig wird es mit den lauten BFFs nicht. Die glucken auch aufeinander wie ihr ruhiges Pendant, aber sie sind ganz und gar nicht leise. Sie sind aufgedreht, immer mit übersteuerter Lautstärke. Sie lachen sich den ganzen Tag kaputt über Dinge, die niemand sonst lustig findet. Sie haben Lachkrämpfe, wenn sie sich nur angucken. Öfter mal muss eine den Raum verlassen, weil sie nicht mehr kann. Alleine vor der Tür die Wand ankichern fetzt nicht so. Man darf allerdings nur eine von den beiden rausschicken, auch wenn die andere natürlich mitkommen will. Sie gehen ja nirgends alleine hin. Klo, Kreide holen, Hof … sie sind immer zusammen. Sie reden permanent, lachen, kreischen, *you name it*.

Sie machen gute Stimmung in der Klasse, aber sie nerven auch gewaltig. Man muss aufpassen, dass sie sich nicht zu sehr von den anderen Mitschülern abschotten. Zu viele Mädchengruppen sind nicht gut für das Klassenklima. Das mit dem Abschotten gilt natürlich auch für die ruhigen BFFs. Denn die zwei besten Freundinnen sind sich eigentlich genug. Sie brauchen sonst niemanden, sie wollen nicht einmal andere Mädchen um sich haben.

Ganz schlimm wird es, wenn die beiden sich streiten. Land unter. Eiszeit. Und wehe, jemand anders ist dann gutgelaunt. Die BFFs sind doch die Stimmungsmacher in der Klasse. Wenn sie schlecht drauf sind, dann Vorsicht. Zum Glück vertragen sie sich meistens schnell wieder, denn durch ihr ausgrenzendes Verhalten den anderen Mädchen gegenüber machen sie sich nicht gerade beliebt. Wechselt eine beleidigte BFF zu einer anderen Mädchengruppe, kann das leicht in den schönsten Zickenkrieg ausarten. Dann kannst du deinen Unterricht sowieso vergessen. Also immer gut beobachten, wie die Stimmung ist, und gegebenenfalls ein kurzes Gespräch mit ihnen führen, wenn Probleme auftreten.

Die Mutti

Die Mutti zeichnet sich dadurch aus, dass sie Kinder hat – und in der Regel ein Mädchen ist. Ohne Kinder ist sie keine Mutti. Meistens schart die Mutti gleich eine ganze Gang von Mädchen um sich. Alle erkennen die Tonangebende in ihrer Mitte als Chefin an. Die Mutti regiert ihre Familie fürsorglich, gerecht und verteidigt jedes einzelne Kind. Sollte eines ihrer Mädchen von einer anderen Mädchengang beleidigt oder gar geschlagen worden sein, dann kämpft die Mutti wie eine Löwin. Fremde Schülerinnen legen sich nur einmal mit der Mutti an, denn sie merken schnell, dass es sinnlos ist, einzelne ihrer Mädchen zu beleidigen. Sie stehen alle unter ihrem persönlichen Schutz.

Die Mutti ist interessiert an ihren Noten und sorgt dafür, dass es in der Klasse leise genug ist, damit gelernt werden kann. Von ihr hört man immer wieder: »Jetzt sei doch mal leise!« Oft ist sie von den Störern in einer Klasse besonders genervt und zeigt das auch. Wenn der Lehrer nicht für Ruhe sorgen kann, dann übernimmt sie. Und spart auch nicht mit Tipps: »Frau Brendel, Sie müssen strenger sein! Sie sind immer viel zu nett.«

Die Mutti ist an einem guten Schulabschluss interessiert und treibt ihre Mädchen dazu an, im Unterricht mitzuarbeiten. In den Hausaufgabenstunden erklärt sie ihnen die Matheaufgaben. Man kann ihr alle möglichen Ämter aufhalsen. Sie trägt dir das Klassenbuch hin und her, sie organisiert das Frühstück, sie schreibt Listen mit den Schuhgrößen der Mitschüler, damit wir beim Schlittschuhlaufen nicht so lange warten müssen. Und vor allem: Sie hat ihre Mädchen im Griff. »Sagst du bitte den anderen, dass wir uns nicht um halb neun, sondern um halb acht treffen?« – »Kein Problem, Frau Freitag, ich mach das schon.«

Die Mutti ist deine Stütze, deine Staatssekretärin, dein Hilfssheriff, ohne sie würde die Klasse auseinanderfallen. Sie schlichtet den Streit der BFFs, hält die Störer im Zaum, du kannst sie als Spion und Friedensrichter einsetzen. Sie weiß über alles Bescheid und immer einen Rat. Verscherz es dir nie mit der Mutti. Du brauchst sie.

Die Schlampe

Die Schlampe muss gar keine Schlampe sein, aber sie sieht auf jeden Fall so aus. Sie ist nur an ihrem äußeren Erscheinungsbild interessiert. Jeder neue Modetrend wird von ihr in der Klasse vorgestellt. Schon morgens um halb acht ist sie bis zur Unkenntlichkeit geschminkt. Die Schlampe geht oft auf die Toilette. Nicht, weil sie muss. Sie würde nie das verrottete Schülerklo benutzen, aber der Lidstrich muss vor dem Catwalk über den Hof erneuert werden. Mathematikunterricht wird zum Nagellackieren, das Handy als Spiegel benutzt. Das Handy hat eine Swarovskihülle, und zur Schule geht sie schon in der 7. Klasse mit einer Handtasche. Vielleicht sind da in den ersten Wochen noch Stifte, ein gerollter Block und zwei leere Hefter drin. Spätestens in der Neunten verstaut sie da nur noch Schminkzeug, eine Bürste und das Handy.

Mitarbeiten tut die Schlampe nicht. Wenn du Glück hast, ist sie leise und sitzt die ihr auferlegte Schulbesuchszeit stoisch stumm, aber gutgeschminkt in einer Ecke deines Raumes ab. Der Unterricht ist für sie nur die lästige Unterbrechung der wirklich wichtigen Zeit. Sie lebt für die Pausen. Dann flaniert sie Arm in Arm mit ihren Schlampenfreundinnen aus den Parallelklassen über den Hof. Immer einen Tick zu stark bemalt, immer etwas zu frühreif und immer zu sexualisiert für ihr Alter. Sehen und vor allem gesehen werden. Mit anderen Schlampen ist sie entweder total befreundet oder total verfeindet. Sie duldet keine Königinnen neben sich. Bei Schlampen-BFFs ist eine immer sehr viel schöner als die andere. Die Jungs sehen sie, trauen sich aber meistens nicht an diese Mädchen ran. Mädchen haben ein bisschen Angst vor ihnen und denken: Schlampe. Wir Lehrer sehen sie und denken: Oh Gott!

Wenn du Pech hast, dann ist die Schlampe in deiner Klasse nicht nur stark geschminkt, sondern auch noch zickig. Dann kommt zu dem schulischen Desinteresse noch der Drang, diese Ablehnung permanent zu zeigen. Diese Mädchen kommen gerne zu spät aus der Pause (Lidstrich, Wimpern, Lippenstift ... das dauert). Wenn du sie beim Reinschleichen in den Unterricht ermahnst, verdrehen sie affektiert die Augen. Ihre gesamte Kommunikation findet hauptsächlich durch Blicke und das genervte Nach-oben-Drehen der Augen statt. Damit geben sie dir nonverbal zu verstehen: »Du nervst. Guck dich an, wie du aussiehst, ich würde nie so rumlaufen, dein Unterricht interessiert mich nicht, und überhaupt – wer braucht schon Englisch, Mathe, Erdkunde, ich werde später nicht arbeiten, ich suche mir einen reichen Typen. So, wie ich aussehe, kriege ich doch sowieso jeden ...«

Die Skeptikerin

Dieser Schülertyp kommt bei Jungen genauso wie bei Mädchen vor. Da ich selbst Anteile dieser Spezies in mir hatte, als ich zur Schule gegangen bin, werde ich hier die weibliche Form benutzen.

Die Skeptikerin ist skeptisch und fragt nach. »Dürfen Sie das? Woher wissen Sie das? Sind Sie sicher? Wofür braucht man das?« Der Skeptikerin kann man nichts vormachen. Sie observiert jedes Verhalten ganz genau und merkt sich alles. Du fühlst dich als Lehrer permanent beobachtet von ihr, und sie beobachtet dich auch permanent. Sie ist allerdings nicht nur skeptisch, sondern besitzt auch einen ausgeprägten Gerechtigkeitssinn. »Das ist aber ungerecht!«, hört man sehr oft von ihr. Und wehe, der Lehrer verspricht etwas und hält sich dann nicht dran. Selbst im größten

Chaos wird die Skeptikerin dich an irgendwelche Sachen erinnern, die du vor drei Jahren versprochen hast. »Heidepark! Sie meinten in der Siebten, dass wir in der Zehnten gehen! Ich schwöre, das haben Sie versprochen!«

Die Skeptikerin nervt, wenn du ein inkonsequenter Lehrertyp bist. Sie sieht, wenn du lügst. Sie spürt, wann du den Faden verlierst, sie weiß, wann du nicht mehr kannst. Meistens ist sie ein bisschen schlauer als ihre Mitschüler. Wenn sie die Unterrichtsinhalte interessieren, dann arbeitet sie auch gut mit. Sie hat Führungsqualitäten und kann die Klasse lenken. In gute Bahnen, aber auch in die Revolution. Es bringt gar nichts, sich gegen sie zu stellen. Versuche sie zu deiner Verbündeten zu machen. Ruhig auf der Metaebene agieren und ein kurzes Vieraugengespräch mit der Skeptikerin führen: »Ich weiß, dass du schlauer bist als die meisten hier, und ich würde auch sehr gerne mit euch in den Heidepark fahren, aber ich finde wirklich kein Busunternehmen. Wie wäre es mit der Ostsee? Was meinst du?«

Die Leidende

Die Leidende leidet. Sie hat immer Probleme. Zum Glück gibt es diesen Schülertyp nicht in jeder Klasse. Aber wenn du so eine Leidende hast ... viel Spaß damit. Sie kommt im tiefsten Winter mit Spaghettiträgertop und sagt, ihr sei heiß. Dann ist sie drei Wochen zu Hause, weil sie eine Lungenentzündung hat. Sie hat immer viel. Viel Asthma, Höhenangst, Allergien, Intoleranzen und vor allem immer Probleme. Probleme mit den anderen Mädchen oder Jungs. Ihre Probleme machen ihr zu schaffen, deshalb kann sie sich nicht auf die Schule konzentrieren. Manche Leidende fängt irgendwann an, sich zu ritzen. Bevor sie ritzt, bemalt sie in jeder Unterrichtsstunde ihre Hefter und ihre Federtasche. Sie sitzt gedankenverloren in Mathe und zeichnet Herzen oder Totenköpfe. Irgendwann denkt sie, dass sie wahrscheinlich lesbisch ist, aber auf jeden Fall ist sie Veganerin. Beides gibt ihr wieder ein Alleinstellungsmerkmal wie das Asthma. Wobei das Lesbischsein natürlich wieder neue Probleme hervorbringt. Sie ist gerne bei den Sozialpädagogen und den Erzieherinnen, weil die sich um sie und ihre Probleme kümmern. Man möchte sie eigentlich schütteln und ihr sagen, dass alles gar nicht so schlimm ist. Aber wahrscheinlich würde das nicht helfen.

Die Ruhige

Die Ruhige sitzt nur im Unterricht und fällt nicht weiter auf. Du musst aufpassen, dass du sie nicht im Klassenraum einschließt, weil sie beim Rausgehen nicht so ein Getöse veranstaltet wie die anderen Schüler. Bei Ausflügen immer noch mal checken, ob du die Ruhige auch nicht übersehen hast. Ihren Namen kannst du dir nur schwer merken. Wenn du mehrere Ruhige hast, wird das noch schwerer. Sie laufen immer Gefahr, übersehen zu werden. Manchmal entdeckst du sie erst auf den Notenlisten, wenn du ihnen Zensuren geben sollst. Wer war das denn noch?

Wenn du Glück hast, dann kümmern sich die Muttis um die Ruhigen. Dann hast du das Gefühl, dass sie versorgt sind. Wenn sie Kopftuch tragen, denkst du vielleicht: Na, die wird wahrscheinlich sowieso heiraten. Vielleicht stimmt das. Vielleicht aber auch nicht. Es ist deine Aufgabe, dich auch mit den ruhigen Schülern auseinanderzusetzen. Ich weiß, dass man genug mit den Lauten und den Störern zu tun hat. Aber diese Ruhigen brauchen dich auch. Also suche den Kontakt. Meistens schlummern in den Ruhigen auch ganz interessante Menschen.

Der Unsichtbare

Das männliche Pendant zu der Ruhigen ist der Unsichtbare. In meinen Klassen sind das die kleinen, dünnen Jungs ohne muslimischen Background. Die Armen sind in einer Klasse mit testosteronübersteuerten Halbstarken. Sie selbst sind noch sehr schmächtig, benutzen kein Haargel, Mama legt ihnen morgens die Klamotten raus, und die ziehen sie dann an. Wenn sie Pickel haben, dann behalten sie die, weil sie gar nicht wissen, dass man Mitesser auch ausdrücken kann. Ungelogen sitzen sie vier Jahre lang mit den gleichen Mitessern auf der Nase in meinem Unterricht. Sie sagen nicht viel. Melden sich nur selten. Wenn sie sprechen, dann ganz leise. Ihr oberstes Ziel ist: nicht weiter auffallen. Unsichtbar bleiben, dann gibt es auch keinen Ärger. Sie halten sich aus allem raus. Die Tonangeber der Klassen kennen in der Zehnten immer noch nicht ihre Namen: »Dieser Dingsda. Dieser Deutsche. Der Dünne. Ich weiß nicht, wie der heißt.«

Manchmal schaffen sie es, sich an Mädchengruppen anzudocken. Die Mädchen sehen, dass der Unsichtbare eigentlich ganz nett ist und nicht während der Gruppenarbeit nervt. Es ist nicht so leicht, als Lehrerin an einen Unsichtbaren ranzukommen. Mich interessiert immer, ob der Unsichtbare zu Hause auch so stumm ist wie in der Schule, deshalb suche ich den Kontakt zu seinen Eltern. Meistens sind das sehr nette Leute. Oft kommen die aber ebenfalls nicht an ihren Unsichtbaren ran, weil der sich seit der Pubertät auch von ihnen fernhält.

Der Unsichtbare gehört auf jeden Fall zu der Gruppe der Ungeküssten. Die Ungeküssten oder die Unberührten sind die Jungs, die sich statt für Mädchen für Computerspiele interessieren. Computerspiele und 1,5-Liter-Packungen Eistee Pfirsich sind ihre Leidenschaft. Mir ist nicht klar, ob sie es aufgegeben haben, nach den Mädchen zu gucken, oder ob sie noch gar nicht damit angefangen haben. Sind sie noch in dem Stadium, in dem man lieber kokelt als knutscht? Sie tun jedenfalls nicht viel, um ihren Mitschülerinnen zu gefallen. Sie tragen immer die gleichen gammligen Klamotten: ausgebeulte Hosen in Tarnfarben und labberige Sweatshirts. Ihr Haarschnitt ist so ein Haarschnitt, den man bekommt, wenn man zum Friseur geht und sagt: Einmal kurz, bitte. Kein Gel, kein Undercut, kein gar nichts. Mode und Coolness gehen an ihnen vorbei. Die Ungeküssten können dein Handy reparieren, aber das mit den Mädchen wird noch sehr, sehr lange dauern.

Die Playboys

Im Gegensatz zu den Ungeküssten sind die Playboys nicht nur an Eistee und Computerspielen interessiert. Sie haben bereits das andere Geschlecht entdeckt und putzen sich heraus wie eitle Gockel. Wie im Tierreich, wo die männlichen Tiere oft übertriebener rüberkommen als die weiblichen, versucht der Playboy auch, besser auszusehen als das weibliche Gegenüber.

Da wird gegelt, gekämmt, der Pony in alle erdenklichen Richtungen über den Kopf gezogen, jeder noch so kleine Pickel vernichtet, die Augenbrauen gezupft, jedes Barthaar gestutzt und der ganze Körper von oben bis unten parfümiert.

Und die Girls? Die sehen das, weshalb der Playboy auch nicht lange ungeküsst bleibt. Sieht ein Playboy jetzt nicht ganz so gut aus, muss er weitere Fähigkeiten haben, um auf sich aufmerksam zu machen. Das kann eine besonders einfühlsame Art sein (darauf stehen die Mädchen immer), witzige Sprüche kommen gut bei ihnen an, und Intelligenz schreckt die Mitschülerinnen auch nicht ab. Im Klassenverbund sind sie gut integriert, und auch das weibliche Lehrpersonal kann sich dem Playboycharme oft nicht entziehen.

Nur die besonders gutaussehenden Playboys müssen gar nichts

können. Bei sehr, sehr hübschen Jungen ist es sogar besser, wenn sie nicht so viel sagen und sich ein bisschen geheimnisvoll geben. Das wirkt dann wie so ein verschlossener James Dean, den man als Mädchen knacken möchte. Vorteilhaft ist für sie, sofern sie nicht gerade besonders schlau sind, wenn sie ihre Einfältigkeit durch das Schweigen gut verstecken können. »Der ist sooo süß« reicht ja eigentlich auch schon, um beachtet zu werden. Mein Freund sagt immer: »Wer nicht viel sagt, muss nicht unbedingt viel zu sagen haben.« Aber Jugendliche sehen das oft anders.

Der Gangster

Der Gangster ist Playboy und cool. Eine kriminelle Aura umgibt ihn. Man weiß nicht, ob er wirklich kriminell ist oder nicht. Er lebt von seinem Ruf. Vielleicht ist nur irgendjemand aus seiner Familie schon mal mit dem Gesetz in Konflikt gekommen, aber man spricht auf dem Hof über ihn. Mit ihm will man lieber keinen Ärger haben. Schüler wissen ganz genau, welchen Einfluss ein bestimmter Nachname haben kann. Du willst als Lehrer gar nicht so genau wissen, was der Gangster in seiner Freizeit macht. Hausaufgaben jedenfalls nicht. Im besten Fall schreibt er lediglich schlechte Gangsterrap-Texte. Im schlimmsten Fall kommt die Polizei in die Schule und sagt: »Ja, er ist kein Unbekannter.« Als Lehrer behältst du ihn im Auge. Und beobachtest genau, wie er sich den anderen Schülern gegenüber verhält.

Der Pate

Der Pate denkt, er wäre der Boss. Er hat Adjutanten, und wer nicht für ihn ist, hält sich von ihm fern. Er nennt sich *The Boss*. Seine Gefolgschaft ist ein zusammengewürfelter Haufen von Jungs, die ohne ihn gar nichts wären. Sie machen alles, was er sagt. Sie lachen über seine Witze und sind ihm stets zu Diensten. Der Pate kann sehr wortgewandt und charmant sein. Manche Lehrer wickelt er um den Finger. Er hat Strategien, um seine Bedürfnisse durchzusetzen. Manchmal verhandelt er wie ein Teppichverkäufer, manchmal provoziert er. Durch seinen Einfluss auf einen Großteil der Klasse muss man als Lehrer mit Gegenwind rechnen, wenn man sich dazu entscheidet sich mit ihm anzulegen. Hat man Glück und eine sehr gute Mutti in der Klasse, dann übernimmt die das. In seltenen Fällen kann der Pate auch ein Mädchen sein, so oft kommt das aber nicht vor.

Als Lehrer sieht man nicht immer, wie der Pate Macht auf seine Leute ausübt. Aber wenn man sich die einzelnen Mitläufer seiner Gang genauer ansieht, dann sind das meist Jungs mit geringem Selbstvertrauen und wenig Durchsetzungsvermögen. In der Familie vom Paten zu sein, hebt ihre Position in der Klasse und in der Schule enorm. Um vom Paten anerkannt zu werden, geben viele Jungen jegliche Form von Selbstachtung auf. Sie lassen sich demütigen und lachen über Witze auf ihre Kosten, wenn der Pate gerade mal kein anderes Opfer hat. Dieses Verhalten ist für mich immer schwer zu ertragen und trotzdem verständlich.

In neuen Gruppen etabliert der Pate seine Macht entweder durch lustige Sprüche, durch sein provozierendes Verhalten oder durch das Ausgrenzen von anderen. Er will schnell klarmachen, dass er bestimmt, wo es langgeht. Wenn man eine neue 7. Klasse hat, muss man darauf achten, dass man diesen Schülertypen schnell in seine Grenzen weist. Das ist allerdings schwierig, da der Gruppenfindungsprozess einer neuen Klasse zum größten Teil in den Pausen und Freistunden abläuft.

Kommt man als Fachlehrer in eine Gruppe, in der sich der Pate in seinem Revier schon häuslich niedergelassen hat, ist es noch komplizierter, an seiner Position zu rütteln. Oft gehen wir als Lehrer diesen mitunter sehr charmant wirkenden Schülern auf den Leim. Sie haben Selbstbewusstsein, Humor und ausgeprägte Führungsqualitäten.

Frau Dienstag hat versucht, ihren Klassenpaten zu entmachten, indem sie seinen Gefolgsleuten die ungesunden Gruppendynamiken vor Augen führte. Sie sprach mit jedem Einzelnen und dachte, sie würden selbst einsehen, dass ihr toller Anführerfreund sie lediglich aus- und benutzt. Allerdings waren die Jungen noch nicht bereit, sich von ihrem Chef zu lösen. Es kam zum offenen Konflikt: »Frau Dienstag redet schlecht über dich!« – »Sie wollen uns nur auseinanderbringen.« – »Er ist aber mein Freund.« Wenn der Drang dazuzugehören das Wichtigste ist, dann kann man ihnen tausendmal erklären, dass Freundschaft wenig mit Unterwürfigkeit zu tun hat.

Man muss als Lehrer auf jeden Fall immer darauf achten, dass niemand in der Klasse gegen seinen Willen unterdrückt wird. Wenn die Mitläuferjungen noch nicht bereit sind, ihren Chef zu stürzen, dann ist das erst mal ihr Pech. Unterdrückt die Gruppe allerdings andere Schüler, dann muss der Lehrer handeln. Dazu sollte man zunächst Bescheid wissen, was läuft. Oft trauen sich die Jugendlichen nicht, zu erzählen, dass sie von anderen schikaniert werden. Manchmal vertrauen sie sich aber ihren Eltern an, die dann die Klassenlehrer informieren.

Ich hatte in meiner Klasse den Fall, dass der Pate zwei kleinere Jungen, zwei Unsichtbare, die nicht zu seinem Kreis gehörten, immer wieder in unangenehme Situationen brachte. Er ließ sich von ihnen in den Pausen bedienen, sie mussten ihm Getränke kaufen und ihm den Rücken massieren. Die Sache eskalierte erst, als er von ihnen verlangte, seine Schuhe zu küssen. Er wollte das auch noch mit dem Handy filmen.

Damals haben die Erzieherin der Klasse und ich eine sehr wirkungsvolle Methode eingesetzt, um überhaupt erst mal rauszufinden, was in den Pausen und in den Freistunden passiert. Die

Erzieherin hat drei Wörter an die Tafel geschrieben: *Massieren, Schuhe küssen, Handyfilm*, und alle Schülerinnen und Schüler der Klasse sollten anonym aufschreiben, was ihnen dazu einfiel. Ich habe die Aussagen der gesamten Klasse kommentarlos vorgelesen. Fast alle hatten geschrieben, dass sie es gemein finden, wie die beiden Jungen von dem Paten und seinen Leuten behandelt werden. Es gab auch zwei Zettel, auf denen stand: »Ich möchte ihn nicht mehr massieren.«

Danach haben wir uns den Paten vorgenommen und ihm eindringlich zu verstehen gegeben, dass er sein Verhalten sofort ändern muss. Den beiden Jungen haben wir gesagt, dass sie sich bei dem kleinsten bisschen bei uns melden sollen: »Und wenn er nur ein Mal zu lange in deine Richtung guckt, kommst du bitte sofort zu uns!« Es ist nie wieder etwas vorgefallen, aber es war wichtig, das unverschämte Verhalten des selbsternannten Klassenchefs an die Öffentlichkeit zu bringen. Das Wichtigste war, dass die beiden kleineren Jungen so viel Solidarität vom Großteil der Klasse erfahren haben. Das hat ihr Selbstbewusstsein enorm gestärkt. Wir haben auch die Mädchen gebeten, den Paten und seine Gang im Auge zu behalten und uns sofort Bescheid zu geben, sollte er wieder anfangen, andere zu unterdrücken.

Ein Kollege hat seinen Klassenpaten, der sich gleich in der ersten Stunde mit »Ich bin Emre Boss« vorstellte, entmachtet, indem er seinen Mitläufern vor Augen führte, dass sie sich wie Marionetten von ihm spielen lassen. In diesem Fall waren die Jungen allerdings schon selbst an dem Punkt angekommen, ihm seine Chefrolle abzuerkennen. Wahrscheinlich waren sie von seinem Verhalten mittlerweile genervt und hatten es satt, sich von ihm alles vorschreiben zu lassen. Mein Kollege hat mit allen Mitläuferjungen im Beisein ihrer Eltern gesprochen. Er ist zu jedem nach Hause gefahren und hat den Eltern gesagt, dass ihr Kind kein Selbstbewusstsein hat und alles macht, was der angebliche Freund verlangt. An der Ehre gepackt, haben sie dann gegen ihren Paten revoltiert. »Sie haben einfach die Fäden abgeschnitten«, erzählte mir der Kollege stolz. »Keine Marionetten mehr.« Und der Pate? Der wollte ein paar Tage später die Schule wechseln.

»Und, macht er das?«, fragte ich.

»Klar. Reisende soll man nicht aufhalten.«

Der Entertainer

Ich nenne diesen Schülertyp bewusst nicht Klassenclown, denn das klingt in meinen Ohren sehr abwertend. Der Entertainer ist für die gute Stimmung in der Klasse zuständig. Wenn er mit seinen Sprüchen niemanden verletzt, ist gegen ihn eigentlich nichts einzuwenden. Wie ein Schüler meiner ersten Klasse immer sagt: »Frau Freitag, Spaß muss sein.« Und recht hat er! Spaß muss sein! Ich liebe guten Humor. Wenn alle lachen – umso besser. Sobald die Stimmung gut ist, etabliert sich sogar so etwas wie ein spezieller Klassenhumor. Man hat seine Running Gags mit den Schülern, und später heißt es bei Klassentreffen: »Wissen Sie noch, wir haben immer das und das gesagt.«

Der Klassenhumor ist mir so wichtig, dass ich auch kein Problem damit habe, wenn Witze auf meine Kosten gemacht werden. Ich freue mich, wenn die Atmosphäre gut ist. Mit einer Klasse ein gutes Verhältnis zu haben, ist unbezahlbar. Manchmal stehe ich im Unterricht und denke: »Endlich sind wir eine Gang. Wir haben unseren ganz speziellen Humor und lachen viel. Komisch, dass ich mit einem Haufen Siebtklässlern so einen Spaß haben kann.«

Als ich am Anfang meiner Berufszeit in einer 6. Klasse unterrichtete, waren die Witze der Schüler allerdings noch so unterirdisch, dass ich nicht nur nicht lachen konnte – ich litt regelrecht. Ihr Humor ging so: Einer sagt einen Spruch, der nur mäßig witzig war, und dann schrien die anderen: »Sag noch mal. Sag noch mal!« Ich habe ihnen immer wieder erklärt, dass der Spruch, der ja schon beim ersten Mal nicht lustig war, auch nicht lustiger wird, wenn man ihn dreimal wiederholt. Irgendwann haben sie es verstanden. Nach einem Jahr konnte sogar ich über manche ihrer Sprüche ein bisschen schmunzeln.

Spaaaß! – Warum es wichtig ist zu lachen

»Fräulein Krise, ich habe eben deine Schüler gesehen«, sagt Frau Dienstag und schließt ihr Fahrrad vorm Café ab. »Die riefen mir ›Achtung, Ihr Vorderrad dreht sich‹ hinterher.«

Ich lache. »Ist doch voll lustig.«

»Der ist sooo alt, der Witz«, stellt Fräulein Krise fest und hebt ihre Kaffeetasse hoch.

»Alt vielleicht. Aber trotzdem witzig.«

Mit dem Humor ist das immer so eine Sache. Mit Humor geht alles leichter, sagt man. Konflikte werden am besten mit einem witzigen Spruch entschärft, liest man in Unterrichtsratgebern. Bei uns im Lehrerzimmer wird auch immer viel und laut gelacht. Sarkasmus und Ironie sind den Kollegen nicht fremd, und ohne unseren kabarettistischen Blick auf die Dinge würde ich so manchen Schultag gar nicht überstehen.

Wie sieht das bei den Schülern aus? Klar lachen wir alle über Frau Freitag, wenn sie über die Kabel vom Overheadprojektor stolpert.

Zurzeit ist es in Mode, an jeden lustigen Spruch ein »Spaaaß« dranzuhängen oder »Witz« zu sagen, als müsste man den Witz noch extra ansagen. Achtung, jetzt kommt etwas Lustiges! Die meisten Schüler in meinen jetzigen Lerngruppen machen aber eigentlich ganz gute Witze.

Hamid fragte mich neulich: »Frau Freitag, haben Sie bei *Extrem schön* mitgemacht?« War gemein gemeint, aber doch irgendwie lustig. Ich habe jedenfalls sehr gelacht. Und ihn danach zurechtgewiesen.

Aber dann ist da Oskar. Oskar ist in meiner Klasse. Von der Größe her könnte er schon mit der Schule fertig sein. Er ist unheimlich dünn und bewegt sich gerne. Leider auch immer gerne, wenn ich gerade vorne an der Tafel etwas erkläre. Oskar wäre gerne der Entertainer der Klasse. Leider erschließt sich mir sein Humor nicht so richtig.

Am ersten Schultag nach den Sommerferien frage ich alle Schüler nach den Unterschriften ihrer Eltern auf den Zeugnissen. Ich lese jeden Namen vor und hake dann ab, ob sie ihr Zeugnis mithaben oder nicht. Oskar blättert schon die ganze Zeit in seiner Zeugnismappe. Irgendwann lese ich seinen Namen vor: »Oskar?«

»Ja.«

»Dein Zeugnis. Hast du das mit?«

»Nein.«

Dann wartet er einen Moment, lacht und sagt: »Spaaaß.«

Ein paar Wochen später erwische ich Hamid und Taifun, wie sie in der Mittagspause unerlaubt das Schulgelände verlassen. Zur Abschreckung teile ich der gesamten Klasse mit, dass die beiden dafür einen Tadel erhalten. Daraufhin Oskar: »Ich war auch draußen.«

»Wirklich?« Ich bin verwirrt, hatte ich ihn doch auf dem Schulhof gesehen.

Er starrt mich an, grinst dann und sagt: »Witz!«

So geht das in einer Tour. Ich verstehe seinen Humor einfach nicht. Aber gestern lieferte mir Oskar die perfekte Steilvorlage.

Am Ende der Englischstunde sprechen wir über Handys. Hamid

hat ein neues Smartphone und erklärt uns, was es alles kann. Nach dem Klingeln verlasse ich mit den Schülern meinen Klassenraum und laufe mit Hamid, Taifun und Oskar die Treppe runter. Immer noch ist das Gesprächsthema Handys. Plötzlich zieht Oskar sein Smartphone aus der Hosentasche und hält es mir unter die Nase: »Hier, Frau Freitag, habe ich gefunden.«

»Gefunden?«, frage ich und warte gar keine Antwort ab, sondern nehme das Handy und stecke es in die Tasche. »Na, dann gebe ich das jetzt für dich im Büro ab.« Oskar guckt mich verwirrt an. Natürlich war es sein Handy. Natürlich habe ich es ihm irgendwann wiedergegeben. Aber hoffentlich hat diese Aktion ihm auch gezeigt, wohin seine seltsamen Witze führen können. Denn er hat nicht gelacht, als ich sein Telefon eingesteckt habe. Die anderen schon.

Ich versuche immer, meine Klasse zu unterhalten. Wenn der Entertainer mal einen wirklich lustigen Spruch macht und alle lachen, warum sollte man ihn dann böse angucken. Er lockert die Stimmung, und die paar Sekunden, für die er deinen wertvollen Unterricht unterbricht, wirst du noch verkraften können. Und by the way: In der Zeit, in der der Lehrer meckert und schimpft, wird auch kein Lehrplan erfüllt.

Das Kleid ist schwarz-blau – Wie funktioniert Beziehungsarbeit

Wenn man eine neue Lerngruppe bekommt, dann sitzen einem zunächst fremde Menschen gegenüber. Es hilft, sich nach den ersten Stunden Gedanken über jeden von ihnen zu machen. Vielleicht nimmt man sich den Sitzplan vor und schreibt sich ein paar

Stichwörter zu den einzelnen Schülern auf. Hat man eine Klassenmutti in der Gruppe? Gibt es ungeküsste Unsichtbare? Gehen die Störungen vom Paten oder vom Entertainer aus? Wie ist die Gruppendynamik? Dazu muss man sich zunächst einmal ansehen, wer mit wem befreundet ist. Gibt es in der Klasse Ausgegrenzte? Wer gibt den Ton an? Wer hat das Sagen, und wer ist nur Mitläufer? Wenn man in der Gruppe Disziplinschwierigkeiten hat, dann muss man herausfinden, von wem genau die Störungen ausgehen. Das ist gar nicht so einfach und kann mitunter länger dauern, als man möchte, da man die Schüler noch nicht kennt und der Eindruck entsteht, dass eigentlich jeder stört. Die Schüler, die einem im Unterricht auf den Wecker gehen, deren Namen kann man sich zumindest am schnellsten merken.

Okay, du hast dir also die Lerngruppe genauer angesehen und festgestellt, dass diverse Schülertypen vertreten sind. Was nun? Im Unterricht ist es trotzdem laut, und der Unterricht in dieser Gruppe macht dir immer noch keinen Spaß. Zunächst musst du dir sagen, dass du es schaffen wirst. Es wird besser werden. Vielleicht auch nicht, aber du musst dir fest vornehmen, alles dafür zu tun, in dieser Lerngruppe nicht unterzugehen.

Nachdem du die Schülertypen erkannt hast und die Dynamik in der Gruppe ein wenig verstehst, musst du daran arbeiten, eine Beziehung zu den Schülern aufzubauen. Das klingt einleuchtend. Man könnte meinen, dass man doch schon voll dabei ist, unterrichtet man doch bereits seit ein paar Wochen Geschichte in dieser 7. Klasse. Obwohl eigentlich jeder weiß, wie wichtig die Beziehungsarbeit ist, sehe ich bei Referendaren und Berufsanfängern immer wieder, wie sie Chancen vergeben, an der Beziehung zu den Schülern zu arbeiten. Man ist als Anfänger immer viel zu sehr darauf fixiert, Unterricht zu machen, und verliert dabei völlig aus den Augen, dass es sich bei den zu Unterrichtenden um Individuen handelt, die alle ein eigenes Leben, Interessen, Meinungen und Ideen haben. Kurz gesagt, man hat es mit einem Haufen Persönlichkeiten zu tun. Soll man die jetzt alle kennenlernen? Wie soll das denn gehen? Was heißt das überhaupt: Beziehungsarbeit?

Für mich bedeutet es einfach, dass man zu der Gruppe, aber auch zu den Einzelnen eine Beziehung aufbaut. Das muss gar nicht lange dauern, man braucht dafür keine stundenlangen Kennenlernspiele, aber wenn man in den Unterricht geht und am Abend Deutschland gegen Ghana im Fernsehen läuft, bricht man sich keinen Zacken aus der Krone, wenn man die Klasse kurz fragt, wie viele Tore sie erwarten. Natürlich solltest du dich auch wirklich für das Spiel interessieren. Nichts ist schlimmer als ein Lehrer, der sich an Schülerthemen anbiedert, die eigentlich gar nicht zu seinem Interessensgebiet gehören. Man muss auf jeden Fall authentisch bleiben. Während der Fußball-EM oder -WM zu unterrichten, ist immer ein gefundenes Fressen für die Beziehungsarbeit. Ich habe mein Referendariat absolviert, während die WM in Asien lief, und mir sogar ein paar Spiele mit den Schülern gemeinsam angesehen.

Was für ein Glück, wenn sich bei *Germany's Next Topmodel* ein Mädchen als Oberzicke entpuppt und man sich gemeinsam mit der Klasse über ihr Verhalten aufregen kann. Ich gucke mir ja gerne jeden Reality-Mist im Fernsehen an, traue mich aber nicht, meinen schlechten TV-Geschmack im Lehrerzimmer oder im Freundeskreis publik zu machen. Da bleiben mir oft nur die Schüler, um mich auszutauschen. Wenn man kurz vor oder nach dem Klingeln schnell über die neusten Begebenheiten im *Dschungelcamp* gequatscht hat, wird die zu unterrichtende Stunde meistens in einer angenehmeren Atmosphäre stattfinden, als wenn man abgehetzt in den Raum rennt und sofort mit Geschichte anfängt.

Klassen, in denen man nicht oft unterrichtet, kann man immer nach dem kommenden oder letzten Wandertag fragen oder sich kurz nach den Erlebnissen auf der Klassenfahrt erkundigen. Mit Gruppen, die man länger kennt, kann man eigentlich über alles quatschen. Ich erzähle ihnen von seltsamen Begebenheiten, die bei Frau Dienstag an der Schule passiert sind, davon, was ich auf Facebook oder in der *Tagesschau* gesehen habe, und lasse mir berichten, wie das Zuckerfest war. Wenn mir ein Schüler sagt, dass seine Mutter ins Krankenhaus musste, dann erkundige ich mich nach ihrem Befinden. War eine Mutter schwanger, dann gucke ich mir Babyfotos an. Sehe ich Hennabemalungen auf Mädchenhänden, dann lasse ich mir detaillierte Hochzeitsgeschichten erzählen. Vielleicht interessiert manch einen Lehrer das alles gar nicht. Vielleicht haben manche lediglich Interesse an ihrem Fach und daran, den Schülern etwas beizubringen. Ich habe Glück, dass meine Interessen sich teilweise mit denen von Siebt- oder Achtklässlern überschneiden und mir die Beziehungsarbeit deshalb leichtfällt und sogar großen Spaß macht.

Da ich Kunst unterrichte, habe ich in den Arbeitsphasen, wenn die Schüler malen oder zeichnen, immer wieder Gelegenheit, mich mit ihnen auszutauschen. Das geht in Englisch natürlich nicht so gut. Reden und gleichzeitig arbeiten funktioniert auch nicht in allen Gruppen. Siebtklässler hören sofort auf zu zeichnen, wenn ich sie nach ihren Computerspielvorlieben oder dem Finale von *The Voice* frage. Ältere Schüler können quatschen und arbeiten.

Als Fachlehrer sollte man jede Gelegenheit nutzen, um mit den Schülern zu sprechen. Bei der Hofaufsicht ruhig mal fragen, was sie am Wochenende machen, sich auf Wandertagen nach ihren Grundschulerlebnissen oder ihren Berufswünschen erkundigen oder (das Grauen vieler Jugendlicher) sich in der U-Bahn mal neben einen Schüler setzen. Aber lieber neben Schüler, die man auch unterrichtet. Schüler von anderen Schulen sollte man in der U-Bahn meiden oder nur belauschen.

An meinem ersten Tag im Referendariat wurde ich zu einer Lehrerin in die Klasse geschickt, die meine Mentorin im Kunstunterricht werden sollte. Ich betrat ihren Klassenraum in der Pause, sie saß am Pult, einige Mädchen standen um sie herum und sprachen mit ihr. Plötzlich griff sie in ihre Tasche und sagte: »Ach, Steffi, ich wollte dir doch den Flyer mitbringen. Hier ist er.« Steffi nahm den Flyer, strahlte und bedankte sich. Ich weiß nicht, was das für ein Flyer war, aber ich weiß, dass mich diese Szene damals sehr beeindruckt hat. Da ist also eine Klassenlehrerin, die bringt ihrer Schülerin etwas von zu Hause mit. Sie muss also vorher mit ihr über irgendetwas geredet haben und versprochen haben, ihr diesen Flyer zu geben. Damals hat mich das nachhaltig beeindruckt, denn ich habe sofort gesehen, dass die beiden einen guten Draht zueinander hatten und der Flyer nichts mit dem Unterricht zu tun hatte. Dieser Flyer-Moment war für mich das erste Mal, dass ich ein perfektes Beispiel für Beziehungsarbeit beobachten konnte.

Mit der Zeit lernt man die Gruppen, in denen man unterrichtet, immer besser kennen. Die anonymen Schüler werden zu individuellen Persönlichkeiten. Der permanente Störer zu Tarik, den man am besten ganz nach vorne setzt; die aufgedonnerte Larissa bekommt gute Laune, wenn du bemerkst, dass ihre Jacke neu ist und gut zu ihren Stiefeletten passt, und Erol freut sich, wenn du weißt, dass sein Lieblingsverein gerade Galatasaray geschlagen hat.

Es gibt im Schuljahresverlauf immer wieder Phasen, in denen man sich sehr auf den Unterricht konzentriert und wenig Zeit für intensive Beziehungsarbeit hat. Kurz vor der Notenabgabe für die Zeugnisse, wenn man die Klasse auf eine Arbeit vorbereiten muss oder wenn sehr viel Unterricht ausgefallen ist. Frau Dienstag sagt ab und zu: »Wir haben heute gefrühstückt und dann Spiele gespielt. War mal wieder Zeit für Beziehungsarbeit.«

Eine super Chance, das Verhältnis zu den Schülern zu verbessern, ist, wenn man sich in den sogenannten Tiefstand begibt. Hochstand-Tiefstand sind die Lieblingsbegriffe von Fräulein Krise. Sie bedeuten, dass man sich ab und zu ruhig in Situationen versetzen kann, in denen die Schüler mehr wissen als du. Als Lehrer ist man ja permanent der Schlauere. Du bestimmst, was im Unterricht gemacht wird, du weißt, was nächste Woche läuft, was in der Arbeit drankommt. Als Lehrer ist man den ganzen Tag im Hochstand. Was soll dann Tiefstand sein? Jeder erinnert sich an die Stunden in der eigenen Schulzeit, wenn eine Lehrerin oder ein Lehrer – leider waren es wirklich öfter die Lehrerinnen – einen Film zeigen wollte. Dann kam das Unvermeidbare: »Wer kann denn mal den Videorekorder anschließen?« Nun wollen wir diese tradierten Geschlechterrollenklischees, dass Frauen nichts von Technik verstehen, als Lehrer ja nicht zementieren. Trotzdem bieten die Unterrichtsphasen, in denen man irgendwie mit Geräten zu tun hat, immer wieder gute Möglichkeiten, die Schüler mal zeigen zu lassen, was sie draufhaben. Es gibt auch den Spruch »Alles, was der Schüler machen kann, soll der Schüler machen«. Deshalb lasse ich grundsätzlich die Schüler den Beamer aufbauen und anschließen.

Der absolute Knüller ist natürlich das Handy. Welcher Lehrer kann schon sagen, dass er von Mobiltelefonen mehr versteht als ein Schüler? Ich habe mich jahrelang mit meiner alten Nokia-Gurke vor den Schülern blamiert: »Warum haben Sie kein iPhone?« Meine gesamte Klasse besaß bereits Smartphones, nur ich konnte mich nicht zu einem Geräte-Update entschließen. Irgendwann gab mein kleines Nokia-Teil den Geist auf. Nun war ich bereit *for the next generation*. Aber was sollte ich mir kaufen? iPhone oder Samsung oder etwas ganz anderes? Wo liegen die Vorteile von dem einen und die Nachteile des anderen? Wie mache ich das mit dem Vertrag? Brauche ich überhaupt einen oder lieber Prepaid? Fragen über Fragen, und was für eine wunderbare Gelegenheit zur Beziehungsarbeit. Denn wer könnte mich besser beraten als Schüler, deren Handys ja quasi schon zu einem Körperteil geworden sind. Ich ließ mich in allen meinen Lerngruppen beraten. Was für eine einmalige Gelegenheit, mit den Schülern über etwas zu sprechen, von dem sie mehr Ahnung haben als ich, wobei ich aber auch wirklich an ihrem Wissen interessiert bin.

Auch der Kauf eines iPads wurde in meiner Klasse genauestens von den Schülern begleitet. Als ich es endlich besaß, brachte ich es mit in die Schule und zeigte es ihnen nicht ohne Stolz. Sie haben gelacht und applaudiert. Sollte ich auf die Idee kommen, dass ich irgendwelche Apps brauche, dann weiß ich genau, wen ich fragen werde. Toll, wenn Beziehungsarbeit beidseitig funktioniert.

Letztendlich macht ja der Kontakt zu den Schülern Spaß, und ich will ja auch eine gute Zeit in der Schule haben.

Der Freund sagt: »Viele wollen wahrscheinlich nur guten Unterricht machen.«

Ich sage: »Aber guten Unterricht macht man nur, wenn man eine gute Beziehung zu den Schülern hat.«

»Gucken Sie! Gucken Sie, Frau Freitag, ist das Kleid blau-schwarz oder weiß-gold?«, schreit Rosa und stürzt auf mich zu. Sie will mir ihr Handy unter die Nase halten, aber ich brauche das Bild gar nicht zu sehen. Hinter Rosa – alle Mädchen meiner Klasse. Die eine Hälfte von ihnen schreit »weiß-gold«, die andere »blau-schwarz«.

»Kinder! Das Kleid, das Kleid! ISIS ist schon in Brandenburg, aber euch interessiert nur dieses blöde Kleid!« Keiner hört mir zu, nur Vincent grinst. Natürlich ist das Kleid blau-schwarz. Kann nicht mal jemand was wirklich Interessantes auf Facebook posten? Wen interessiert denn dieses blöde Kleid? Oder wie Vincent sagen würde: »Juckt.«

Ich betrachte meine Schülerinnen, wie sie sich um Rosas Handy drängeln und »blau-schwarz« und »weiß-gold« schreien. Warum können wir nicht über die wirklich wichtigen Dinge des Lebens sprechen? Ich hätte da so viele Fragen: Was passiert noch mit dem IS? Was will Putin? Wer aus meiner Klasse schafft den Mittleren Schulabschluss? Brauche ich jetzt noch eine neue Übergangsjacke, oder wird es schlagartig warm? Warum sind in meinem Impfpass mal Kreuze und mal Kuller?

Bin ich denn nun gegen Masern geimpft?

Brauche ich für den Sommer nicht doch noch einen neuen Bikini? Oder soll ich mir lieber gleich einen Badeanzug kaufen? Ist Botox wirklich so schlimm? Was ist der Hinz-Betrag auf meiner Gehaltsabrechnung? Warum ist Heidi Klum so dünn? Wer glaubt wirklich, dass Heidi Klum Döner isst? Machen die nicht vielleicht doch eine neue Staffel von *Breaking Bad*? Sollte Frau Dienstag Schulleiterin werden? Können Leute, die jünger sind als ich, wirklich ein Land regieren? Ist das Kleid nicht vielleicht doch weißgold? Wem gehört eigentlich dieses Kleid? Wann können wir mit dem Unterricht anfangen?

Ja, ich hätte da so einige interessante Sachen, über die ich mit meiner Klasse sprechen könnte. Aber wie gesagt, an dem Tag interessierte nur: blau-schwarz oder weiß-gold. Geklärt haben wir das leider nicht. Für solche Dinge bräuchte man ein neues Schulfach: Verschwörungstheorien und Facebookquatsch.

Mr. President, we are under attack – Schulstunden, die man nicht vergisst

Und mit den Verschwörungstheorien geht es in der nächsten Stunde gleich weiter.

»Ihr hattet eine Hausaufgabe auf«, sage ich und blicke erwartungsvoll in die Runde. Die 8. Klasse guckt mich erschrocken an. »Was Hausaufgabe?«, fragt Burak. »Wir hatten nicht. Wirklich!«

»Doch, ihr solltet eure Eltern zum 11. September befragen.« Plötzlich hellen sich einige Gesichter erleichtert auf: »Ah, ja! Stimmt!«

»Und?«, frage ich. Sofort gehen einige Arme in die Höhe. »Na, dann erzähl mal, Fatima.«

Fatima setzt sich aufrecht hin, dreht ihren Kopf, bis sie die volle Aufmerksamkeit ihrer Mitschüler hat und holt tief Luft: »Aaalsooo. Ich habe meine Mutter gefragt, und sie hat gesagt, dass sie zu Hause war und Fernsehen geguckt hat. Irgendeine Sendung. Dann kamen plötzlich die Türme und das Flugzeug, und dann sie hat sofort meinen Vater angerufen.«

»Ah, siehst du?«, unterbreche ich sie. »Genau wie ich. Ich wollte doch auch, dass mein Freund bei mir ist.«

In der letzten Stunde hatte ich der Klasse erzählt, wie ich diesen Tag erlebt hatte, was genau passiert war und welche Auswirkungen dieser Tag gehabt hat. Sie klebten an meinen Lippen. Die gesamten 45 Minuten. Ali, der ein überzeugter Anhänger des unregelmäßigen Unterrichtsbesuchs ist, wollte von mir gleich noch wissen, wo er Videos dazu im Internet finden könne, und schrieb sich die Hausaufgabe sogar in sein Hausaufgabenheft, in dem sonst nicht viel steht. In dieser Stunde erklärte ich, was Selbstmordattentäter sind, was für Flugzeuge in die Twin Towers flogen, welche Ziele noch getroffen werden sollten, welche Bedeutung die Türme für New York und für die gesamte westliche Welt hatten und warum es manche Ereignisse im Leben gibt, bei denen niemand vergisst, wo er war, als er davon erfuhr. Ich zeichnete die Türme an die Tafel, ließ dann die Flugzeuge reinfliegen und sparte auch nicht mit Vergleichen aus der Lebenswelt meiner Schüler: »Ihr kennt doch das Europacenter. Das mit dem Mercedesstern obendrauf.« Wir sprachen über Statik, Flugrouten, Pilotenausbildungen, Fanatismus, den Unterschied zwischen Tou- und Terroristen. Es gab sogar eine kleine Vorführung, in der ich Präsident Bush spielte, wie er in der Grundschule saß und ihm von den Angriffen berichtet wurde. »Ali, du bist jetzt mein Berater und flüsterst mir ins Ohr: ›*Mr. President, we are under attack.*‹ Und dann guckt mal, wie der Präsident reagiert hat.«

Besonders interessierte die Schüler, wie die Flugzeuge in die Türme flogen und was mit den Menschen dort passiert ist. »Was war mit denen im Flugzeug? Haben die in den unteren Stockwerken nicht gemerkt, dass da was reingeflogen ist? Warum kamen keine Helikopter und haben die Menschen aus der oberen Hälfte gerettet?« Immer wieder die gleiche Frage: Warum kamen keine Hubschrauber, um die Menschen zu retten?

Kurz gesagt, es war eine äußerst informative Unterrichtsstunde. Selten haben die Schüler bei mir so viel gelernt. Und als Hausaufgabe hatte ich ihnen dann die Befragung ihrer Eltern aufgegeben – wo sie am 11. September 2001 waren und was sie damals gedacht haben. Beim Rausgehen fragte mich Umut leise: »Frau Freitag, aber was ist, wenn meine Mutter sich gar nicht daran erinnert?«

»Umut, wie alt war deine Mutter damals?« Er rechnet: »22, nein, 23.«

Ich schiebe ihn sanft durch die Tür und klopfe ihm draußen auf die Schulter: »Umut, sie wird sich dran erinnern. Glaub mir!«

Eine Woche später will ich wissen, was die Schüler zu Hause erfahren haben. »Okay, Fatima, dann erzähl mal weiter.«

»Also, meine Mutter hat sich das dann alles angeguckt im Fernsehen, und sie war voll geschockt. Und dann meinte sie, das waren alles die Amerikaner selber, damit sie die Araber angreifen können.«

Am Ende der Stunde kommt Umut zu mir und strahlt mich an. »Frau Freitag, meine Mutter hat das mit den Flugzeugen auch gesehen.«

»Siehst du, Umut, habe ich dir doch gesagt. Und was hat sie gemacht?«

»Sie hatte Angst und hat meinen Vater auf seiner Arbeit angerufen.«

Der Lehrer

Tangas und Sandalen –
Was soll man als Lehrer anziehen?

»Ich wollte eigentlich noch darüber schreiben, was man in der Schule anziehen soll«, erzähle ich Frau Dienstag am Telefon.

»Hm«, antwortet sie.

»Was, hm? Findest du das nicht wichtig? Dass man immer ein frisches T-Shirt anzieht und sich waschen muss und ...«

»Aber das wissen doch die Leute, die dein Buch kaufen. Die waschen sich doch. Das musst du doch nicht aufschreiben.«

»Ja, aber ... also mir hat das am Anfang zum Beispiel geholfen, hochhackige Schuhe zu tragen und nicht auf Turnschuhen rumzuschlurfen, weil dann meine Lehrerpersönlichkeit ...«

»Also meine kleine Referendarin Frau Müller. Die ist sooo toll und noch sooo jung, die kommt auch immer in Turnschuhen und macht trotzdem ganz tollen Unterricht.«

Frau Dienstag ist mal wieder dagegen – gegen das Aufschreiben von Kleidungsordnungen für Lehrer. Dabei erinnere ich mich an lange Diskussionen, die sie und ich im Referendariat hatten, ob man ein T-Shirt zwei Tage hintereinander anziehen kann oder nicht. Sie hat nämlich ihre T-Shirts immer über Nacht ausgelüftet. Wo eigentlich? Auf dem Balkon? Keine Ahnung. Jedenfalls fand ich das damals sehr seltsam, denn ich habe jeden Tag ein neues T-Shirt angezogen. Nicht nur, weil ich anfangs immer nach dem Unterrichten vom Angstschweiß ganz durchgeschwitzt war, sondern auch, damit die Schüler nicht sagen, dass die Neue immer die gleichen Klamotten trägt. Die Schüler gucken nämlich ganz genau hin, was wir Lehrer anhaben. Und ich finde schon, dass man sich da einige Tipps zu Herzen nehmen kann:

- Jeden Tag ein sauberes T-Shirt.
- Keine Aufdrucke. Als Lehrer sollte man nicht mit *Pegida*, aber auch nicht mit *Refugees welcome* durch das Schulgebäude rennen. Neutralität heißt das Zauberwort.
- Frauen immer mit BH.
- Hosen bitte immer so hoch tragen, dass man nicht die Unterhosen sieht, wenn ihr euch vor die Schüler kniet. Sowieso nicht vor die Schüler knien!
- Wenn man auf den Stringtanga nicht verzichten kann, dann bitte dafür sorgen, dass der auch in der Hose bleibt. Denkt bitte an uns alte Lehrerinnen, die nicht auf so billige Tricks zurückgreifen können, um sich bei den Schülern beliebt zu machen. Ich will nicht hören: »Abo, Frau Freitag, ham Sie gesehen, die Neue, sie trägt immer voll krasse Reizwäsche.«
- Haare, so vorhanden: fettfrei.
- Röcke – nicht zu kurz. Ich konnte mich als Schülerin auf den größten Teil meines Erdkundeunterrichts nicht konzentrieren, weil ich mir die superkurzen Miniröcke von Frau Schmidt-Rohloff angucken musste und immer nur gewartet habe, ob sie sich wieder so hinsetzt, dass man ihre Unterhose sieht. In Französisch habe ich auch nichts mitbekommen, weil wir Frau Funke immer so durch den Raum schicken mussten (durch strategisches Melden von denen, die am Fenster saßen), dass wir aufgrund ihrer fast durchsichtigen Blusen immer wieder feststellen konnten, dass sie trotz enormer Oberweite wieder keinen BH trug.
- Bei Sandalen (ohne Socken!) bitte auch mal die Zehennägel

schneiden. Gilt vor allem für den männlichen Teil des Kollegiums.
- Bitte nicht zu jugendlich kleiden. Klar, man denkt immer, dass man viel jünger ist, als man eigentlich wirklich ist. Man fühlt sich innerlich noch wie sechzehn. Aber für die Schüler sind wir alle alte Säcke. Egal ob wir dreißig oder sechzig sind.

Während ich überlege, was mir noch zur Kleiderordnung von Lehrern einfällt, gehe ich kurz zu Facebook und chatte mit einer Lehrerinnenfreundin. Wir scheiben so hin und her.

> **Ich:** Ich muss dann auch mal weiterarbeiten. Schreibe gerade über Klamotten. Immer schön gewaschen in die Schule.

Sie: Als Lehrer jetzt?

> **Ich:** Ja, als Lehrer. Ich schreibe doch für Lehrer. BH anziehen und Zehennägel schneiden, wenn man Sandalen trägt.

Sie: Am besten überhaupt keine Sandalen tragen.

> **Ich:** Und die Männer keine kurzen Hosen – mit den ganzen Krampfadern und so.

Sie: Ihhhh, nee!

> **Ich:** Und das Eigelb aus dem Bart wegmachen und Nasenhaare schneiden.

Sie: Und ganz schlimm: halb offene Hemden über eklig gebräunten Oberstudienratsmännerbrüsten.

Ich: Und die Ohrhaare.

Sie: Ohrhaare finde ich okay. Ab einem gewissen Alter darf man das. Ich finde so ganz speckige, fettige Brillengläser mit Hautschuppen drauf schlimm.

Ich: Ja stimmt.

Sie: Und der Klassiker: fettige Haare

Ich: Hab ich schon, also schon aufgeschrieben.

Sie: Ich bin, was Haare angeht, eigentlich etwas toleranter, aber das geht überhaupt nicht: Popel, die in den Nasenhaaren kleben. Und übrigens auch schlimm: liebesbedürftige Lehrerinnen, die mit Ausschnitt bis zum Bauchnabel auftauchen, ihre faltigen Brüste jedem Schüler ins Gesicht drücken und das mit »Tja, ich zieh mich halt gern mal schick an« kommentieren.

Ich: Du guckst aber ganz genau hin.

Sie: War nicht zu übersehen. Und Achselhaare sind auch so eine Sache. Allerdings finde ich irgendwie diese Rasier-Diktatur auch dumm ... vielleicht sollte man den Lehrkörper einfach stets bedeckt halten.

Frau Dienstag, du siehst, so wenig gibt es zu dem Thema gar nicht zu sagen. Und wenn allen alles immer schon klar wäre, dann hätten wir doch im Lehrerzimmer keine Kollegen, die mit Hautschuppen auf den Brillengläsern in den Unterricht gehen und sich mit offenem Hemd über die Schüler beugen, damit die auch ja die Popel in den Nasenhaaren begutachten können, oder? Die junge Generation ist da auch nicht immer unbedingt gepflegter.

Shit happens –
Wie man es nicht machen sollte

Was für ein schöner Tag! Morgens im Lehrerzimmer gibt es Brötchen und Kisir. Frau Schwalle hatte Geburtstag. Wir feiern, essen und freuen uns. Dann geht es gutgelaunt in den Unterricht. Die Sonne scheint, die Kinder sind mehr oder weniger pünktlich, Frau Freitag ist die Ruhe selbst. Ich frage nach den Topmodels. Die Schüler haben die gleichen Favoriten wie ich. Ich bin zufrieden.

Im Lehrerzimmer dann wieder die Kollegen. Alle bester Stimmung, es wird viel gelacht, Scherze gerissen. Meine Beobachtung: Je anstrengender das Unterrichten an einer Schule ist, desto härter und auch lustiger sind die Witze und Sprüche im Lehrerzimmer. Jeden, der zur Tür reinkommt, begrüße ich mit einem strahlenden Lächeln.

Es klingelt. Wieder Unterricht. Wieder meine Klasse. Ich behalte mein Strahlen bei. Frau Dienstag, die Schüler nicht nur wahrnehmen, sondern auch so viel wie möglich anlächeln, denke ich. Ich lächle und bin nett und zugewandt und geduldig. Es breitet sich eine himmlische Ruhe aus. Rosa fragt, ob wir nicht nach den schriftlichen Prüfungen zum MSA unseren Klassenraum streichen wollen. Komisch, sie verlassen doch bald die Schule – aber egal. »Klar, machen wir.« Wenn sie mich jetzt fragen würden, ob wir nicht noch im Juni nach Hawaii fahren wollen – ich hätte nichts dagegen. Heidepark, Ostsee, Tegeler See, Tropical Island. *You name it*, ich fahr mit euch dahin.

Noch mehr Unterricht und dann nach Hause. Selbst in der U-Bahn bin ich freundlich und stehe sogar auf, um einer älteren Frau meinen Sitzplatz anzubieten. Dann hüpfe ich wie ein Grundschulkind von der U-Bahn nach Hause. Klingel an der Haustür, der Freund öffnet, und ich begrüße ihn strahlend. Und er? Er starrt mich an. Ich frage: »Was ist denn los?« Er grinst und sagt: »Guck mal in den Spiegel!« Im Badezimmer schaue ich mich an und kann nichts Ungewöhnliches entdecken. Okay, die Haare müsste ich mal nachfärben lassen. Der Pickel am Kinn ist leider noch nicht reif, und die Augenbrauen …

»Im Mund!«, ruft er aus dem Flur. Ich ziehe die Lippen auseinander und erstarre. Da hängt ein riesiges Stück Petersilie an meinem rechten Schneidezahn. Ich überlege … wann habe ich denn Petersilie … oh nein, der Bulgursalat von Frau Schwalle!

Wie peinlich! Da renne ich den ganzen Tag mit Grünzeug am Zahn durch die Gegend! So etwas DARF einem nicht passieren!

Deshalb mein Tipp an alle: Immer mal einen Blick in den Spiegel werfen! Wenn kein Spiegel zur Hand ist, einen Kollegen oder Schüler fragen: »Hab ich da was zwischen den Zähnen?« Wenn ihr jemanden seht, der mit Zahnpasta am Kinn in den Unterricht will – bitte ansprechen! Und liebe nicht mehr ganz so junge männliche Kollegen – immer checken, ob der Reißverschluss an der Hose zu ist. Da kannst du den tollsten Unterricht machen – mit offener Hose oder Kräutern im Gebiss gewinnst du keinen Blumentopf!

Frau Dienstag ist das zu oberflächlich. »Es gibt doch viel wichtigere Dinge als die Kleidung, eine offene Hose und Petersilie zwischen den Zähnen. Mensch, wenn du ein Referendar bist oder Berufsanfänger, dann weißt du gar nichts. Du musst mal schreiben, wie so ein Schuljahr überhaupt abläuft. Davon hat man nämlich am Anfang gar keine Ahnung. Das ist wichtig! Struktur! Ich sage nur: Struktur!«

Was du bis Ostern nicht schaffst, schaffst du nicht mehr – Wie sich ein Schuljahr strukturiert

Also gut. Ich liebe Struktur. Ich strukturiere alles. Vielleicht sind nicht alle so verliebt in Struktur, aber ich könnte ohne Struktur gar nicht leben.

Selbst in den Ferien muss ich mir meinen Alltag irgendwie ein- und aufteilen. Ohne Alltag geht es nicht. Mittlerweile kann ich das ganz gut. In den Ferien reicht es ja schon, morgens Kaffee zu machen, Toast zu essen und dabei mehrere Folgen *The Walking Dead* zu gucken. Wenn ich das drei Tage hintereinander gemacht habe, dann strukturieren mir die Zombies morgens meinen Tag, und alles ist gut.

Für Strukturfanatiker ist der Lehrerberuf natürlich eine feine Sache, denn bei uns ist alles strukturiert.

Fangen wir mal groß an: das Schuljahr. Immer beginnt es irgendwann am Ende des Sommers. Das Schuljahr wird mit Unterbrechungen durch die Ferien in fünf Arbeitsblöcke eingeteilt. Man kann auch sagen, die Ferien werden durch fünfmal mehrere Wochen Zur-Schule-Müssen unterbrochen/gestört.

Berufsanfänger unterschätzen oft, wie viel Zeit man in einer Lerngruppe unterrichtet. Wenn man als Lehrer anfängt, fällt es einem sowieso schwer, langfristig irgendetwas zu planen. Meine Erfahrungen mit dem Schuljahr sehen so aus:

1. Block (Schuljahresbeginn–Herbstferien) – Der herrliche Neustart

Arbeitet man an einer Schule, die den Schuljahresanfang gut planen kann, hat man Glück. An vielen Schulen startet das Schuljahr eher chaotisch. Lehrer für bestimmte Fächer fehlen, andere, die fest eingeplant waren, sind krank oder schwanger. Manchmal gibt es nur vorläufige Stundenpläne, oft werden die schon verteilten Stundenpläne wieder verändert. Ein reibungsloser Schulanfang ist viel wert, aber keineswegs selbstverständlich.

Ich mag die ersten Wochen nach den Sommerferien. So frisch wie jetzt kommt man nicht mehr zusammen. Die Schüler und Kollegen sind erholt, alles scheint möglich. Man hat noch keine Klassenarbeit verhauen, noch nicht geschwänzt.

Als Schüler denkt man: Diesmal mache ich alles anders.

Als Lehrer nimmt man sich vor, diesmal die Kursbücher von Anfang an ordentlich zu führen, der Lehrerkalender ist noch unberührt, die Notenlisten noch jungfräulich rein. Ein Neustart. Super.

In der Zeit vor den Herbstferien sollte man versuchen, möglichst viel zu schaffen. Nicht lange rumtändeln, denn diese Zeit ist sehr produktiv. Lieber hier mal einen Test mehr schreiben, als später zu wenig Zensuren zu haben.

2. Block (Herbstferien–Weihnachtsferien) – Die Härte

Die kritische Phase. Spätestens ab November geht die große Krankheitswelle los. Wenn es einen selbst nicht erwischt (siehe Kapitel *Der kranke Lehrer,* S. 180), dann drohen einem Vertretungsstunden oder Kurszusammenlegungen. Draußen wird es schon mittags dunkel, wenn es überhaupt jemals hell war, das drückt auf die Stimmung. Schlimm auch die ersten Stunden in schwarzer Finsternis, wenn man das Gefühl hat, man unterrichte mitten in der Nacht. Wenn man Pech hat, schneit es schon vor Weihnachten, und falls der Schnee liegen bleibt – na dann, gute Nacht! Schneeballschlachten, Schülerverletzungen durch Schnellballschlacht, Unfallanzeige, Schnee im Klassenzimmer, schmelzender Schnee auf dem Boden und auf den Tischen. Granulat unter den Schuhen, alles ist permanent nass und schmutzig und dunkel – nicht schön. Die Schüler haben irgendwann auch keine Lust mehr zu lernen, sitzen da in ihren Daunenjacken und wollen eigentlich in den Winterschlaf verfallen.

Hier hilft nur durchhalten, durchhalten, durchhalten. Sich auf Weihnachten freuen und mit dem Kollegium eine schöne Weihnachtsfeier feiern, es sich mit den Schülern gemütlich machen – die Heizung aufdrehen, frühstücken, Julklapp, Kekse und Dominosteine von den Lehrerzimmertischen klauen und draußen immer die Mütze aufsetzen.

Am letzten Schultag vor den Ferien sollte man sich auf jeden Fall dazu gratulieren, dass man es geschafft hat. Die schlimmste Zeit des Schuljahrs ist nun vorbei. Ab jetzt wird alles besser.

3. Block (Weihnachtsferien–Winterferien) – *Die große Täuschung*

Diese paar Wochen sind ein Witz. Ein Spaziergang. Lachhaft. Die paar Tage – die rutscht man doch auf einer Arschbacke ab. Denkt man! Es könnte auch tatsächlich so sein, wäre da nicht die Notenabgabe für die Halbjahreszeugnisse. Der erfahrene Lehrer versucht, alle Noten schon vor den Weihnachtsferien fertigzuhaben. Es ist oft schwirig, in den zwei Wochen vor der Zensurenabgabe noch Arbeiten oder Tests zu schreiben, weil du mit dieser glorreichen Idee wahrscheinlich nicht alleine bist. Arbeiten darf man ja auch nur eine am Tag schreiben lassen. Und als Klassenlehrer musst du dich ja auch noch um die Zeugnisse kümmern, also alle Noten eintragen, die Fehlzeiten, die AGs und kannst es gar nicht genießen, dass du nur vier Wochen in die Schule musst bis zur nächsten Woche Ferien.

Diese Zeit zwischen Weihnachts- und Winterferien hat es echt in sich. Von wegen easy. Versuch, nicht in Hektik zu verfallen. Plan am besten so, als gäbe es diese vier Wochen gar nicht. Versuch alles fürs Halbjahreszeugnis bis zu den Weihnachtsferien zu schaffen. Dann bist du auf der sicheren Seite.

4. Block (Winterferien–Osterferien) – Der kleine Neustart

Der kleine Neuanfang. Der Beginn des zweiten Halbjahres. Im zweiten Halbjahr schafft man nie so viel wie im ersten, weil es nach hinten raus so viele Unterbrechungen gibt und alle weniger frisch sind als im ersten Schulhalbjahr. Man sagt: Was du bis zu den Osterferien nicht geschafft hast, das schaffst du auch nicht mehr – da ist was Wahres dran. Also plan für diese Zeit viel ein. Diese Wochen sind immer sehr produktiv und werden auch nicht dauernd durch Prüfungen oder Feiertage unterbrochen. Also, bevor es nach Gomera geht, noch mal schön viele Tests und Arbeiten schreiben lassen.

5. Block (Osterferien–Sommerferien) – Das große Warten

Diese Zeit ist zwar der längste Arbeitsblock im Schuljahr, trotzdem kommt er mir nie so lange vor wie die endlosen Wochen vor Weihnachten. Die Zeit vor den Sommerferien ist herrlich. Die Tage werden länger, die Jacken dünner und die Laune besser. Bei den Kollegen und bei den Schülern. Die ersten Sonnenstrahlen gemeinsam auf dem Hof zu genießen – was könnte es Schöneres geben? Sich über zweistellige Temperaturzahlen und die ersten kleinen Blätter an den Bäumen zu freuen – super! Mittlerweile flutscht auch der Unterricht, denn spätestens jetzt hat man sich irgendwie zusammengerauft, weil man sich nun schon sooo lange kennt. Die Arbeit wird immer wieder durch erholsame Feiertage und lange Wochenenden unterbrochen, die vielen Prüfungen am Schuljahresende bringen ein bisschen Abwechslung in den Alltag. Hat man in einer Lerngruppe richtig verkackt, kann man sich darauf freuen, dass das Elend bald ein Ende hat. Diese Zeit sollte man richtig genießen, kommt sie doch auch nur einmal im Jahr. Fragt man mich im Juni, ob ich gerne Lehrerin bin, dann sage ich aus tiefster Überzeugung: Ja, und ob! Im Winter, wenn ich mich auf dem letzten Zahnfleisch in die Schule schleppe, sieht das schon anders aus.

Wenn man die Zeit nach der Zensurenabgabe schön gestaltet, kann dieses gemeinsame Warten, bis alles vorbei ist, auch sehr nett sein.

Und irgendwann kommt der schönste Tag im Jahr – der letzte Schultag vor den Sommerferien. Der Tag, an dem ich ganz besoffen bin vor guter Laune und alles und jeden umarmen könnte. Denn dann beginnt die schönste Zeit in unserem Berufsalltag. Die Sommerferien! Danach geht es wieder von vorne los.

Jedes Jahr ist unterschiedlich, man hat ja immer wieder neue Lerngruppen oder lernt die alten Klassen besser kennen. Aber eins bleibt immer gleich: Die Wochen vor Weihnachten sind die schlimmsten. Zum Glück gibt es da Weihnachtsmärkte und Weihnachtsfeiern, ohne die wären diese Schulwochen unerträglich.

Chill mal –
Wie man entspannt in die Ferien geht

»Sie machen das jetzt zum dritten Mal!«, schnauzt mich die blonde Frau an. Angeblich habe ich sie beim Warten auf die U-Bahn dreimal angerempelt. Ist mir gar nicht aufgefallen. Endlich kommt die Bahn, und ich finde sogar einen Sitzplatz. Mache mich aber anscheinend zu breit, denn plötzlich zieht der Mann neben mir wütend seinen Mantel unter meinem Po weg. Oh Gott, alle sind so angespannt! Hoffentlich überträgt sich das nicht auf mich.

Als Entschuldigung kommt im Winter immer der Lichtmangel und das Wetter. Ich habe gar nichts gegen Lichtmangel und Wetter. Ich freue mich auf die Ferien und die Zeit drinnen. Lesen, gammeln, TV, essen, vielleicht ein bisschen Sport und sonst nichts! Wenn ich mich langweile, kann ich ein paar Kunstarbeiten zensieren oder Noten für das Halbjahreszeugnis machen. Das war's dann aber auch schon.

Früher habe ich immer versucht, vor den Ferien in Kunst oder in Englisch ein Thema zu beenden, damit ich nach den Ferien frisch mit etwas Neuem starten konnte. Dieser Fehler passiert mir jetzt nicht mehr. Wenn man etwas beendet hat, dann muss man sich ja etwas Neues suchen, und zwar in seinen wohlverdienten Ferien. Wenn man schlau ist, behält man noch eine oder zwei Stunden für die Bearbeitung des alten Themas für die Woche nach den Ferien über. Dann braucht man sich in der freien Zeit nicht so den Kopf zu machen. Seien wir mal ehrlich: Ob man zwei Wochen zu Hause überlegt, was man mit der Siebten in Kunst macht, oder am Wochenende nach der ersten Schulwoche, das macht doch eigentlich keinen Unterschied. Also, für die Schüler nicht. Für dich schon, denn du vergurkst dir damit deine freien Tage. Und in denen solltest du dich erholen und nicht darüber nachgrübeln, ob man noch den Farbkreis nach Itten oder gleich Hundertwasser macht. Im Referendariat und in der Berufsanfangsphase geht das natürlich nicht, weil man sonst mit seiner Vorbereitung total auf der Strecke bleibt. Am Anfang geht halt alles sehr langsam, man macht auch alles zum ersten Mal. Das wird dann mit den Jahren besser. Dann nutzen nur noch Streberlehrer wie Frau Dienstag die Ferien zur Vorbereitung.

Ein guter Trick ist auch, den Schreibtisch zu Hause an dem Wochenende VOR den Ferien aufzuräumen, dann kannst du dich die ganzen zwei Wochen daran erfreuen. Von der Couch aus. Vor dem Fernseher. Außerdem brauchen die meisten Lehrer ja die Ferien, um darüber nachzugrübeln, ob sie nicht was ganz anderes machen könnten. Etwas, was weit entfernt ist von der Arbeit mit pubertierenden Halbkriminellen, die zu gar nichts Lust haben. Ich habe eine Freundin, die sagt seit dreizehn Jahren, dass sie eigentlich gar nicht Lehrerin sein möchte und in den nächsten Ferien mal überlegen wird, womit man alternativ Geld verdienen könnte. Sie ist immer noch an der Schule.

Falls euch das auch so geht, dann sucht euch mal lieber ein schönes Hobby. Ich könnte exzessives Stricken von bunten Strümpfen oder Marmelade einkochen empfehlen. Schreiben fetzt auch. Man braucht gar nicht so viele Worte für ein ganzes Buch, wie man immer denkt. Schön in Parallelwelten abtauchen. Warum sollte man die Parallelwelten immer nur anderen überlassen? Tagsüber unterrichtet man das Simple Past, und keinen interessiert's. Aber abends schreibt man herzzerreißende Frauenromane: Wird die schöne Brigitte den stattlichen Arzt jemals wiedersehen? Brigitte wird in drei Tagen ihr geliebtes Afrika für immer verlassen. Das Ticket liegt vor ihr. Was wird aus ihr und Doktor Clark werden? Sollte sie nicht doch auf ihr Herz hören? Plötzlich öffnet sich die Tür. Doktor Clark! Und so weiter.

Man könnte auch Science-Fiction-Romane schreiben: »Oh nein! Ein Astralsturm!« Das Raumschiff fing an zu trudeln. Gefährliche Schieflage! Der Captain zitierte die gesamte Besatzung auf die Brücke. »Sir«, flüsterte Leutnant Steven mit einem ängstlichen Unterton in der Stimme: »Ich glaube das ist kein Astralsturm. Das ist der Angriff der Föderation.« – »Oh Gott, eine Inklusion! Wir sind alle verloren«, schrie der Captain. Alle erstarrten.

Schreiben ist echt schön. Man dümpelt stundenlang in Afrika oder im Weltraum rum, schläft zufrieden ein, dann macht es einem am nächsten Morgen auch gar nicht mehr so viel aus, dass niemand weiß, was unregelmäßige Verben sind.

Frau Freitag, …? – Wenn Schüler Fragen stellen

Hausaufgabenstunde in meiner Klasse. Die Fragen der Schüler bewegen sich immer mehr auf der Metaebene. Sie werden erwachsen. Stellen alles in Frage.

»Warum sprechen Sie amerikanisches Englisch?« – »Weil ich in Amerika war.« – »Aber Sie müssen uns englisches Englisch beibringen.« – »Beschwer dich bei der Schulleitung.« – »Frau Freitag, warum müssen wir eigentlich diese blöde Hausaufgabenstunde haben?« – »Das hier ist eine Ganztagsschule, und da muss man Hausaufgabenstunden anbieten.« – »Aber eigentlich müsste es doch auf einer Ganztagsschule gar keine Hausaufgaben geben.« – »Und wie solltet ihr dann was lernen?« – »Unterricht. Reicht doch.« – »Reicht ja eben nicht. Sonst wärt ihr ja alle nicht so schlecht. Abgesehen davon machen doch die meisten hier gar keine Hausaufgaben.«

Und wahrlich, wenn ich mich in diesen Hausaufgabenstunden so umsehe, ein Bild des Schreckens. Diese Stunde müsste Hausaufgabenvermeidungsstunde heißen. Die Schüler tun wirklich ALLES, um NICHT ihre Hausaufgaben zu machen. Suchen auf Facebook nach Ablenkung, müssen aufs Klo, versuchen heimlich zu essen oder zu trinken, kritzeln auf ihren Arbeitsblättern rum oder starren einfach nur ins Lehrwerk. Das sind mir die liebsten. Sitzen die ganze Stunde bewegungslos da und glotzen in ein offenes Buch. »Volkan, was machst du?« – »Ich lerne.« – »Du starrst vor dich hin.« – »Nein, ich lerne.«

Volkan kann auch die gesamte Kunststunde vor seinem Blatt sitzen und keinen Finger rühren. Wenn man ihn anspricht: »Was denn? Ich muss nachdenken.«

Nur ich arbeite sehr fleißig in den Hausaufgabenstunden. Ich trage die fehlenden Schüler in Listen ein, verwalte Fehlzettel und nehme Entschuldigungen entgegen. Plötzlich höre ich Volkans Stimme. »Frau Freitag?«

»Hmmm.« Ich gucke nicht hoch, denn ich versuche gerade, die Entschuldigung von Vanessa in die Fehlzeitenliste einzutragen. Aber wo steht Vanessa?

»Frau Freitag, haben Sie zu Hause einen Tampon?«

Ich: ???

Jetzt gucke ich doch hoch. Hat Volkan mich das wirklich gerade gefragt? Volkan wartet auf meine Antwort. Ich kann es nicht fassen. Was fragt der mich denn für seltsame Dinge. Ist doch eigentlich gar nicht seine Art. Warum will er das wissen? Natürlich habe ich zu Hause einen Tampon. Sogar mehrere. Entgegen den Annahmen einiger jüngerer Kollegen bin ich noch nicht in den Wechseljahren. Ich habe sogar einen Tampon in meiner Schultasche. Ob Volkan den mal sehen will? Spinnt der jetzt völlig?

»Volkan, ob ich einen TAMPON zu Hause habe? Was ist denn das für eine Frage?« Die gesamte Mädchenriege schreckt hoch und fängt an zu lachen. Volkan guckt mich entsetzt an. »Äh? Das habe ich doch gar nicht gefragt.«

»Hast du mich nicht eben gefragt, ob ich einen TAMPON zu Hause habe?« Jetzt kichern auch die Jungs, und alle warten auf Volkans Antwort. »Nein, Frau Freitag, so rede ich doch gar nicht. Ich habe gefragt, ob Sie einen Tannenbaum zu Hause haben.« – »Oh, sorry, ich hatte TAMPON verstanden.« Bei dem T-Wort zuckt Volkan peinlich berührt zusammen. »Nein, Volkan. Hab ich nicht. Du?«

Okay, Wechseljahre habe ich noch nicht. Aber mein Gehör scheint langsam nachzulassen. Und meine Klasse wird wohl wirklich erwachsen. Fragen auf der Metaebene und eben keine provozierenden pubertären Quatschfragen, bei denen mich Wörter wie Tampon schocken sollen. Eigentlich schade, das ist doch eine total lustige Frage an die Lehrerin: Haben Sie zu Hause einen Tampon?

Oh, Apfelkuchen? – Was darf der Lehrer essen?

»Willst du auch ein Toffifee?«, frage ich den Freund und halte ihm die noch ungeöffnete Packung unter die Nase. »Nee, will ich nicht. Macht nur fett.« Umso besser, bleiben mehr für mich. Jetzt stopfe ich mir schon das fünfte rein. Wenn man so viele hat, braucht man beim Verzehr auch nicht so ein Brimborium zu machen wie sonst immer. Normalerweise darf man sich ja immer nur ein Toffifee auf einmal nehmen – also, wenn einem die Packung nicht gehört. Dann wird die Vertilgung aber auch dementsprechend zelebriert: erst die Schokolade weglutschen, indem man das Toffifee falschrum in den Mund nimmt, und so weiter. Aber heute habe ich eine ganze Packung und esse die zum Frühstück. Was man nicht alles macht in den Ferien.

Gestern war ich so stolz auf mich. Ich bin extra vor dem Unterricht noch zu Edeka und habe eine Packung Toffifee gekauft. Obwohl das eigentlich gar nicht meine Art ist. Ich bin nicht die große Mitbringerin. In der letzten Englischstunde des Jahres wollte ich aber mal nicht so sein und hatte meiner Klasse gesagt, dass wir es uns gemütlich machen. Alle sollten was zu essen und zu trinken mitbringen. Und ich wollte nicht mit leeren Händen dastehen.

Wir stellten die Tische zusammen, und nach zehn Sekunden liegen da acht Chipstüten, Kuchen, Börek, eine Flasche Eistee (Pfirsich) und eine RIESENPACKUNG Toffifees. Ich wollte gerade zu meiner Tasche gehen und meine Packung rausholen. Aber da protzte nun diese 100er-Schachtel. Wie hätte das denn ausgesehen, wenn ich meine läppischen 15 Teilchen dazugelegt hätte? Wäre doch voll peinlich gewesen. Also habe ich mich an den Chips bedient, auch an den Toffifees und natürlich am Eistee. Meine Packung blieb schön in der Schultasche.

Ich mochte die immer so gerne. Aber wenn man so viele hintereinander isst, dann schmecken die gar nicht mehr so gut, und im Aus-der-Packung-Drücken war ich auch schon mal besser. Tja.

»Du hättest die Toffifees doch auch ins Lehrerzimmer stellen können«, sagt Frau Dienstag. Ja, hätte ich … Das mit dem Ins-Lehrerzimmer-Stellen ist aber immer so eine Sache. Da werden die Sachen gar nicht wertgeschätzt. Da stürzen sich die Kollegen einfach drauf, und weg sind sie.

Was ist das eigentlich mit den Lehrern und dem Hunger? Warum haben wir im Lehrerzimmer eigentlich IMMER Kohldampf? Wenn ich mir manche Kollegen ansehe, dann könnte man meinen, sie dürften NUR im Lehrerzimmer Nahrung zu sich nehmen. Äußerst ausgehungert sind wir dort. Ick ooch.

Hier noch ein Tipp für Berufseinsteiger:
Was machst du, wenn du im Lehrerzimmer Essen siehst? Nicht einfach zugreifen! Also erst mal kommt es auf den Standort der Nahrung an. Bei uns gibt es mehrere Gruppentische im Lehrerzimmer, an denen eigentlich alle Kollegen in den Pausen sitzen können sollten. Die Plätze reichen jedoch nicht für alle unterrichtenden Lehrer und sämtliches pädagogisches Personal. Trotzdem haben sich einige Kollegen breitgemacht und belegen Plätze mit ihrem persönlichen Kram. Warum weiß ich auch nicht.
Auf diesen Tischen liegen gerne mal Süßigkeiten rum. Achtung! Die sind wahrscheinlich nicht für die Allgemeinheit bestimmt. Will man sich daran bedienen, muss man warten, bis niemand im Lehrerzimmer ist – also Finger weg in den Pausen! Anders verhält es sich mit den Sachen an neutralen Orten – da, wo die Einstand-Ausstand Fressalien immer stehen. Bei uns ist das die Theke der Küchenzeile. Diese Sachen sind zum Verzehr gedacht. Aber, liebe Junglehrer, jetzt auch nicht einfach hingehen und zugrabschen!
Ich verrate euch, wie man das macht: Zunächst schleicht man um das Essen rum. Und murmelt so Sachen wie »Oh, Apfelkuchen!«, »Ach, Nudelsalat …« oder »Hmm, lecker, belegte Brötchen«. Dabei guckt man sich im Lehrerzimmer um und versucht, den Blick eines Kollegen zu erhaschen. Dann muss man fragen: »Hat jemand Geburtstag?« Jetzt ist es sehr wichtig, die Antwort abzuwarten, denn oft sind die belegten Brötchen Teil einer Verkaufsaktion der Kochgruppe oder einer Klasse, die uns weismachen will, dass sie Geld für eine Klassenfahrt sammelt. Als zahlte das Jobcenter nicht alle Reisen. Mittlerweile haben sich bestimmt noch andere Kollegen zu dem Essen gesellt und murmeln: »Oh, Apfelkuchen …« Die

älteren Kollegen, die schon Jahrzehnte an der Schule sind, fragen eventuell auch gleich: »Wer hat Geburtstag?« Oder sie wissen es bereits und sagen: »Schwalle ist sechzig geworden.« Dann antwortet der Junglehrer bitte: »EEECHT, sechzig … sie sieht gar nicht wie sechzig aus.« (Als wüsste so ein ignoranter Junglehrer, wie man mit sechzig aussieht … tzzz.) Wenn Frau Schwalle im Raum ist, geht man natürlich erst gratulieren, bevor man sich auf das Essen stürzt.

Auf keinen Fall vor dem Essen stehend über die Fressalien lästern. Bitte unterdrückt das »Ih, da ist ja ein Haar drin!« oder ein »Boah, voll versalzen!«. Jedenfalls nicht meckern, bevor ihr wisst, wer es mitgebracht hat, und sichergestellt habt, dass sich der Mitbringer nicht im Lehrerzimmer aufhält. Auch wenn die Tiefkühltorte innen noch gefroren oder der Kartoffelsalat schon abgelaufen ist.

Dann gibt es immer wieder Essen, das in den Fächern steht. Ein Stück Apfeltorte auf einer kleinen Untertasse. Eine Portion Nudelsalat und ein angebissenes Würstchen. Was mit den Sachen ist, weiß ich auch nicht. Darf man sich die nehmen? Keine Ahnung. Ich glaube, ja. Aber will man auch? Ich glaube, nein.

Arme Klassenlehrer – Warum Klassenlehrer mehr arbeiten als Fachlehrer

Der Lehrer kurz vor den Ferien ist wie eine offene Wunde. Er suppt und sapscht, schleppt sich träge, müde, ausgebrannt in die Schule und stöhnt leise vor sich hin. Im Lehrerzimmer fällt er schwer in einen Stuhl und atmet hörbar aus. Mitleid kann er von den Kollegen jetzt auch nicht mehr erwarten, denn es geht allen gleich schlecht. Obwohl, wer tänzelt da eben so gutgelaunt durch den Kopierraum? Ein Schulfremder? Ein Elternteil? Nein, es war bestimmt ein Fachlehrer!

Der gemeine Fachlehrer zeichnet sich dadurch aus, dass er keine Klasse hat. Auch Klassenlehrer sind eigentlich Fachlehrer – jeder von uns hat mindestens eins, die meisten zwei, und einige Fanatiker haben sogar drei Fächer studiert. Aber der Klassenlehrerstatus überlagert unser Fachlehrerdasein völlig. Eigentlich ist die Zeit zwischen Weihnachtsferienende und Winterferien ein Spaziergang – soweit man in einem Bundesland unterrichtet, das solche hat (wobei, manche haben ja auch Faschingsferien oder Frühlingsferien, und im Süden haben sie jede Menge Feiertage, von denen man im Norden noch nie gehört hat – Buß- und Bettag ... Mariä Himmelfahrt, *anyone*?). Nur vier Wochen, das rocken wir runter, denkt man noch Anfang Januar (siehe Kapitel *Wie sich ein Schuljahr strukturiert*, *3. Block*, S. 147). Aber plötzlich heißt es: Noten eintragen.

Der Fachlehrer hingegen ist schlau und ermittelt seine Noten schon in den letzten Tagen der Weihnachtsferien. Natürlich macht er das. Natürlich ist er schlau, denn er war ja nicht so doof, sich eine Klassenlehrertätigkeit ans Bein zu binden. Dann trägt er seine Noten in die Notenlisten ein, und voilà: fertig! Jetzt lehnt er sich zurück und wartet auf die Zeugniskonferenz. Da sitzt er gemütlich im Publikum, korrigiert irgendwelche Tests und hofft, dass die Klassenlehrer diesmal nicht so lange labern, damit er früh nach Hause in den wohlverdienten Feierabend kann.

Ganz anders der Klassenlehrer: Auch er muss Noten errechnen. Dafür kämpft sich der Klassenlehrer schon Wochen vor der Konferenz durch ein Gestrüpp von Verordnungen, um die Abschlussprognosen seiner Kleinen zu ermitteln. Für jeden einzelnen Schüler ein komplizierter Rechenweg. Kaum ist man fertig, kommt jemand und sagt: »Es gibt da aber ein neues Papier, und das besagt, dass man seit diesem Halbjahr auch mit Blablabla den MSA erreichen kann.« Schon sitzt man noch mal über den Prognosen. Als Klassenlehrer gibt man seinen eigenen Schülern auf jeden Fall die Chance, sich in den sechs Tagen VOR der Notenabgabe noch mal so richtig zu verbessern. Außerdem schreibt man mehrere Briefe an die Eltern. Blaue, gelbe, grüne, schwarze. Die müssen noch für die Schülerakten kopiert werden und dann in die Post. Dann alle Noten eingeben. Mindestens fünf Sätze bekommt jeder noch oben oder unten auf sein Zeugnis geballert: Rosa hat erfolgreich am Betriebspraktikum teilgenommen. Hamid hat am Betriebspraktikum teilgenommen (erfolglose Teilnahme wird hier nur durch das Weglassen von *erfolgreich* ausgedrückt). Firat wurde getadelt. Dilay war in der Fußball-AG.

Diese Sätze stellt man natürlich auch gerne mal an die falsche Stelle. Was nach oben gehört, landet unten und so weiter. Ausdrucken, unterschreiben, der Schulleitung hinterherrennen, damit die auch unterschreibt, dann kopieren – Vorder- und Rückseite – *I hate it!* Ich kann mir diese Kopierfunktion einfach nicht merken. Dann Fehler finden in den Zeugnissen, und ein Kollege sagt dir im Vorbeigehen: »Du weißt, dass du die Auf- und Abstiege auch mit draufschreiben musst, oder?« Du weißt es jetzt.

Deshalb sitzt der Klassenlehrer krummbucklig am Abend vor der Zensurenkonferenz und rechnet und rechnet. Am nächsten Tag ist sein Nacken steif, aber das merkt er nicht, denn er rennt den ganzen Morgen wie ein kopfloses Huhn durch das Schulgebäude: ... Mir fehlen noch die Erdkundenoten ... Sportnote von Rosa ist auch noch nicht da ... Frau Schwalle wollte doch die Zensur von Gülistan hochsetzen.

Und der Fachlehrer? Der beobachtet die Klassenlehrer, wie sie so aufgescheucht umherrennen, und denkt: »Tja.« Dann geht er zur Schulleitung: »Herr Schulleiter, am Zeugnisausgabetag, da habe ich ja erst zur vierten Stunde Unterricht, und ich habe doch keine Klasse – ist doch okay, wenn ich zu Hause bleibe, oder?« Der Fachlehrer ist pragmatisch und der Schulleiter auch. »Stimmt, da brauchen Sie dann nicht zu kommen.«

Eins ist mal sicher: Im nächsten Leben werde ich auch Fachlehrer!

Kann man sich hier einfach Kaffee nehmen? – Wenn man neu ist im Kollegium

Morgen bekommen wir neue Kollegen. Auf die freue ich mich schon sehr. Herrlich. Auf ihre dankbaren Blicke, wenn ich sie im Lehrerzimmer anspreche. »Klar, kannste dir da Kaffee nehmen.« Und wenn sie den dann trinken: »Obwohl ... ist das nicht der Kaffee von Frau Schwalle? Frau Schwalle, guck mal, die Neuen trinken einfach deinen Kaffee!« Na ja, Spaß muss sein.

Morgen stehen sie dann ungelenk im Lehrerzimmer rum, die Neuen. Am liebsten würden sie sagen: »Ich guck nur.« Aber sorry, wir sind kein Klamottengeschäft, aus dem man sich schnell wieder rausschleichen kann, wenn einem die Ware nicht gefällt. Ihr habt alle einen UNBEFRISTETEN Vertrag unterschrieben! Und bitte nicht gleich dauerhaft krank werden, nur weil die Schüler ein bisschen stressen. Die müssen stressen. Das sind Schüler. Stressen steht auf ihrem Waschzettel. Stressen ist Teil ihres Jobs.

Hier meine Tipps für Neue:
Erst mal im Weg rumstehen im Lehrerzimmer. Irgendjemand schiebt euch da ja immer rein. Wenn ihr Glück habt, dann schubst dieser Jemand euch zu jemand anderem: »Hier: Frau Schwalle, die unterrichtet auch Deutsch.« Frau Schwalle ist allerdings voll in Hektik und muss noch kopieren oder will gerne mit Herrn Werner über ihr Wochenende plaudern.

Dann guckt mal nach Leuten wie Frau Freitag, die nie gerne über ihr Privatleben sprechen, sondern darauf geiern, neue Leute kennenzulernen. Diese Frau Freitag wird euch mit tausend Sachen volllabern. Immer schön nicken. Schlüsselwörter merken. Nicht dauernd erzählen, wie geil es an eurer alten Schule war. Bloß nicht sagen: »An meiner alten Schule hatten wir ein ganz tolles System mit den Fehlzetteln ...« Der Kollege von der neuen Schule vervollständigt solche Sätze in seinem Kopf mit: »Dann geh doch wieder an deine tolle alte Schule.« Wir meckern vielleicht über unser verkorkstes System, die Fehlzeiten der Schüler zu dokumentieren, aber das heißt noch lange nicht, dass wir es ändern möchten – und vor allem wollen wir uns nichts von einem NEUEN sagen lassen.

Nicht sofort über das niedrige Niveau der Schüler jammern. Da hören wir nämlich nur raus, dass WIR denen bisher nüscht beigebracht haben. Selbst wenn das stimmen sollte, das wollen wir nicht hören. Überhaupt, bitte äußert euch nicht negativ über die Schüler. Selbst wenn ihr denkt: Die anderen tun das auch. Wenn Frau Dienstag über ihren Mann meckert, dann möchte sie ja auch nicht, dass ich sage: »Stimmt, dein Mann ist total doof.« Und so ist das auch mit unseren Schülern. Mehr Punkte macht ihr, wenn ihr Schüler lobt. Einfach

mal die positiven Seiten von ein paar Spackos kommentieren: »Der Vincent hat aber eine tolle Handschrift.« Schon denkt der Klassenlehrer: »Ach die Neue, die ist aber nett.«
Dann bitte bloß nicht mit übertriebenem Aktionismus anfangen: »Ich räume mal das Biokabinett auf. Ach, der Kunstvorbereitungsraum sieht ja schlimm aus. Ich bring da mal schnell Ordnung rein.« Möchtet ihr, dass euer Besuch gleich bei euch putzt? Wenn das Biokabinett so schlimm aussieht, dann mögen wir das vielleicht, zumindest stört es uns nicht so. Kaffee könnt ihr ruhig mitbringen. Kekse auch. Nicht wundern, wenn beides gleich weg ist. Und vor allem nicht in der Konferenz aufspringen und irgendwelche Aufgaben oder gar Ämter übernehmen wollen.
Hört sich jetzt an, als solltet ihr gar nichts machen. So ist es auch wieder nicht. Seid ein Schwamm, saugt alles auf. Lasst euch einfach erst mal auf alles ein. Wenn es ganz schlimm wird, dann bleibt ja immer noch die Kohle. Aber ihr macht das schon.

Die Neuen –
Wie man Neue im Kollegium aufnimmt

Sie sind da! Sie sind da! Die Neuen! Sie stehen im Weg rum! Ich muss im Slalom durchs Lehrerzimmer! Herrlich! Heute fahre ich extra besonders früh in die Schule. Mal sehen, ob ich ein paar verwirrte Neue abgreifen kann. Ah, da sitzen sie. Im Schulleiterbüro. Die Tür ist offen. Ich erkenne deutlich, dass ich sie nicht kenne. Fazit: Die Neuen. Ich begrüße den Schulleiter. Lungere noch ein bisschen vor der offenen Tür rum. Der Schulleiter sagt: »Frau Freitag, kommen Sie doch rein. Hier, das sind zwei neue Kollegen.« Wir geben uns die Hand. Sie sagen ihre Namen. Die habe ich sofort wieder vergessen. Egal. Schulleiter: »Frau Freitag, vielleicht wollen Sie die beiden neuen Kollegen …?«

»Mit ins Lehrerzimmer nehmen? Klar!«

Schulleiter: »Ich dachte eher, dass Sie ihnen die Schule zeigen können.« – »Oh. Echt? Reicht nicht im Lehrerzimmer einen Kaffee trinken und alles erklären?«

Schulleiter: »Nee.«

Jetzt muss ich dazusagen, dass unsere Schule sehr, sehr groß ist. Man vermeidet es eigentlich, durch die ganze Schule zu laufen. Man hat halt so seine Wege. Soll man mal in einen entlegenen Trakt, dann stöhnt man und nimmt sich Verpflegung mit. Ich laufe jedenfalls nicht gerne durch die ganze Schule. Das hat man nun von seiner übertriebenen Neugier.

Ich nehme die beiden mit. Wir latschen und latschen, und ich laber und laber, und sie verstehen wahrscheinlich nur Bahnhof, denn sie fragen immer wieder Sachen, die ich ihnen schon erklärt habe. Sie haben noch gaaar nichts: keine Schlüssel, keinen Stundenplan, keine Schülerlisten und vor allem keine Ahnung.

Nach und nach genieße ich meine kleine Schulführung aber doch. Könnte ich das nicht hauptberuflich machen? Also statt unterrichten nur Neue durch die Schule führen und schlaue Tipps geben? Ich fänd's super.

»Was macht man denn mit Schülern, die so richtig doll stören?«, fragt einer der Neuen, als wir in der Raucherecke vor der Schule stehen. »Eine schallern!« – »Nee, jetzt mal wirklich. Kann man die nachsitzen lassen?« – »Wenn du die findest und dich dann dazusetzt … sicher. Ich würde sagen, Eltern anrufen. Sofort die Eltern anrufen.«

Prompt stört Yunis in der nächsten Stunde so dermaßen meinen Unterricht, dass ich ihm nach etlichen Verwarnungen sage: »Okay, ich rufe deinen Vater heute an.« – »Ja, machen Sie.« – »Mach ich auch.« – »Hahaha, mein Vater hat neue Handynummer.« Er macht weiter Unfug. Simuliert einen Geschlechtsakt mit seinem Stuhl. Ich gucke mir das genau an. »Das ist schön, Yunis, das werde ich deinem Vater auch erzählen. Darüber wird er sich besonders freuen.«

Nach der Stunde spreche ich mit seinem Klassenlehrer, erhalte die neue Handynummer von Papa Yunis und rufe zwei Stunden später an. Papa Yunis ist nett. Aber irgendwie auch frustriert: »Wissen Sie, immer wenn Yunis was macht, die Lehrer rufen an. Aber wenn ihm was gemacht wird, dann rufen Lehrer nicht an.« – »Was meinen Sie?« – »Vor den Ferien, Yunis' Handy wurde geklaut. Und hat kein Lehrer angerufen.« Ich denke: Nee, warum auch? Den Verlust des Handys wird Yunis zu Hause schon selbst mitgeteilt haben. Warum sollten wir denn die Eltern in so einem Fall anrufen?

»Wissen Sie, Frau Freitag, ich will neue Schule für Yunis!« Ich denke: SUUUPER! So eine Wirkung hatte ich meinem kleinen Anruf gar nicht zugetraut. »Ja, das kann ich verstehen, und oft kann ja so ein Neustart wahre Wunder bewirken. Ich wünsche Ihnen viel Glück damit.« Er bedankt sich, ich lege auf und denke: Lehrerin ist doch echt ein geiler Job. Und ich muss den Neuen auf jeden Fall noch sagen, dass man den Eltern von bestimmten Schülern nicht von einem Schulwechsel ihrer Kinder abraten darf.

Tarik –
Die Bester-Mann-Taktik

Von der ersten Sekunde an, in der Tarik mit den anderen Siebtklässlern meinen Raum betrat, wusste ich: Der braucht eine Sonderbehandlung. Tarik ist ziemlich groß und sehr kräftig für sein Alter – was heißt für sein Alter, ich weiß gar nicht, wie alt er ist. Vielleicht ist er nur zu groß für die 7. Klasse, weil er eigentlich schon in der Achten sein müsste. Tarik ist jemand, den du dir notgedrungen direkt vor die Nase setzt, um ihm erst gar nicht die Möglichkeit zu geben, von hinten links deinen Unterricht zu zerstören. Tarik lebt in seiner dunkelblauen Daunenjacke, die er immer bis ganz oben zumacht. Ich heize meinen Raum auf Tropentemperaturen, aber Tarik ist so ein Typ, der lässt seine Jacke trotzdem an. Es erfüllt mich ein wenig mit pädagogischem Stolz, dass er in meinem Unterricht die Jacke auszieht. Auch wenn es immer 15 Minuten dauert. Tarik ist eine Mischung aus Pitbull und Baby. Jeden Montag guckt er mich mit seinen traurigen Sylvester-Stallone-Augen an und versucht, mir gleichzeitig einen Bleistift aus meiner Stiftebox zu klauen, obwohl er eigentlich immer einen eigenen dabeihat.

Bei Tarik habe ich von der ersten Stunde an die Taktik des »Besten Mannes« angewendet. »Tarik, los, nun fang mal mit der Aufgabe an.« Dann habe ich mich zu ihm gebeugt und geflüstert: »Du bist doch mein bester Mann hier in Kunst.« Auf dem Hof schreie ich ihm entgegen: »Hallo, Tarik, mein bester Mann.« Und er boxt mir von hinten auf den Oberarm, falls ich ihn noch nicht gesehen habe. Seinem Klassenlehrer erzähle ich es immer, wenn es mit Tarik gut gelaufen ist. Es ist offensichtlich, dass es bei Tarik nicht selbstverständlich ist, dass es im Unterricht läuft. Tarik braucht enorm viel Zuwendung. Die bekommt er auch meistens, wenn die anderen Schüler mich nicht zu sehr in Anspruch nehmen.

»Frau Freitag, ich bin fertig.« – »Tarik, an dem Bild kannst du aber noch sehr viel verbessern. Und du sollst es ja auch noch kolorieren.« – »Frau Freitag, welche Farbe jetzt?« – »Hellblau.«

Tarik malt etwas mit Hellblau aus. »Frau Freitag, und jetzt?« – »Lila, würde ich sagen.« Er nimmt den lila Filzer und koloriert. »Und jetzt?« – »Pass auf, Tarik, ich lege die Stifte jetzt in genau der Reihenfolge hin, wie du sie benutzen sollst.«

Das geht ganz gut, ich habe drei Minuten Ruhe. Dann wird es Tarik zu viel, und er gibt Firat, der neben ihm sitzt und nur halb so groß ist, einen fetten Nackenklatscher. »Tarik! Lass das!« – »Aber war nur Spaß.« Ich gucke mir Firat an, der den Kopf einzieht. »Ja, für dich vielleicht, aber nicht für ihn. Komm, wir malen weiter aus.« Tarik malt auf der einen Seite, ich beuge mich über meinen Lehrertisch, male auf der anderen Seite und lege Tarik die Farben zurecht.

Heute war Tarik irgendwie nicht gut drauf. Das Jackeausziehen dauerte länger, dann suchte er stundenlang nach seinem Bleistift, schließlich stänkerte er mit Firat. »Firat, setz dich mal weiter nach hinten«, sage ich. Firat packt seine Sachen und geht. Tarik springt sofort auf. »Dann gehe ich auch nach hinten!« – »Nein, du bleibst hier.« –«Nein, ich will auch nach hinten.« – »Tarik, ich brauch dich hier vorne.« Tarik setzt sich langsam auf seinen Stuhl. »Du bist doch mein bester Mann.«

Die Stunde plätschert so dahin. Als es ans Aufräumen geht, sehe ich, dass Tarik hinten bei Firat ist. Er steht vor dem kleinen Firat und hat seinen Schuh auf dessen Stuhl abgestellt. Firat bindet ihm die Schnürsenkel zu. Bildgewordene Demütigung. Ich fange innerlich an zu kochen. »TARIK! KOMM SOFORT HIERHER!« Tarik guckt verwirrt zu mir. Wieder dieser traurige Blick. Hängende Stallone-Augen. Er nimmt seinen Schuh von Firats Stuhl und kommt zu mir an den Tisch. Ich schaue runter. Der Schnürsenkel ist noch offen. Plötzlich denke ich: Oh! Vielleicht … Ich beuge mich zu Tarik und frage leise: »Kannst du keine Schleife machen?« Er schüttelt den Kopf. »Okay, dann setz dich mal zu mir und zieh den Schuh aus.« Ich nehme den Schuh und binde eine Schleife. Dann er. Wir üben und üben. Es ist nicht leicht, denn die Schnürsenkel sind zu kurz und Tariks Finger sehr dick. Aber er gibt nicht auf. Obwohl er immer wieder flüstert: »Ich kann das einfach nicht, das hat man mir schon so oft gezeigt.« Ich sage: »Doch, Tarik, das kannst du. Das ist ganz einfach.« Kurz vorm Klingeln binden wir gemeinsam die erste, kränkliche Schleife. »Tarik, das üben wir in der nächsten Stunde, und dann kannst du das! Versprochen!« Er nickt, lächelt und geht. Er ist ja auch mein bester Mann!

36 Shades of Bunt – Tariks individuelle Förderung

Ein Woche später suche ich in meiner Freistunde die Klasse von Tarik auf.

»Frau Schwalle, entschuldige die Störung, ich wollte fragen, ob ich Tarik kurz mitnehmen könnte.«

»Du kannst sie alle mitnehmen, wenn du willst.«

»Nein, danke, ich brauche nur den Tarik.« Tarik guckt sich verwirrt um. Ich grinse ihn an. Das verwirrt ihn noch mehr. In Zeitlupe packt er seine Sachen zusammen. Er fragt, ob er vorhin in der Kunststunde irgendetwas falsch gemacht hat. Hat er nicht. Okay, er hat nicht gerade mit Inbrunst sein Bild koloriert. Erst, als ich einen nigelnagelneuen Sechsunddreißig-Farben-Buntstiftkasten aus meinem Schrank holte, überfiel ihn ein Funken Interesse. »Guck mal, Tarik, hier, den kannst du benutzen«, flüstere ich ihm zu. Ungläubig guckt er mich an: »Warum ich?« – »Na, du bist doch mein bester Mann. Guck mal, wie viele Farben da drin sind.« Er betrachtet die Zahl auf dem Kasten: »Sechsundzwanzig.« – »Ja, genau, sechsunddreißig Farben.«

Vorsichtig knibbeln wir gemeinsam den Tesafilm weg. Jeder einen Streifen. Dann öffne ich den Kasten direkt vor seiner Nase. Wie eine Schatztruhe. Da liegen sie, die noch super angespitzten Buntstifte in tausend Schattierungen. Okay, in sechsunddreißig verschiedenen Farbtönen. Sechsunddreißig Shades of Bunt.

»Tarik, meinst du, du schaffst das, die nachher wieder in die gleiche Reihenfolge zu bringen? Also hier die warmen Farben und da hinten Blau, Grün und Braun und so?« Tarik nickt, nimmt sich einen gelben Buntstift und koloriert hingebungsvoll seine Zeichnung, bis es klingelt.

Zwei Stunden später latscht er nun also hinter mir her zu meinem Klassenraum. »Soll ich Ihnen was helfen?«, fragt er verunsichert, weil er immer noch nicht weiß, warum ich ihn abgeholt habe. »Nicht direkt«, sage ich. In meinem Raum ist es sonnig. Ein Hauch von Frühling. Tarik setzt sich neben meinen Schreibtisch. Ich ziehe ein paar Schnürsenkel aus meiner Hosentasche. »Ach, aber nicht wieder die Schleife«, sagt er.

Ich: »Doch, natürlich. Du musst das doch lernen. Ein so großer Kerl wie du muss doch eine Schleife binden können. Zieh mal deinen Schuh aus. Dann üben wir.«

»Aber er stinkt.«

»Kein Problem.«

Ich zwirbel den alten Schnürsenkel aus seinem Schuh, um meinen neuen einzufädeln. »Weißt du, deine Schnürsenkel sind so kurz. Ich hab dir hier neue gekauft.« – »Die haben Sie gekauft?« –

»Ja.« – »Für mich?« – »Ja.« – »Und wie teuer waren die?« – »Zwei Euro siebzig.«

Und dann stelle ich fest, dass die blöden Teile, die ich gekauft habe, genauso lang sind wie Tariks alte Schnürsenkel. Also üben wir wieder unter erschwerten Bedingungen. Noch nie habe ich das Binden einer Schleife didaktisch so dermaßen reduziert.

»Jetzt den Zeigefinger ein bisschen rausgucken lassen, dann um den Daumen und den Zeigefinger rum und dann da durch, wo der Daumen ist. Den Daumen rausziehen und dann …« Tarik übt. Tarik gibt nicht auf. Er schwitzt. Aber er gibt nicht auf. Nach zwanzig Minuten bindet er seine erste Schleife. Ganz alleine. Dann sogar Schleife mit Schuh am Fuß. Am linken Fuß und am rechten Fuß. Jeweils zweimal. Ich gratuliere ihm. »… und das übst du jetzt aber am Wochenende, und Montag zeigst du mir das noch mal.«

Ich bringe Tarik zurück zum Unterricht von Frau Schwalle, verabschiede mich von ihm und gehe zufrieden in die Sonne, eine Zigarette rauchen.

Pralinen im Fach –
Wenn man sich was einbildet

»So, Kinder, jetzt beeilt euch mal, 's klingelt gleich.« Plötzlich leises Murren, dann lauter Protest: »Wir sind keine Kinder! Wir sind Erwachsene.«

Ab heute spreche ich also meine Klasse so an: »He, ihr Erwachsenen … macht mal so und nicht so.« Wir lesen einen langweiligen Text. Sie hören nicht zu. Unterhalten sich, und wie so Kleinkinder plappern diese Erwachsenen alles raus, was ihnen gerade in den Sinn kommt.

Ich unterrichte die schon auf so einem niedrigen Niveau, dass ich die ganze Stunde flach auf dem Boden liege. Ach, was soll die Meckerei, ich war ja auch nicht gerade bombenmäßig vorbereitet und kam mit dem Klingeln im Schulgebäude an. Nun ja.

Dann gehe ich ins Lehrerzimmer und finde eine Schachtel Pralinen in meinem Fach. Einfach so. Ohne Zettel. Ich schreie laut: »Oh, eine Schachtel Pralinen.« Niemand beachtet mich. Habe ich einen heimlichen Verehrer? Oder ist die von den Neuen, dafür, dass ich sie durch die Schule geschleppt habe? Eigentlich hätte ich lieber einen heimlichen Verehrer. Aber wer sollte das sein? Ich mag meine Kollegen. Aber gibt es da einen von den Herren, den ich besonders gut finde? Nein. Definitiv nicht.

Au Backe, wenn die Pralinen nun von einem Kollegen sind, der heimlich in mich verliebt ist ... und der offenbart sich mir irgendwann, und ich will das gar nicht. Oh Gott, dann muss ich dem einen Korb geben. Das wäre ja auch schlimm, weil der Kollege dann ganz traurig wäre. Unser Verhältnis wäre definitiv gestört. Oh nein! Ich will das nicht! Weg mit dem heimlichen Verehrer! Behalte deine Liebe für dich!

Allerdings, wer sollte mich schon gut finden? Ich sehe aus wie Freddie Mercury und auf dem Kopf wie Homer Simpson. Wer steht denn auf so was? Nur Perverse. Oh nein, mein heimlicher Verehrer ist pervers. Oder das ist nur so ein Spaß von meinen Kolleginnen, die sich denken, der Frau Freitag, der tun wir mal Pralinen ins Fach. Dann glaubt die noch, einer hier findet sie gut.

Oh ich Arme, keiner findet mich gut im Lehrerzimmer! Nur weil ich so wenig Haare habe – voll gemein. Warum liebt mich keiner? Warum verehrt mich keiner heimlich?

Ich werde die Pralinen essen. Einsam und allein auf der Couch – davon sehr dick werden und weinen.

Bloß nicht morgens kopieren –
Noch mehr Tipps für neue Kollegen

»Schreibst du auch was über die Kollegen?«, fragt Frau Dienstag.

»Wie? Was meinst du denn?«

»Na, du hast doch was über die unterschiedlichen Schülertypen gesagt, und machst du das auch mit den Lehrertypen?«

»Ach, ich weiß nicht.« Es wurde ja schon so oft darüber geschrieben. Der Schonlehrer, der harte Hund, der Engagierte, der Faule und wie sie nicht alle heißen (siehe auch *Chill mal, Frau Freitag*, Ullstein Buchverlage 2011).

Frau Dienstag lässt nicht locker: »Aber als Neuer muss man doch wissen, mit wem man es zu tun hat.«

»Ich sag bestimmt nichts darüber, dass man sich nicht einfach irgendwohin setzen soll. Der Witz wurde schon tausendmal gemacht: Wir haben hier keine feste Sitzordnung, aber ich sitze immer hier.«

»Ja, stimmt«, stellt Frau Dienstag fest. »Is' alt.« Sie denkt nach. »Aber es gibt schon Sachen, auf die man als Neuer an einer Schule achten sollte.«

Stimmt. Man sollte erst mal die Lage checken. Also zunächst ruhig bleiben. Hör dir alles an. Guck dich um. Warte ab. Man kann noch früh genug aktiv werden. Steh nicht im Weg rum, und kopiere nie morgens um fünf vor acht, wenn alle kopieren wollen. Das macht leider gleich einen schlechten Eindruck. Man kann ja auch nach dem Unterricht kopieren, oder man geht sehr, sehr früh ins Lehrerzimmer, bevor der große Ansturm kommt.

Wenn du was abgeben sollst, dann dehne nicht die Deadline aus. Arbeitspläne, die Statistik oder Fehlzeitenzettel – versuch, alles pünktlich weiterzugeben, und bitte trage die Noten rechtzeitig ein. Wenn der Abgabetermin am Mittwoch ist, dann reicht Freitag nicht! Klar, einige Klassenlehrer werden sagen: »Ist schon okay, ich verstehe, dass du am Mittwoch noch einen Test schreiben möchtest.« Aber es ist nicht okay! Das Privileg, die Zensuren später einzutragen, hat nur der Klassenlehrer selbst, und das gilt auch nur für die Zensuren seiner eigenen Klasse. Alle anderen sollten die Noten pünktlich abgeben.

Lästere nie über Kollegen. Es wird immer Leute geben, die dir gleich erzählen wollen, dass Frau Schwalle voll doof und Herr Werner ein Chaot ist. Das mag stimmen, es steht dir als Neuem aber nicht zu, dich an so einem Tratsch zu beteiligen. Verschaff dir deinen eigenen Eindruck. Wenn du dich schlecht über die Kollegen äußern möchtest, dann tu das mit deinen Freunden in deiner Freizeit, nicht im Lehrerzimmer.

Du musst auch nicht dauernd Kuchen oder Kartoffelsalat mitbringen. An vielen Schulen ist es üblich, einen Einstand zu feiern. Da bringen die Neuen dann für alle was mit. Wenn du jeden Tag Kekse hinstellst und ein Päckchen Kaffee kaufst, dann kriegen alle anderen ein schlechtes Gewissen. Du musst immer bedenken, dass du nicht die Messlatte erhöhen solltest. Wenn alle faul sind, werden sie dich komisch angucken, wenn du zu fleißig rüberkommst. Wenn jeder immerzu arbeitet, dann mach das auch. Pass dich erst mal an.

Frag nach, wenn du was nicht verstehst, aber versuch nicht, an deinem zweiten Tag die Schule zu reformieren. Selbst wenn alle über die Schülerschaft und die Schulleitung meckern, verschaff dir erst mal ein eigenes Bild. Nichts ist schlimmer als neue Kollegen, die nach einer Woche alles schrecklich finden und sofort versuchen, an eine andere Schule zu flüchten. Obwohl die Kollegen meckern, muss das nicht bedeuten, dass sie nicht emotional an ihrer Schule hängen. Bei uns unterrichten die schlimmsten Kritiker schon seit dreißig Jahren. Sie meckern und jammern, aber sie würden nie woanders hingehen.

Falls es dir wirklich nicht an der Schule gefällt, dann halte trotzdem durch, und versuch wenigstens ein paar Jahre dortzubleiben. Vielleicht wird es besser. Jede Schule hat ihre Vor- und Nachteile, und du wirst überall etwas lernen können.

Klein und schlecht – Wenn die Selbstzweifel kommen

Oh Gott, ich bin der Loser-Lehrer des Jahrhunderts! Ich bin die allerallerschlechteste Lehrerin ever. Gestern noch so voll obenauf, mit dem Referendar gesprochen: »Nun gib nicht gleich auf, Ernst. Das wird schon. Mach mal so und so und lieber nicht so, sondern so und blablabla.« Wochenlang sonne ich mich in der Einbildung, dass ich es voll draufhabe. Beglücke jeden mit meinen pädagogischen Tipps, wie ein blasenschwacher Hund.

Morgens war ich schon um kurz vor sechs Uhr wach, weil ich es gar nicht abwarten kann, zur Arbeit zu gehen, weil die mir ja sooo leicht von der Hand geht. Burn-out – pah, da lache ich doch drüber. Ferien … wer braucht denn so was? Den ganzen Weg zur U-Bahn tanze ich besoffen vor Freude, dass die Woche wieder anfängt und ich meine Lehrerinnenmagie entfachen kann. Ich bin sogar eine Stunde zu früh in der Schule. Weil ich so … Ach, weil ich bescheuert bin und zu Hause nichts mit mir anzufangen weiß. Sagen wir doch einfach, wie es ist.

Unterricht in meiner Klasse. Alles läuft gut. Ich mache Sprüche, sie arbeiten nicht, ich mache noch mehr Sprüche, sie lachen, ich lache – alles wie immer. Ich gehe in die Pause und denke: Läuft bei mir!

Dann die Siebte. Die arbeiten doch immer sooo schön. So konzentriert und ruhig, dass ich davon manchmal ganz high werde und sie sogar ab und zu von hinten filme, um mir das zu Hause anzusehen. Für die triste Zeit, wenn ich mal nicht unterrichte.

Und dann: Tarik, mein bester Mann, fehlt. Na umso besser, denn Tarik ist ja recht betreuungsintensiv.

Und was war nun so schlimm, Frau Freitag? Huäh, heul, schluchz ... Keine Ahnung, die Kinder waren laut und haben sich blöde angemacht, sind aufgestanden, und ich war immer schlechter gelaunt und habe rumgemeckert – nicht doll, aber immer wieder. Daraufhin wurden die Kinder auch übellaunig, alles war doof. Am Ende habe ich ihnen das auch gesagt. Wie bescheuert ich die Stunde fand. Bescheuert habe ich nicht gesagt. Didaktisch minderwertig habe ich auch nicht gesagt. Ach, scheißegal. Die Stunde war für den Arsch. Sie haben zwar gearbeitet, aber ... Huäh, ach, ich weiß auch nicht ... Ich bin arm und klein und schlecht.

Was bilde ich mir eigentlich ein, irgendjemandem Tipps zu geben? Mit welchem Ziel? Dass sie dann genauso schlechte Lehrerinnen werden wie ich? Ich habe KEINE Ahnung. Sucht euch eine RICHTIGE Lehrerin wie Fräulein Krise, die weiß, wie man das macht!

Und was soll ich jetzt tun? Ich kann doch nur Lehrerin sein? Ist schlechte Lehrerin überhaupt ein Beruf? Darf ich überhaupt Geld dafür bekommen? Für diese Stunde heute würde ich gerne mein Gehalt zurückgeben. Geht das? Ich bin ein mieser Hochstapler. Ein Schul-Felix-Krull. Ein pädagogisches Plagiat. Ein Didaktik-Depp. Ein Nichts, ein Niemand. Ein verwarzter Wurm am Arsch der Schlechtigkeit ... Huäh.

»Das ist doch ganz normal in unserem Job«, sagt Frau Dienstag abends. Und dann erinnert sie mich daran, dass wir doch nun schon wüssten, dass es immer wieder solche Selbstzweifeltage gibt. »Das gehört einfach zu unserem Beruf. Mal bist du ganz oben und mal ganz unten. Das geht doch allen so. Das weißt du doch.«

Weil ich euch so mag –
Über positive Selbstsuggestion

Am nächsten Morgen reiße ich mich zusammen und unterziehe mich in der Mittagspause einer kleinen Selbstbetrachtung. Danach soll ich noch eine Stunde Englisch in einer 8. Klasse erteilen. Diese Klasse ist recht lebhaft. Gamze hat alle Mädchen mit ihrer Pubertät angesteckt, und ihre Aufgescheuchtheit behindert seit Schuljahresbeginn meinen Unterricht.

»Hast du noch Unterricht?«, fragt mich ein Kollege im Kunstvorbereitungsraum kurz vor dem Klingeln. »Ja, ich habe noch das Vergnügen, mich mit der 8c zu treffen«, sage ich. Auf dem Weg in die Klasse suggerierte ich mir dann eine extrem gute Laune. Das geht wie von selbst. Als ich den Raum aufschließe, kann ich mich kaum halten vor Vorfreude auf meinen Unterricht.

»Ihr Lieben, ich freue mich sooo, euch zu sehen!«

»Häh? Wieso?«, fragen die Ersten.

»Na, weil ich euch so gerne mag!«, antworte ich. Und das ist nicht mal gelogen.

Esra bleibt vor mir stehen und guckt mich an: »Hääääh, Sie haben uns gerne? Gamze, sie sagt, sie hat uns gerne! Sie sind der erste Lehrer, der das sagt.« Schon mag ich sie noch lieber. Diese armen, ungeliebten Kinder.

Dann erscheinen Sandy und Mandy. Im Film wäre ihr Betreten des Raumes mit Pauken und Donnergrollen unterlegt. Esra hat sich mittlerweile hingesetzt und verdaut die neue Situation. Dann schreit sie: »Sandy, sie mag uns! Sie freut sich, uns zu sehen!«

»Echt?« Plötzlich springt Sandy euphorisch auf und stürzt auf mich zu, um mich zu umarmen. Mandy hat sich mittlerweile still in die erste Reihe gesetzt: »Sie ist bestimmt verliebt.«

»Nein, ich freue mich einfach, dass wir jetzt Englisch haben. Und wir schreiben einen Vokabeltest! Setzt euch alle mal hin und nehmt ein Blatt raus. Vokabeltest! Yeah!« Da die Wörter so poplig einfach sind und alle Schüler die schon kennen, verläuft der Test auch ohne jegliche Vorkommnisse. Ich korrigiere ihn auch gleich – alle bekommen sehr gute Noten.

Der Rest der Stunde läuft auch wie am Schnürchen, und die Schüler stellen freiwillig die Stühle hoch und wünschen mir noch ein schönes Wochenende. Es lag nicht einmal was auf dem Boden. Ab jetzt nur noch so! Selbstsuggestion fetzt ja nun voll. Hätte man mir aber auch mal früher sagen können! Die Selbstzweifel sind jedenfalls weg.

Auweia, keine Wimpern – Wenn man versucht, immer nett zu sein

Frau Dienstag erzählt mir immer wieder, wie nett sie zu ihren Schülern ist, und ich bekomme dann ein ganz schlechtes Gewissen, weil ich wahrscheinlich nicht so nett bin wie sie. Weil ich ja aber nun gerade so gute Erfahrungen in der Achten damit gemacht habe, ist heute mein Vorsatz: nett sein!

Tarik sitzt vor mir, grinst und flüstert: »Ich kann das jetzt mit der Schleife!« – »Echt? Zeig mal!« Ich gehe zu ihm, weil ich seinen Schuh sonst nicht sehen kann. Tarik bindet sich mit einem stolzen Grinsen und ohne Hingucken die Schnürsenkel zu einer 1A-Schleife zusammen. Ich bin begeistert. »Super! Sogar ohne zu gucken. Hast du das deinen Eltern gezeigt?« Er schüttelt den Kopf. »Warum nicht?« Er zuckt mit den Schultern. Er tut mir leid. Ich grinse ihn an und klopfe ihm noch mal anerkennend auf die Schulter.

»Ihre Augen sind aber ziemlich klein, Frau Freitag«, sagt Dilay, nachdem sie mich minutenlang angestarrt hat. Wir zeichnen uns gegenseitig – als Einstieg ins Thema Portrait. Für Dilay war keine Schülerin mehr übrig, also habe ich mich erbarmt und sitze ihr Modell. Und das habe ich jetzt davon. »Sie haben ja gar keine Wimpern«, stellt sie fest. Kleine Augen, okay. Ich bin etwas müde. Aber KEINE Wimpern? »Hier!«, sage ich und beuge mich ganz dicht zu ihr. »Die sind sogar gefärbt.« – »Echt? Zeigen Sie mal!«, erwidert sie skeptisch. »Oh, Frau Freitag, Sie sind geschminkt.« Und recht hat sie. Ich war am Vorabend zu einem Geburtstag eingeladen gewesen und hatte mir ausnahmsweise die Wimpern getuscht.

»Echt? Sie ist geschminkt?«, schreit Rosa ungläubig von hinten, springt auf und rennt auf mich zu: »Oh, Frau Freitag ... schick.« Ich grinse stolz, dabei habe ich nur vergessen, mich abzuschminken. Rosa geht wieder auf ihren Platz, und Dilay starrt mich weiter an. Sie versucht sich gerade an meinem Kinn. »Schwer«, sagt sie. »Zeig mal!«, ruft Gülistan. Dilay hält ihr Bild hoch, und Gülistan lacht laut auf: »Wie ein Nilpferd!« Sofort will jeder in meiner Klasse das Bild sehen. Alle lachen. »Ja, ja, das kommt schon hin. Ich habe um das Kinn rum so etwas Nilpferdhaftes«, sage ich. »Zeig mal, Dilay.« Sie hält mir ihr Bild entgegen. Darauf habe ich gar kein Kinn. Aber ich will die liebe Dilay nicht entmutigen. Porträtzeichnen ist auch schwer. Und ich hatte mir vorgenommen, immer nett zu sein. Ich betrachte das Bild genauer: »Dilay, als wenn ich in einen Spiegel gucken würde. Mach mal weiter!« Geht doch nichts über intrinsische Motivation. Am Ende habe ich mich auf ihrem Bild wirklich wiedererkannt.

Sex oder Schokolade –
Nicht nett sein macht mehr Spaß

Frau Borchart ist schockiert. Ein Schüler hat sie beleidigt. Heftig beleidigt! Er hat ein Wort benutzt, das mit N anfängt und mit utte aufhört. Nicht zu fassen! Voll gemein. Arme Frau Borchart. Sie erzählt es mir und ist noch immer ganz schockiert. Ich auch. Wenn er wenigstens gesagt hätte. »Frau Borchart, ich finde Sie richtig doof.«
»Wäre ja auch nicht nett gewesen. Aber wenigstens hätte er dich gesiezt.«

Frau Borchart hat das wirklich nicht verdient. Welche Lehrerin hätte so eine Beleidigung schon verdient? Nicht mal Frau Schwalle.

In der Mittagspause hat Frau Borchart den ganzen Vorfall schon verdaut und vielleicht auch schon ein wenig vergessen. Die Zeit heilt ja alle Wunden. Ich sitze mit ihr und Frau Saint-Patrick im Lehrerzimmer am Tisch. Wir trinken Kaffee und gackern. Wir sprechen über Verzicht bis Ostern. Frau Borchart sagt: »Ich wollte auf Schokolade verzichten. Aber das ist so schwer.« Frau Saint-Patrick sagt: »Waaas? Auf Schokolade verzichten, das könnte ich niiie.« Frau Kriechbaum steht neben uns am schwarzen Brett, schnappt den letzten Satz auf und sagt: »Schokolade macht glücklich.« Ich habe einen anderen Vorschlag: »Frau Saint-Patrick, ersetz doch Schokolade durch Sex.«

»Sex?«

»Ja. Da freut sich auch dein Mann.«

»Stimmt. Aber nur, wenn ich mit IHM Sex hätte.«

Frau Borchart hört uns zu. Wahrscheinlich überdenkt sie ihren Schokoladenverzicht noch einmal. Dann sagt sie: »Aber immerzu Sex …?«

Ich: »Ja, statt Schokolade.«

Sie: »Ist aber doch voll anstrengend.«

»Was heißt hier anstrengend?«, frage ich. »Es macht auch glücklich, und Frau Borchart, du wirst doch sogar noch dafür bezahlt, denken zumindest die Schüler.«

Ist schon lustig, über was Lehrer so im Lehrerzimmer reden. Als ich an meiner Schule anfing, da war ich mit Abstand die Jüngste im Kollegium. Da sprach man über erdrückende Hypothekenabzahlungen: »Du hast es gut, Frau Freitag, du kannst in den Skiurlaub fahren.«

»Na, du doch auch.«

»Nee, ich hab doch ein Haus und die Kinder, was meinst du, was das alles kostet.«

Finanzielle Belastungen von Eigenheimbesitzern, Pensionierung und vor allem Krankheiten waren damals die beliebtesten Themen im Kollegium. Es gab keine Partys, und niemand hatte mehr Bock, mit den Schülern wegzufahren. »Frau Freitag, Klassenfahrt? Warum tust du dir das an?« Dann erzählten sie aber mit glühenden Augen, was für verrückte Fahrten sie früher gemacht, wie wild sie gefeiert hatten und wer bei der Weihnachtsfeier mit wem rumgeknutscht hatte. Ich saß immer dabei und dachte: Schade, dass ihr jetzt alle schon so alt seid und ich das wohl nicht mehr erleben werde, weil ihr ja nur noch auf die Pensionierung wartet.

Aber jetzt ist alles anders. Junglehrer und halbwüchsige Lehramtsanwärter bevölkern das Lehrerzimmer. »Das ist hier die Lehrertoilette«, sagt man streng zu dem Mädchen am Waschbecken und stellt dann fest, dass sie Referendarin ist. Wir haben jetzt WhatsApp-Gruppen, die sich zum Partymachen verabreden. Da wird gefeiert, bis es hell wird, die Schüler können sich wegen der vielen Klassenfahrten gar nicht entscheiden, wo sie hinwollen. »Frau Freitag, ich weiß jetzt gar nicht, ob ich nach London, Paris oder Rom fahren soll.«

Statt über Krankheiten wird jetzt über Tinder-Dates und Konzerte gequatscht. Ich arbeite plötzlich mit Leuten zusammen, die geboren wurden, nachdem ich bereits das Abitur hatte. »Wie 1988? Und da bist du jetzt schon fertige Lehrerin?« Dauernd wird eine schwanger, die männlichen Kollegen verschwinden in die Elternzeit, und das Thema Hypothekenabzahlung ist völlig aus dem Lehrerzimmer verschwunden. Mittlerweile haben die Kollegien wieder eine gesunde Altersdurchmischung. Und das Schönste ist, dass es keine Kollegen in meinem Alter gibt. Irgendwann bin ich die älteste Lehrerin an meiner Schule. Dann lasse ich mich Oma nennen und mit einer goldenen Sänfte in den Unterricht tragen. Das wird super!

Aua, mein Rücken! – Der kranke Lehrer und andere Typen

Ich liebe mein Kollegium. Ich liebe es, mit total unterschiedlichen Menschen zusammenzuarbeiten, die irgendwie alle an einem Strang ziehen. Mit vielen hätte ich nie etwas zu tun, wenn wir nicht an der gleichen Schule beschäftigt wären. Und viele haben schwere Macken, aber trotzdem kann ich jedem Einzelnen etwas abgewinnen. Oft werden wir Lehrer in Schubladen gesteckt. Immer liest man vom berühmten Schonlehrer, dem Engagierten und dem überforderten Lehrertyp. Aber diese Kategorien sind zu oberflächlich und werden dem bunten Haufen von Lehrern, die sich an unseren Schulen tummeln, gar nicht gerecht. Sind wir doch vielschichtiger, als man denkt. Und von allen kann man etwas lernen. Betrachten wir die Lehrertypen einmal genauer:

Der Schonlehrer

Der Schonlehrer ist nicht doof. Er war schlau genug, keine Korrekturfächer, sondern Sport und irgendein anderes Fach zu studieren. So wie das Sport/Bio-Abi in meiner Schulzeit immer auf besonders faule Mitschüler hinwies, so sind die Schonlehrer nicht so dumm, Deutsch und Englisch zu studieren, denn sie wissen, dass man in Sport keine Tests schreibt und Mathearbeiten sich gut korrigieren lassen. Natürlich ist nicht jeder Sport- oder Mathekollege automatisch ein Schonlehrer, aber viele Schonlehrer unterrichten Sport. Schonlehrer haben, wenn es sich vermeiden lässt, keine eigene Klasse, denn sie wissen, dass die Betreuung von so vielen Schülern ordentlich Arbeit mit sich bringt. Schonlehrer sind pragmatisch. Sie wissen genau, was gemacht werden muss, und das machen sie auch. Aber eben nur genau das und nicht mehr.

»Frau Freitag, Sie machen mit Ihren Schülern ein Bewerbungstraining?«, fragt Berat aus der Parallelklasse.
»Ja. Nächste Woche.«
»Und machen das alle Klassen oder nur Sie?«
»Nee, ich glaube, nur ich.«
Berat seufzt und sagt dann: »Schade. Dann machen wir das nicht.«
»Wieso?«
»Na, wenn das nur freiwillig ist, dann macht Herr Müller das nicht mit uns.«
Herr Müller ist ein bekannter Schonlehrer. Sehr beliebt bei den Schülern und auch im Kollegium. Seine pragmatische klare Art und sein konstant gechilltes Temperament helfen ihm, ohne größere Katastrophen durch den Arbeitstag zu kommen. Man weiß: Auf ihn kann man sich verlassen. Er ist immer da. Liefert

die Noten pünktlich ab, macht solide seinen Unterricht und diskutiert nie in Konferenzen, sondern ist ein Freund des pünktlichen Feierabends. Aber Klassenfahrten, aufwendige Wandertage, Weihnachtsfeiern mit der Klasse oder sonstige Zusatzarbeit liegen ihm nicht. Das weiß das Kollegium und, wie man an Berat sieht, eben auch seine Schüler.

Lehrer wie Herr Müller regen sich nicht über unsinnige Reformen auf. »Immer easy, Leute, nichts wird so heiß gegessen, wie es gekocht wird.« In den Schulferien entspannen sie sich. Ich würde mich auch nicht wundern, wenn sie zu Hause gar keinen Schreibtisch hätten. »Ach, die paar Korrekturen, die mache ich doch schnell in der Schule.« Mit dieser äußerst entspannten Lebenseinstellung erreichen die Schonlehrer auf jeden Fall die Rente, denn ein Burn-out bleibt ihnen erspart.

Von ihnen lernst du, dass man oft einfach cool bleiben und abwarten kann. Vieles regelt sich von selbst. Und guck ihren Leben-und-leben-lassen-Unterrichtsstil ruhig mal an. Was spricht eigentlich dagegen, die Schüler am Ende ein bisschen quatschen zu lassen, während du schon mal ein paar Tests korrigierst?

Der Resignierte

Der Schonlehrer darf nicht mit dem resignierten Lehrertypus verwechselt werden, auch wenn beide nur das Nötigste machen. Wer resigniert hat, wollte früher etwas. Wahrscheinlich war derjenige anfänglich eher überengagiert und wurde dann immer wieder enttäuscht. Diese Kollegen sind verbittert. »Bringt doch eh alles nichts.« Oft haben sie jegliche Freude an ihrem Beruf verloren und zählen die Tage, bis der ganze Ärger vorbei ist. Durch die vielen Enttäuschungen, die sie durchlitten haben, wurde auch ihre Einstellung zu den Schülern vergiftet. Sie mögen die Schüler nicht mehr. Sie sind nicht mehr gerne Lehrer. Sie haben keinen Bock mehr. Diese Lehrer leiden. Für sie müsste es alternative Beschäftigungen geben. Leider gibt es die nicht. Und so sind sie verdammt, sich von Ferien zu Ferien zu schleppen.

Urteile nicht vorschnell über solche Kollegen. »Ach, der Herr Soundso ist schon wieder krank …« Man weiß nicht, wie dieser Kollege vor Jahren seine Arbeit gemacht hat. Man kann an unserem Schulsystem verzweifeln und auch resignieren. Wenn jemand öfter krank ist als andere Kollegen, dann hat das auch seinen Grund. Glücklich sind diese Kollegen bestimmt nicht. Sei freundlich zu ihnen und bring ihnen mal Kekse oder Schokolade mit. Du weißt nie, wie du in zwanzig Jahren sein wirst.

Die Mutti

Die Mutti hat immer eine Klasse. Das braucht sie. Sie nennt ihre Schüler gerne »meine Kleinen«, spricht von Kindern statt von Schülern und ist sehr engagiert. Ihr Klassenraum ist immer ordentlich. Zu Weihnachten bringt sie festliche Deko mit und frühstückt mit ihren Kleinen vor jedem Ferienbeginn. Sie kann sich oft nicht vorstellen, dass sich einer ihrer Lieben im Fachunterricht danebenbenommen hat, versucht aber trotzdem erzieherisch auf den Missetäter einzuwirken. Sie beherrscht die Kunst der Mediation, kann wunderbar Konflikte schlichten und hat immer ein offenes Ohr für die Sorgen und Nöte ihrer Schüler. In Klassenkonferenzen, wenn es einem ihrer Lieblinge an den Kragen gehen soll, kann sie auch schon mal die Löwenmutter mimen und die Krallen ausfahren. Die Schüler fühlen sich wohl bei ihr. Wenn sich alle nach der 10. Klasse verabschieden, dann gibt es Geschenke und Tränen.

Von der Mutti kannst du dir die mütterliche Ansprache und die wertschätzende Art im Umgang mit den Schülern abgucken. Für den Vertretungsunterricht hat sie auch immer schöne Aufgaben, die Spaß machen, in petto. Man muss auch gar nicht immer Mutti sein. Frau Dienstag zum Beispiel beherrscht das gezielte stundenweise Muttisein perfekt. Probier das ruhig mal in einer Lerngruppe aus. Die Schüler werden dann automatisch ganz lieb, und es macht Spaß.

Die sexy Junglehrerin

Die sexy Junglehrerin muss gar nicht immer jung sein. Sie ist aber immer sexy. »Boah, Frau Kriechbaum hat immer so geile Klamotten an«, sagte Marcella mal. Ich betrachtete beleidigt meine Jeans und meinen Kapuzenpulli. »Ja, sie zieht sich immer voll schick an«, stimmten die anderen Mädchen ein. Lederhosen, Stöckelschuhe, die Haare immer perfekt und kunstvoll geschminkt. Das zeichnet die sexy Lehrerinnen aus. Die Kolleginnen betrachten die Outfits mit Argwohn. Die Schülerinnen machen anerkennende Kommentare. »Ihr habt gleich Vertretung. Bei Frau Frank.« Hamsa: »Frau Frank? Wer ist das? Ist das die geile Blonde?« Damals habe ich nur missbilligend den Kopf geschüttelt. Aber ein Teil von mir war ein bisschen neidisch. Wäre ich nicht auch gerne Frau Freitag, die geile Blonde? Klar. Wer wäre das nicht gerne?

Letztendlich sind schöne Outfits ja auch eine Art Wertschätzung den Schülern gegenüber. Genauso wie der bekleckerte Schlabberpulli mancher Kollegen den Schülern mitteilt, dass es ihnen anscheinend egal ist, was sie von einem halten. Also lass dich vielleicht ein bisschen von der sexy Lehrerin inspirieren. Manchmal die Wimpern tuschen, finden die Schüler gar nicht so schlecht.

Der Verpeiler

Der Verpeiler zieht sich komisch an. Ihm ist noch nicht mitgeteilt worden, dass man keine Kordhosen mehr trägt und dass man die Haare ruhig jeden Tag kämmen kann. Äußerlichkeiten sind dem

Verpeiler egal. Oft ist dieser Lehrertyp im naturwissenschaftlichen Fachbereich unterwegs und leidenschaftlich an seinem Fach interessiert. Nur leider schafft er es nicht, auch die Schüler für die Wunder der Chemie oder den Spaß an der Physik zu begeistern. An der Uni war es irgendwie leichter. Auch mit Fristverträgen. Aber nun hängt der Verpeiler in der Schule und soll diesen Halbstarken die Berechnung von Masse im freien Fall beibringen. Dann noch das ganze Drumherum. Die Notengebung. Wer war denn dieser Fuat noch mal? Oh, wieder zu wenig Kopien von den Arbeitsblättern gemacht. Wo ist eigentlich mein Schlüssel? »Herr Dr. Bozan, wann bekommen wir die Tests zurück?« Oh, die Tests, wo hatte ich die denn? Wie, jetzt schon Notenabgabe? Dem Verpeiler gibt man keine Klasse. Den Verpeiler wählt man in kein Amt. Man hofft, dass es in seinem Unterricht nicht zu Unfällen oder Schlägereien kommt, und denkt sich: »Na, wenigstens fällt Chemie jetzt nicht mehr aus.« Was kann man vom Verpeiler lernen? Vielleicht, dass es bei dir doch gar nicht so schlecht läuft, wenigstens hast du noch nie deinen Schulschlüssel verloren.

Der Wie macht der das?*-Lehrer*

Wir hatten einen Kollegen an der Schule, der immer die Tür zu seinem Klassenzimmer offen ließ. Ich musste immer an seinem Raum vorbei, um zu meinem Unterricht zu kommen. Jedes Mal das gleiche Bild: Herr Paulsen sitzt an seinem Pult, und die Schüler hocken an ihren frontal zur Tafel ausgerichteten Tischen und schreiben. Es ist mucksmäuschenstill. Definitiv keine Gruppenarbeit, die er da beaufsichtigte. Kein Think-Pair-Share, kein Lernen an Stationen. Das war schweigende Einzelarbeit. Ein (in Didaktikkreisen verpönter) schriftlicher Arbeitsauftrag wurde da gestellt – auszuführen in egomaner Einzelarbeit.

Und ich geh dran vorbei und denke jedes Mal: Geil! Wie macht er das? Ich habe es nie rausgefunden. Wenn es so einen Lehrer oder so eine Lehrerin an deiner Schule gibt, versteck dich in seinem Raum und ergründe, wie das geht. Das Geheimnis dieser absoluten Stille. Dieses buddhistische Unterrichten. Ich würde töten, um das draufzuhaben. Herr Paulsen beendete mit fünfundsechzig seinen Dienst, und ich denke noch oft an diese himmlische Ruhe, die in seinem Unterricht immer herrschte.

Der Profilierer

Der Profilierer oder die Profiliererin profiliert sich gerne durch außerunterrichtliche Projekte, die dann auf den Gesamtkonferenzen vorgestellt werden. Der Profilierer arbeitet gerne mit Schulfremden zusammen und weiß immer, wo man noch ein paar Euro aus dem Europafonds lockermachen kann, um das total tolle Projekt für oder gegen irgendwas finanzieren zu können. Der Profilierer sucht sich die fitten, netten Schüler für seine Projekte und zieht sie auch gerne aus deinem Fachunterricht raus. Der Klassenlehrer beneidet den Profilierer, der mit seiner Projektgruppe schöne Reisen unternehmen kann, ohne auch nur einen Störer mitnehmen zu müssen. Bei den Schülern sind diese Projektlehrer sehr beliebt, denn die gemeinsame Arbeit an einem interessanten Thema stresst nicht so wie der normale Fachunterricht. Außerdem lernt man sich viel besser kennen als bei anderen Lehrern. So wird der Profilierer automatisch zum Schülerversteher und manchmal auch zu ihrem Anwalt. Damit macht er sich im restlichen Kollegium, das sich mit dem undankbaren Alltagsgeschäft abrackert, nicht gerade beliebt.

Der Profilierer vermeidet es, eine Klassenleitung zu übernehmen, denn die vielen aufwendigen außerschulischen Sachen lassen ihm dafür gar keine Zeit. So ist ihm Spaß an der Arbeit garantiert, denn er hält sich den mühsamen Alltag eines Lehrers vom Hals.

Die öffentliche Anerkennung seiner Arbeit genießt er natürlich auch. Es wäre schön, wenn man von der Schulleitung auch für die weniger glamourösen Tätigkeiten gelobt werden würde. Denn ein »Frau Kriechbaum, ich möchte Ihnen noch einmal ausdrücklich dafür danken, wie sie diese schwierige Klasse zum Schulabschluss geführt haben« hört man leider selten.

Vom Profilierer sollte man sich auf jeden Fall abgucken, wie man sich angenehme Schülergruppen zusammenstellt, mit denen das Arbeiten Spaß macht, und wie man seine Arbeit am wirkungsvollsten in der Öffentlichkeit präsentiert.

Das Arbeitstier

Dem Arbeitstier sind die Profilierer mit ihrer oft extrovertierten Persönlichkeit ein Dorn im Auge. Das Arbeitstier ist keine funkelnde Person, die gerne im Mittelpunkt steht. Das Arbeitstier ist Lehrer und erledigt seinen Job. Tagaus, tagein. Letztes Jahr, dieses Jahr und auch die nächsten zwanzig Jahre. Die Schulleitung verlässt sich auf diesen Lehrertypus, der immer da ist und alles macht. Manchmal stöhnen sie ein bisschen, raffen sich dann aber mit einem »Muss ja, muss ja« wieder auf. Die Arbeitstiere halten den ganzen Laden am Laufen. Sie starten keine Revolution, verändern die Schule nicht, sondern sorgen dafür, dass alles irgendwie läuft. Wenn sie in deiner Klasse Fachunterricht geben, dann kannst du dich freuen, weil du dich auf sie verlassen kannst.

Sie sind meistens schon lange im Dienst, von ihnen kannst du lernen, wie man sich den Alltag strukturiert, weil sie alle irgendein funktionierendes System zur Verwaltung ihrer Arbeit haben. Von ihnen kannst du dir die Einladung zum Elternabend abschreiben, dir zeigen lassen, wie man im Zeugnisprogramm die Fehlzeiten eingibt oder welche Schlittschuhbahn für den Wandertag am besten geeignet ist. Sie geben dir auch die Telefonnummer und die

Öffnungszeiten. Diese Kollegen solltest du immer nett behandeln und oft loben. Sie stehen nie im Rampenlicht, obwohl sie so einen verdammt guten Job machen.

Der harte Hund

Der harte Hund ist die autoritäre Variante vom Arbeitstier. Er oder sie greift durch. Der harte Hund setzt die Schüler auf den Topf. Zeigt ihnen, wo der Hammer hängt, wird gefürchtet, aber auch respektiert. Bei ihm oder ihr ist man als Schüler pünktlich, man spielt weder mit dem Handy, noch vergisst man seine Hausaufgaben oder holt im Unterricht die Chipstüte raus. Selten sieht man den harten Hund die Schüler anbrüllen. Irgendwie hat dieser Lehrertyp es am Anfang des Unterrichts in einer neuen Lerngruppe geschafft, zu vermitteln, dass mit ihm nicht gut Kirschen essen ist. Das hält dann nicht nur das ganze Schuljahr über, sondern manchmal das ganze Berufsleben. Denn der harte Hund baut auf seinen Ruf. »Abooo, Frau Schwalle, sie ist voll streng.« Aber dem harten Hund ist es egal, ob die Schüler ihn mögen. Die sollen sich im Unterricht benehmen, und es soll ruhig sein. Als ein Schüler mal sagte: »Üfff, Frau Freitag ist schlimmer als Frau Schwalle«, habe ich mich total gefreut, weil ich wusste, dass ich es geschafft hatte, mich durchzusetzen.

Vom harten Hund kannst du dir abgucken, wie du Chef im Ring wirst. Erwarte nicht, dass er oder sie sich für irgendwelchen demokratischen Schnulliklassenratskram, den du mit deinen Schülern machen willst, interessiert. Aber wenn im Raum neben dir ein harter Hund Unterricht macht und du mit einem Störer nicht klarkommst, dann schick ihn einfach nach nebenan. Der harte Hund wird dir gerne einen schwierigen Schüler abnehmen und ihm nebenbei noch die Leviten lesen.

Der Kumpellehrer

Auch der Kumpellehrer ist ein Arbeitstier. Aber im Gegensatz zum harten Hund sehr beliebt bei den Schülern. Er oder sie macht interessanten Unterricht und hat durch seine humorvolle und lockere Art schnell die Schülerherzen erobert. Er wird auf dem Hof und im Schulgebäude freundlich begrüßt und gibt jedem einen flotten Spruch mit auf den Weg. Auch im Kollegium ist dieser Lehrertyp beliebt, denn er nimmt alles locker: »Ach, gebt mir irgendeine Klasse in Englisch, ich komm schon klar mit denen.« Mit ihm fährst du gerne auf Klassenfahrten, denn er lässt auch mal alle fünfe gerade sein. »Ach, lass sie doch rauchen. Haben wir doch früher auch gemacht. Gehört doch dazu. Ich hol mal den Rotwein, den ich mitgebracht habe.« In seiner Gegenwart entspannen sich Kollegen und Schüler. Wenn man bei ihm im Unterricht hospitiert, denkt man sofort, dass Lehrersein großen Spaß macht. Der Kumpellehrer ist meistens gut drauf. Wenn es ihm oder ihr mal nicht so gutgeht, dann hat er bei den Schülern bereits so einen Stein im Brett, dass selbst der chaotischste Haufen Rücksicht nimmt. »Jetzt seid doch mal leise, ihr Spacken! Sie hat doch gesagt, sie hat Kopfschmerzen.« Diese Lehrer haben die Balance zwischen Nähe und Distanz genau ausgelotet und können den Schülern sofort vermitteln, wann sie respektlos werden und wann ein Witz auf ihre Kosten noch okay geht.

Vom Kumpellehrer kannst du viel lernen. Wie baut er die Beziehung zu den Schülern auf, wie arbeitet er ständig daran, wie verhält er sich in Konflikten, wie schafft er es, den Schülern nahe zu sein, ohne dass sie es ausnutzen?

Der Schülerschleimer

Auch der Schülerschleimer ist bei den Schülern beliebt. Aber im Gegensatz zum Kumpellehrer achtet er nicht auf eine gesunde Distanz zwischen ihm und den Schülern. Diese schwierige Gratwanderung kriegt er nicht hin. Dadurch begibt er sich in ein gefährliches Kumpelverhältnis zu den Schülern. Oft passiert das Junglehrern oder Referendaren, weil sie sich den Schülern aufgrund des geringen Altersunterschiedes und der gemeinsamen Interessen nahe fühlen. Man kann natürlich die gleiche Musik hören oder dieselben Computerspiele spielen wie die Schüler und trotzdem eine gesunde Distanz zu ihnen aufrechterhalten. Wenn man das allerdings nicht macht, dann wird es fatal. Lehrer, die ihre Autorität verloren haben, weil die Schüler denken, ach, das ist ja irgendwie einer von uns, die haben in schwierigen Situationen Probleme, sich durchzusetzen.

Ganz schlimm wird es, wenn man mit den Schülern schlecht über Kollegen spricht. Natürlich hat jeder Lehrer Kollegen, die er mag, und welche, die er nicht mag. Man weiß auch ziemlich schnell, wer guten Unterricht macht und bei welchem Kollegen eigentlich gar kein Unterricht stattfindet. Als Klassenlehrer erfährt man ja viel Interessantes aus dem Fachunterricht. Die Schüler beschweren sich und meckern über andere Lehrer. Das kann man sich alles anhören und sich seinen Teil dazu denken. Aber auf gar keinen Fall mit den Schülern schlecht über andere Lehrer sprechen. Das geht gar nicht! Man muss immer versuchen, den Schülern Tipps zur Verbesserung der Lage im chaotischen Fachunterricht zu geben. Aber nie sagt man: »Ja, ich weiß, der Herr Soundso hat es einfach nicht drauf.« Nein, nein, nein! Das darf man nicht! Egal, was der Kollege macht. Wenn es ganz schlimm ist, dann kann man den Schülern sagen, dass sie eben lernen müssen, mit den unterschiedlichsten Persönlichkeiten auszukommen. So wird das in ihrem Arbeitsleben ja später auch sein.

Als Referendar oder Berufsanfänger ist es eigentlich normal, dass man eine zu geringe Distanz zu den Schülern hat. Das wird mit der Zeit automatisch besser. Der Schülerschleimer sollte möglichst schnell gucken, dass er zum Kumpellehrer wird, denn das ist eine viel gesündere Position, die einem auch im Kollegium mehr Anerkennung bringt.

Der tolle Freak

In Kollegien gibt es immer wieder Lehrer oder Lehrerinnen, bei denen man sich wundert, dass sie so einen guten Draht zu den Schülern haben. Manchmal sind das ganz verrückte Zeitgenossen, von denen man das gar nicht erwarten würde. Irgendwie hängen die sich aber sehr in die Beziehungsarbeit rein. Man hört später oft von Schülern, dass sie ohne Herrn Soundso oder Frau Soundso nie einen Schulabschluss geschafft hätten. Diese Lehrertypen nehmen den Klassenlehrern viel Arbeit ab, wenn sie einen Schüler oder eine Schülerin unterstützen, mit der man selber nicht klarkommt. Man ist ja nie der richtige Lehrer für alle Schüler, wie Fräulein Krise immer sagt. Umso besser, wenn es da jemanden gibt, der einem hilft. Warum sind diese Lehrer nun Freaks? Damit will ich eigentlich nur sagen, dass man sie manchmal gar nicht als die pädagogischen Perlen wahrnimmt, die sie eigentlich sind. Vielleicht sehen sie seltsam aus, haben einen Spleen oder benehmen sich nicht immer so, wie es von einem Lehrer oder einer Lehrerin gemeinhin erwartet wird. Umso besser, dass es sie gibt, und wie schön, dass sie unsere Lehrerzimmer bunter und interessanter machen.

Der Brennende

Der Brennende oder die Brennende, häufig sind es Lehrerinnen, brennt für seinen Beruf. Mit Leib und Seele liebt sie, oder er, den

Job und hängt sich von Anfang an in alles voll rein. Seien es außerschulische Projekte, die Klassenführung oder auch nur schnöder Fachunterricht. Alles muss top vorbereitet und perfekt gemacht werden. Immer weiß dieser Lehrertypus, dass man alles eigentlich noch besser hinkriegen könnte. Deshalb reduzieren sie ihre Unterrichtsverpflichtung. Jetzt haben sie mehr Zeit, sich besser vorzubereiten. Sie arbeiten aber nicht weniger, sondern erhalten nur nicht so viel Geld für ihre Arbeit. Egal. Sie tun es für die Schüler. Für den Job. Immer kratzen sie an der Perfektion, die es in unserem Beruf gar nicht geben kann. So wie man immer denkt, dass man kurz vor der Traumfigur ist, wenn man doch nur die vier störenden Kilos runterbekäme. Anstatt sich einfach mit dem kleinen Bauch anzufreunden oder mit den nicht ganz so perfekten Stunden, die aber irgendwie laufen, streben die Brennenden immer nach Perfektion. Die zwangsläufigen Enttäuschungen halten sie schwer aus. Werden immer wieder krank, weil sie mit einem total überzogenen Pensum durch ihren Arbeitsalltag zischen.

Sie werden nicht nur krank, sie werden auch zunehmend frustrierter. »Ich habe im Referendariat immer so tolle Stunden gehalten, jetzt schaffe ich das nicht mehr. Ich bin keine gute Lehrerin, wenn ich keine Gruppenarbeit mache. Und die Kinder können noch nicht mit PowerPoint präsentieren.« Irgendwann wird ihnen alles zu viel, sie verzweifeln an ihren eigenen überhöhten Ansprüchen, die nur sie an sich stellen. Im Kollegium gehören sie auch nicht zu den beliebtesten, denn ihr fleißiger Dauereifer führt den weniger engagierten Kollegen ihre Schonlehrerhaltung vor Augen. Und wofür das Ganze? Mit einem »Man könnte, man könnte, man könnte sooo tolle Sachen mit den Schülern machen« verabschieden sie sich irgendwann ins Burn-out.

Was kann man daraus lernen? Keine Schule braucht diese überengagierten Lehrer, die dann immerzu krank werden und ausfallen. Lieber rechtzeitig einen Gang zurückschalten und nur ab und zu den perfekten Unterricht antizipieren. Dann hält man es auch bis zur Rente durch.

Der Unterrichtsflüchtige

Der Unterrichtsflüchtige sucht sich neben dem Unterrichten noch andere Wirkungsbereiche. Das kann verschiedene Gründe haben. Manche unterrichten vielleicht nicht so gerne und wollen lieber weniger Stunden vor Schülern stehen, andere rutschen aus Interesse in Tätigkeiten jenseits des Unterrichtens hinein. Einige wollen Karriere machen und streben Funktionsstellen wie Fachbereichs- oder Schulleitungsstellen an. Andere verschwinden mit einigen Stunden in der Schulpsychologie oder in der Beschäftigtenvertretung, weil sie die Arbeit dort interessiert. Sich neben dem Unterrichten ein zweites Betätigungsfeld aufzubauen, ist auf jeden Fall eine Maßnahme, die dich im stressigen Lehreralltag entlasten kann.

Engagiere dich in der Gewerkschaft, wenn du dich für Veränderungen interessierst. Die GEW freut sich immer über engagierte neue Leute. Lass dich in den Personalrat wählen, wenn du früher mal Klassensprecher warst und jetzt so etwas wie ein Lehrersprecher werden willst. Leite ein Fach- oder ein Hauptseminar, wenn du in der Ausbildung deiner zukünftigen Kollegen mitmischen möchtest. Leite eine Schule, wenn du weniger unterrichten willst, dafür aber mehr Stress vertragen kannst. Erkundige dich bei Kollegen, die noch was anderes machen als nur Unterricht. Guck sie dir genau an. Sie sind oft einen Tick entspannter als die Vollzeitlehrer.

Man kann natürlich auch gleich seine Unterrichtsverpflichtung reduzieren, nur dann finanzierst du deine Work-Life-Balance selbst. Auch wenn du nur eine halbe Stelle hast, bei den Konferenzen darfst du nicht nach der Hälfte gehen. Es gibt zudem keine halben Elternabende, und in den Ferien bekommst du dann auch nur das halbe Gehalt. Vielleicht dann lieber auf ein Sabbatjahr sparen und mal für zwölf Monate ganz raus aus der Schule. Egal, was du machst, ein Berufsleben ist lang. Selbst wenn du mit Elan anfängst, du musst dir deine Kräfte einteilen, denn der Job ist hart und wird nach hinten raus immer härter. Wer mit sechsundsechzig noch jeden Tag gerne in die Schule geht, der hat es geschafft.

Bestimmt gibt es noch sehr viel mehr Typen, die unsere Lehrerzimmer bevölkern, und kaum einen von den oben beschriebenen Lehrern gibt es in Reinform. Ich würde sagen, dass man immer Anteile von mehreren Typen verkörpert. Frau Dienstag zum Beispiel hat Verhaltensweisen vom Schonlehrer, ist aber gleichzeitig auch harter Hund und oft auch Mutti. An manchen Tagen beginne ich meinen Unterricht als Mutti, werde dann zum harten Hund und beende die Stunde als Kumpellehrer. Wenn du neu an eine Schule kommst, dann versuche, möglichst alle Kollegen kennenzulernen. Vielleicht erkennst du in dem netten Sportler den Schonlehrer und in der sexy Blondine eine Brennende. Mit manchen wirst du schneller warm als mit anderen, aber vergiss nie, dass du eigentlich von jedem etwas lernen kannst.

Der Unterricht

Deine Klasse ist dein Klo –
Über Vertretungsunterricht

Vertretungsstunden sind ja wohl der Hammer. Da freut sich jeder Lehrer. Ich würde am liebsten nur Vertretungsstunden machen. Gerne auch mal an anderen Schulen, denn am meisten Spaß machen diese Stunden, wenn man die Schüler gar nicht kennt. Fast genauso schön wie Vertretungsstunden ist das Vertretungsstundenchaos. Wer liebt sie nicht, die durchs Schulgebäude marodierenden Schülertrupps, die ihren Vertretungsunterricht suchen, aber nicht finden. Ich habe schon Schüler weinen sehen, weil sie nicht wussten, wo der Vertretungsunterricht stattfindet. Meine Klasse zum Beispiel lechzt jeden Tag danach, sich möglichst gut bei den Vertretungslehrern zu benehmen. Es ist ihnen total wichtig, bei denen einen guten Eindruck zu hinterlassen. Nee, nee, Spaaaß! Vertretungsunterricht gehört nicht zu den Highlights im Lehrerleben. Aber keine Angst, auch hier gibt es Tricks.

»So, ihr Lieben, noch eine wichtige Ansage.«
»Auweia, was denn?«
»Ihr habt in der nächsten Stunde Vertretung. Bei Frau Borchart.«
»Wer ist das?« – »Ist das diese eine Frau mit den langen blonden Haaren?« – »Abooo, DIE???? Ich schwöre, sie ist voll streng!«

Vertretungsunterricht nervt. Was aber auch nervt, ist Vertretungsunterricht für die eigene Klasse. Denn das Benehmen deiner

Schüler ist so wie dein Badezimmer, wenn Besuch kommt. Da wollt ihr ja auch keine braunen Streifen im Klo haben. Und natürlich will der Klassenlehrer keine Klagen über die eigene Klasse hören. Nichts ist furchtbarer, als wenn man gechillt im Lehrerzimmer abhängt und eine aufgebrachte Kollegin stürzt sich auf dich: »Oh Gott, ich hatte DEINE gerade in Vertretung. Die sind ja GRAUENHAFT! Sind die immer so?« Nein, das willst du nicht. So was ist Gift in den Ohren des geschundenen Klassen-MCs.

Was tut man also? Man bereitet seine Klasse auf den Vertretungsunterricht vor. »Nein, Frau Borchart ist total nett. Sie gehört sogar zu meinen Lieblingskollegen. Die ist eine gaaanz tolle Lehrerin. Ihr werdet sie super finden.« Man kann hier ruhig ein bisschen übertreiben. *Self fullfilling* ... »Sie wird was ganz Tolles mit euch machen.« Hier wäre es gut, wenn sie wirklich was ganz Tolles oder zumindest irgendetwas vorhätte. »Und jetzt passt mal genau auf, Kinder!« An dieser Stelle ist es wichtig, die totale Aufmerksamkeit der Klasse zu erhalten. Dazu streckt man seinen Kopf ein wenig nach vorne, macht sich ein bisschen kleiner, als man ist, und setzt ein Gesicht auf, als verriete man das bestgehütete Staatsgeheimnis.

»Also, wenn ich nachher im Lehrerzimmer bin, dann möchte ich, dass Frau Borchart zu mir kommt und sagt: ›Na, das ist aber eine sehr, sehr nette Klasse, und wie toll die mitgearbeitet haben! So was habe ich ja noch nie erlebt. Wirklich reizende Kinder.‹ Und dann antworte ich: ›Stimmt, die sind wirklich toll. Deshalb fahre ich ja mit denen auch zum HEIDEPARK!‹« Bei dem H-Wort kannst du dann in die strahlenden Kindergesichter deiner Klasse blicken. Nun ist Ein-Mal-gutes-Benehmen-während-einer-Vertretungsstunde noch nicht der Gegenwert für einen Heideparkbesuch. Aber man kann später noch sehr viele Wenn-danns daran knüpfen. *By the way*, macht nicht wie ich den Fehler, den Heideparkbesuch in der Achten nicht zu erlauben und die Klasse dann aufs 10. Schuljahr zu vertrösten – in der Hoffnung, dass sie es in der Zwischenzeit vergessen. Irgendwann sind die in der Zehnten, und dann heißt es: »Sie haben es aber versprochen!«

»Also, Kinder, verstanden?«

»Ja, Frau Freitag!«, sagt Rosa und grinst. Dann guckt sie streng zu den Jungen. »Jungs, ihr habt es gehört! Nur eine Stunde gut benehmen! Verstanden! Auch du, Vincent!«

Dann stellst du dich an die Tür und klopfst jedem kurz beim Rausgehen auf die Schulter. Nicht die Hand geben! Grippe und Masern – das fehlt gerade noch. »Alles klar, ja? Gut benehmen!« Und später nach der Vertretungsstunde gehst du ins Lehrerzimmer und versuchst unauffällig, an Frau Borchart vorbeizugehen.

»Ach, Frau Freitag, ich hatte deine gerade in Vertretung. Du, die haben ja total gut mitgemacht. Ich hatte einen Text mit, und sie sollten dazu was schreiben. Die waren richtig heiß darauf loszulegen. Alle! Auch die Jungs! Besonders gut war dieser Vincent, der hat ja so eine schöne Handschrift. Also ich hab noch keine Klasse erlebt, die so gierig war, etwas zu lernen.« Dann lächelst du bescheiden und sagst: »Ach, die Lieben. Süß.«

Und wenn du deine Klasse wieder im Unterricht hast, dann sagst du: »Danke, liebe Klasse! Ich sehe schon das H von Heideparkbesuch.«

Und falls man selbst Vertretungsunterricht halten muss, dann bereitet man sich am besten gut darauf vor. Immer irgendwelche leichten Aufgaben parat haben und am Ende noch ein kleines Spiel mit der Klasse spielen. So hat man die Chance, seinen Ruf an der Schule bei fremden Schülern zu verbessern. »Hat Spaß gemacht bei diese eine Lehrerin.« Falls man die Klasse dann später regulär im Unterricht hat, dann kennt man sich schon und hat gemeinsame Erinnerungen an eine schöne Vertretungsstunde.

»Ich habe immer interessante kleine Filme von *Planet Schule* auf meinem Stick mit schönen Aufgaben«, sagt Frau Dienstag. »Oder ich spiele mit ihnen *Stadt, Land, Fluss*.«

Ich spiele in Vertretungsstunden oft das Spiel, bei dem die Schüler sich drei Lieblingstiere ausdenken müssen und Eigenschaften zu den jeweiligen Tieren nennen sollen. Ich sitze dann vorne und frage die Schüler, die mitspielen wollen, nach den Tieren und den Adjektiven. Da ich das Spiel als Psychospiel ankündige, sind immer viele Schüler dabei. Dann schreibe ich die Tiere und Adjektive auf. Da geht schon ziemlich viel Zeit bei drauf. Was ein Adjektiv ist, lässt sich an dieser Stelle auch immer noch gut wiederholen. Die Auflösung: Das erste Tier – so willst du sein. Das zweite Tier – so wirst du von anderen Menschen gesehen. Das dritte Tier – so bist du. Dieser Teil ist dann immer sehr lustig. »Murat, du bist ein schleimiger Wurm, der sehr klein ist und stinkt. Und Ozan, du bist wie ein extrem haariger Affe, der schnell und lustig ist.«

Werd doch Lehrerin! – Die Sache mit dem Gehalt

»Mann, Sila, du musst doch nur das Arbeitsblatt machen. Alles, was da drauf ist, kommt auch in dem Mathetest vor«, sagt Gülistan in der Hausaufgabenstunde.

»Aber ...«

»Nichts ABER! Mach einfach die Aufgaben auf dem Blatt!« Gülistan dreht sich wieder nach vorne und schüttelt den Kopf. «Dieses Mädchen ... unglaublich.«

Sila beugt sich unwillig über das Arbeitsblatt und fängt an zu rechnen. Ich bin von Gülistans Auftritt immer noch beeindruckt. »Gülistan, du solltest wirklich Lehrerin werden. Vor dir hätten die Schüler voll Angst. ›Auweia, los, schnell, Frau Kirian kommt!‹«

Gülistan grinst. »Ja, Kunst- und Sportlehrerin wäre gut.«

Ich: »Kunst und Sport – perfekt!«

»Bekommen alle Lehrer gleich viel Geld?«, fragt sie. Ich nicke. »Und Gülistan, das Kunststudium macht total viel Spaß. Man malt und druckt, aber eigentlich geht man immer nur mit den anderen Studenten Kaffee trinken in der Cafeteria.«

Gülistan denkt nach.

»Bekommt man als Lehrer in den Ferien auch Geld?«

»Natürlich!« Gülistan ist schon fast überzeugt. »Und nicht nur in den Ferien, im November bekommt man immer Weihnachtsgeld. Das sind 45 % vom Bruttolohn.« Sofort bin ich an der Tafel, um zum tausendsten Mal meinen Bruttolohn anzuschreiben. 5000 Euro. »Also, das ist das Bruttogehalt. Da geht natürlich noch was von weg. Kommt drauf an, ob man verheiratet ist oder Kinder hat.«

»Für Kinder bekommt man auch noch Geld?«

»Ja, klar!« Gülistan dreht sich zu Sila. »Dann bekomme ich fünf Kinder. Mindestens.«

»Aber, Gülistan, denk mal dran, dass Kinder auch was kosten. Rechne einfach mal zusammen, was du diesen Monat gekostet hast. Handyrechnung, Klamotten, Essen ...« Der Kinderwunsch wird nun doch noch mal überdacht.

Jetzt meldet sich Rosa. »Frau Freitag, also in Sport, bekommt man da sein Geld auch, wenn keiner mitmacht?«

»Wie meinst du das?«

»Na, wir Mädchen, wir machen doch oft bei Sport gar nicht mit. Kriegt man dann weniger Geld?«

Was für ein absurder Gedanke, denke ich. Darauf muss man erst mal kommen.

»Nee, Rosa, stell dir mal vor, man würde nur Geld bekommen, wenn die Schüler mitmachen und was lernen. Wer würde euch denn dann unterrichten wollen? Oh, ich brauche noch ein bisschen Geld diesen Monat, für den Urlaub, geben sie mir bitte einen

E-Kurs, denn nur mit einem Kurs auf Realschulniveau habe ich eine Chance, genug Kohle zu verdienen.«

Oh Gott, hoffentlich kommt nie ein Politiker auf diese Idee. Damit ließen sich etliche Millionen einsparen.

Die Faust im Fenster – Wie ich Horrorstunden heute zu vermeiden versuche

»Ich bin die schlechteste Lehrerin der Welt«, jammert Frau Dienstag. Sie hat die falsche Kontonummer auf die Elternzettel geschrieben. »Und ich wundere mich noch, dass immer noch niemand das Geld für die Klassenfahrt überwiesen hat. Ich bin sooo doof. Ich bin sooo schlecht. Ich dürfte gar nicht Lehrerin sein.«

Sie will, dass ich sie tröste. Ich soll jetzt sagen, dass das doch nicht so schlimm sei und sie einfach einen neuen Zettel austeilen könne.

»Auweia, Frau Dienstag! Voll krass! Die falsche Kontonummer. Hast du auch Schüler, die das Geld vom Amt bekommen?«

»Jaaa, klar. Über zehn.«

»Oh no, die Armen, jetzt müssen die noch mal zum Jobcenter und sich stundenlang anstellen. Weißt du eigentlich, wie voll das da immer ist? Boah, wenn ich die Eltern aus deiner Klasse wäre … ich wäre aber richtig sauer auf dich!«

Tja, wie ich Frau Dienstag kenne, fühlt sie sich jetzt noch ein paar Minuten schlecht, dann okkupiert irgendein anderer unwichtiger Quatsch ihre Aufmerksamkeit, und schon hat sie ihr Gejammer vergessen und ist wieder obenauf. Dann ist da auch keine Rede mehr davon, dass sie die schlechteste Lehrerin der Welt sei.

Wahrscheinlich fühlt sich jeder Lehrer ab und zu so. Wahrscheinlich hat jeder ein paar gruselige Highlights von richtig schlimmen Erlebnissen in seiner Berufsbiographie. Und ich meine hier schlimmere Sachen als eine verdrehte Kontonummer. Mit einem wohligen Schauder denke ich ab und zu an diese Stunden zurück. Heute würde ich in vielen dieser Situationen ganz anders reagieren. Daran kann man sehen, dass man im Lauf der Zeit dazulernt.

Das Gemeine an diesen Horrorstunden ist, man sieht sie nicht kommen. Vielleicht ist man ein bisschen krank oder müde oder einfach nicht gut drauf, aber eigentlich können dir auch an deinen Top-Tagen richtige Scheißaktionen passieren.

Als ich an meiner Schule anfing, unterrichtete ich eine 8. Klasse in Englisch. Die Klasse war schwierig, fand ich. War sie vielleicht gar nicht, aber ich kam nicht besonders gut klar mit ihr. Jeden Freitagnachmittag Englischunterricht. Fast alle Kollegen waren bereits im Wochenende, und ich trottete um kurz nach drei in den dritten Stock hoch zu dieser doofen 8. Klasse. Einige Schüler pflegten eine offene Feindschaft mit mir, andere taten so, als wäre ich gar nicht da.

Ich ging nicht gerne in diese Klasse, wusste aber auch nicht, wie ich unser Verhältnis hätte verbessern können. Damals ging es mir um das reine Überleben. Ich schleppte mich von Unterricht zu Unterricht und nachmittags nach Hause. Meine Erwartungen hatte ich heruntergeschraubt. Keiner gestorben: Stundenziel erreicht. Glücklich war ich damit nicht, aber es ging auch nicht anders.

Eines Freitags stehe ich vorne am Lehrerpult und sortiere meine Unterlagen. Es hat noch nicht geklingelt, und die Schüler trudeln lustlos in den Raum.

Firat kommt besonders schlechtgelaunt rein und schleudert seinen Rucksack auf den Tisch links neben mir. Dann folgt Rufus, steuert genau auf Firats Tisch zu und schmeißt Firats Rucksack auf den Boden.

Firat springt auf. »Hier sitze ich, du Hurensohn.«

»Was Hurensohn? Das ist mein Platz!«, schreit Rufus und geht ihm an die Gurgel. Firat schreit auch: »Was dein Platz? Gar nicht dein Platz!!! Ich sitze immer hier!«

Firat ist schon ziemlich groß für die 8. Klasse, aber Rufus sieht aus wie sein eigener Vater. Der jahrelang im Fitnessstudio Gewichte gestemmt hat. Die beiden schreien sich an und rangeln durch den Raum. Alle Schüler springen von ihren Stühlen, um nicht von den sich durch die Gegend schubsenden Körpern getroffen zu werden.

Und was mache ich? Gar nichts. Ich stehe vorne und beobachte die beiden. Ich denke: »Ach, nö, bitte nicht. Die sollen aufhören. Bitte!« Mittlerweile sind sie hinten am Fenster. Sie schlagen sich immer noch, und plötzlich holt Rufus mit Wucht aus und haut seine Faust mit voller Kraft in die Fensterscheibe. Er zieht sie sofort wieder zurück. Alle sind erstarrt. Totenstille. Rufus guckt auf seine Hand. Blut. Überall ist Blut. Die Fensterscheibe ist kaputt, und überall ist Blut. Omar springt auf und rennt zu seinem Freund Rufus, schiebt ihn vorsichtig zur Tür.

»Bring ihn bitte ins Sekretariat«, rufe ich ihm unnötigerweise nach. Ich weiß immer noch nicht, was ich machen soll. Englischunterricht? Die Schüler starren mich an. Ich starre die Schüler an. Wie konnte das passieren?

Nach ein paar Minuten erscheint der Hausmeister in der Tür. »Frau Freitag, was ist passiert?«

»Äh, also das Fenster ist kaputt. Haben Sie Rufus getroffen?«

»Nein, ich bin der Blutspur gefolgt.«

Ich kann mich nicht daran erinnern, ob ich noch Unterricht gemacht habe. Wahrscheinlich schon. Wäre typisch gewesen für mein damaliges Ich. An was ich mich erinnern kann, ist, dass ich noch stundenlang die Unfallanzeige ausfüllen musste und erst sehr spät nach Hause kam. Das alles wegen so eines dummen Sitzplatzgerangels. Heute würde mir das nicht mehr passieren.

Bei Streits um einen Sitzplatz gibt es eigentlich viel bessere Lösungswege als einen Kampf, bei dem am Ende die Fensterscheibe zertrümmert wird, weil man zeigen muss, wie sauer man ist.

- »Rufus, Firat war zuerst da, also sucht er sich den Platz aus.«
- »Rufus, du setzt dich jetzt erst mal auf einen anderen Platz, und nächste Woche tauschen wir.«
- »Firat, das stimmt, dass Rufus immer da sitzt, also setz dich jetzt bitte woanders hin.«
- »Firat, Rufus sitzt da sonst immer. Rufus, wie wäre es, wenn du dich erst mal woanders hinsetzt und ihr nach der Hälfte der Stunde tauscht.«
- »Rufus, setz dich da drüben hin. Hier bestimme ich die Sitzordnung.«
- »Wollen wir das auslosen?«
- »Rufus, setz dich doch einfach neben Firat. Da ist noch Platz, und nehmt jetzt bitte beide eure Rucksäcke vom Tisch. Gut, Firat, deiner ist ja schon unten.«

Heute würde ich viel früher eingreifen. Aber damals war ich wie gelähmt. So ging es mir ständig am Anfang. Man ist solche Situationen einfach nicht gewohnt und total überrascht, wie so ein simpler kleiner Streit zu einer derartig heftigen körperlichen Auseinandersetzung eskalieren kann.

Aber ich war nicht nur der unwissende Lehrer, ich war in manchen Gruppen auch ziemlich lange ein richtiger Opferlehrer. Der Opferlehrer hat nicht nur die Klasse nicht im Griff, nein, er hat so lange versäumt, sich durchzusetzen, dass die Schüler in seinem Unterricht das Kommando übernommen haben und ihm zeigen, wo es langgeht.

Die Schüler hatten schnell gemerkt, dass sich Frau Freitag nicht wehren kann oder nicht wehren will. Darum dachten sie sich immer gemeinere Sachen aus, um meinen Unterricht zu stören. Eigentlich waren alle Aktionen die immer gleiche Message an mich: »Setzen Sie sich einfach mal durch! Sie sind doch die Lehrerin!«

Ich erinnere mich an eine Kunststunde in einer schwierigen 9. Klasse. Draußen hatte es geschneit, und ich war schon den ganzen Tag genervt, weil die Schüler mit ihren nassen Handschuhen Pfützen auf den Tischen hinterließen. Wenn es schneit, können sie sich sowieso nicht mehr konzentrieren, da sie sich auf dem Hof gegenseitig einseifen, Schneeballschlachten veranstalten und immer einer heult oder blutet, weil jemand Steine in seinen Schneeball gepackt hat.

Und immer kommt jemand mit ein bis zwei Schneebällen in den Raum und schmeißt die durch die Gegend. Mindestens einmal in der Stunde reißen ein paar Idioten die Tür auf und werfen Schnee in den Raum. Es ist wirklich schrecklich. Aber normalerweise kann man mit dem Unterricht anfangen, wenn alle ihre Schneebälle geschmissen haben. Nicht so an diesem einen Tag in der Neunten. Ich drehte mich zur Tafel. Patsch! Ein Schneeball landete neben mir. Dann noch einer und noch einer. Jedes Mal, wenn ich der Klasse den Rücken zudrehte, flog wieder einer nach vorne. Ich war völlig verwirrt, wo die ganzen Schneebälle herkamen. Ich guckte zu den Fenstern. Wahrscheinlich haben sie den Schnee vom Fensterbrett. Aber die Fenster waren zu. Ich habe bis zum Schluss der Stunde nicht mitbekommen, dass die Schüler Plastiktüten voller Schnee mit in meinen Unterricht gebracht haben. Opferlehrer halt.

Heute würde ich mich in so einer Situation nicht mehr dauernd umdrehen. Ich würde durch den Raum gehen, dann hätte ich die Tüten auch schnell gefunden. Wenn heute etwas nach vorne fliegt, während ich an die Tafel schreibe, drehe ich der Klasse nicht mehr den Rücken zu. Dann wird diktiert. In meinem Opferlehrerstatus bin ich oft beworfen worden. Jedes Mal habe ich mich ganz schnell umgedreht und versucht zu sehen, wer geworfen hat. Natürlich bekam ich das nie raus. Und ich Depp drehte mich dann wieder um. Dieses Spiel kann eine ganze Stunde füllen.

In einer Vertretungsstunde haben mich Schüler mit den wasserspeichernden Steinen aus den Blumentöpfen beworfen. In einer Klasse haben sie alles im Chor wiederholt, was ich gesagt habe. Einmal kam ich in die Klasse, da waren alle Stühle und Tische in der Mitte des Raumes übereinandergestapelt.

In der schlimmen Neunten hörte ich einen Schüler sagen: »Nee, schmeiß mal nicht die Böller in Kunst. Lass uns die mal für Geschichte aufheben.« Darüber habe ich mich gefreut. Ich habe mich gefreut, dass es einen Lehrer gibt, der in den Augen der Klasse ein noch krasserer Opferlehrer war als ich. Super, mich bewerfen sie nur mit Stiften. In Geschichte fliegen dann die Böller.

Es war eine schreckliche Zeit. Trotzdem habe ich mir jeden Tag gesagt, dass ich da rauskomme. Ich habe lange Briefe an die Klassenlehrer geschrieben. Ich habe in dem Vertretungsunterricht, in dem die Blumentopfteile auf mich flogen, den Raum verlassen, mich auf dem Absatz umgedreht, als ich meine verwüstete Klasse sah, und mir Hilfe aus dem Lehrerzimmer geholt. Die Klassenlehrerin hat ihre Klasse dann zusammengestaucht.

Verharrt nicht in eurem Opferlehrerstatus. Man kommt da wieder raus! Holt euch Hilfe! Sprecht mit den Klassenlehrern, mit den Kollegen, mit der Schulleitung, mit den Eltern, mit den Schülern. Irgendwann wird es besser. Irgendwann wurde ich nicht mehr beworfen.

Mach nicht so! –
Über Unterrichtsstörungen

Auch wenn man keine Schneeballschlacht im Klassenraum hat und keine Stifte auf dich fliegen, gibt es Dinge, die den geregelten Ablauf deines Unterrichts stören.

Ernst ruft an. »Hi!«

»Hallo, Ernst, wie geht's? Was macht dein Geschichtsunterricht.«

»Heute ist was Komisches passiert. Ich wollte einen Test schreiben ...«

»Oh, ein Test, sehr gut!«

»Ja, aber als ich den Test gerade austeilen wollte, da meldet sich Daniela und sagt: ›Herr Soundso, Geschichte hat doch mit der Vergangenheit zu tun, oder?‹ Ich sage: ›Ja.‹ Und sie dann: ›Aber uns wird doch immer gesagt, wir sollen uns mit unserer Zukunft beschäftigen. Warum müssen wir denn dann Geschichte lernen?‹«

Ich warte. Ernst sagt nichts mehr. »Na, da hatte Daniela aber einen interessanten Gedanken. Was hast du denn da gesagt?«

»Ich war völlig verwirrt. Und hab ihr erklärt, warum Geschichte ...«

»Ernst! Du bist doch nicht etwa ernsthaft auf dieses plumpe Ablenkungsmanöver eingegangen? Diese Daniela wollte Zeit schinden, damit sie den Test nicht schreiben muss. Auf solche Fragen gibt es nur eine Antwort. Da sagst du: ›Das ist eine sehr spannende Frage. Leider haben wir jetzt keine Zeit darüber zu sprechen. Ihr sollt ja den Test schreiben. Aber bleib doch nach der Stunde kurz hier, dann kann ich dir erklären, warum Geschichte doch wichtig ist.‹ Oder noch besser: ›Mach doch zu diesem Thema zur nächsten

Stunde ein Referat. Ich bin sicher, du wirst bei der Erarbeitung selbst herausfinden, dass Geschichte nicht ganz unerheblich für die Zukunft ist.‹«

Schüler versuchen oft, den Lehrer mit Fragen abzulenken. Man kann darauf eingehen und seinen geplanten Unterricht hintanstellen, allerdings sollte man erkennen, ob diese Fragen wirklich aus Interesse gestellt wurden oder ob sie nur der Vermeidung von Unterricht dienen.

»Warum müssen wir das lernen?« Diese Frage lässt sich meistens mit einem Satz beantworten. Für »Erzählen Sie mal von früher« braucht man schon länger. Man will auf keinen Fall so ein Lehrer werden, den man mit einer Frage dazu bringt, die ganze Stunde lang zu erzählen. Ich habe in meiner Schulzeit sehr wenig Erdkunde gelernt, weil wir Herrn Gregor immer dazu brachten, vom Krieg zu erzählen. Dabei konnten wir uns dann zurücklehnen und wegdösen.

Pack das weg! –
Noch mehr Unterrichtsstörungen

Nicht alles, was ich als störend empfinde, stört jeden Lehrer. Herr Gregor hat wahrscheinlich lieber vom Krieg erzählt, als Erdkunde zu unterrichten. Was einen persönlich stört, findet man wahrscheinlich ziemlich schnell heraus. Es sind die Dinge, die einem negativ auffallen und deretwegen man den Unterrichtsablauf unterbricht.

Der Raum

Ich fange meinen Unterricht zum Beispiel gar nicht erst an, wenn die Tische nicht gerade stehen und im Raum überall Papier liegt. Sobald man in einer Klasse ein paarmal vor dem Unterrichtsbeginn penibel die Tische ausgerichtet hat, machen die Schüler das irgendwann von selbst. »Hamid, dein Tisch! Günther, unter deinem Stuhl liegt Papier. Hier ist der Mülleimer.« Dann kommt natürlich von Günther: »Hab ich aber nicht da hingeworfen.« Dann kann man sagen: »Ich auch nicht.« Bei manchen Schülern hilft ein »Bitte wirf es trotzdem weg« oder ein weinerliches »Mein Herz weint, wenn der Raum so schmutzig ist«. Schüler, die Papier oder Radiergummifetzen durch die Gegend schmeißen, müssen natürlich nach der Stunde den Raum fegen. Dazu sollte man allerdings mindestens einen beim Werfen beobachtet haben. In sehr schmutzigen Klassen stelle ich mich am Ende der Stunde mit dem Papierkorb an die Tür, und jeder muss etwas wegwerfen, bevor er rausgeht. Viele Hände – schnelles Ende!

Kontrollier am besten vor der Stunde, ob die Tische bemalt sind, und am Ende auch noch mal. Wenn ein Tisch bekritzelt ist und das Geschmiere nicht sofort entfernt wird, dann ist der Tisch bald komplett vollgemalt. Die Schüler sehen eine Zeichnung auf dem Tisch als Einladung oder sogar als Aufforderung, sich ebenfalls zu verewigen, das kennt man ja von der Broken-Windows-Theorie: Ein harmloser Vorfall führt zu totaler Verwahrlosung. Ich finde, jeder Lehrer muss dafür sorgen, dass der Raum ordentlich verlassen wird. Die Tafel sollte gewischt sein, die Stühle an den Tischen stehen, der Boden papierfrei und die Tische nicht vollgeschmiert sein. Wenn der Lehrer nicht alles selbst machen will, dann muss er oder sie dafür sorgen, dass die Schüler es am Stundenende tun. Nach meinem Kunstunterricht lasse ich immer einen Handfeger und einen Schwamm rumgehen, und jeder muss seinen Tisch saubermachen. Ich hasse Radiergummikrümel auf den Tischen, die Schüler mögen das auch nicht. Also, wenn die Schüler in deinem Unterricht radieren, musst du dafür sorgen, dass die Fitzel wieder verschwinden. Wir Lehrer finden auch schnell heraus, wer den Kunstraum immer so saumäßig hinterlässt oder im Chemieraum nie die Tafel wischt.

Die Mützen und die Jacken

Okay, der Raum ist also sauber. Die Tische stehen gut und sind nicht bemalt. Dann kommen die Schüler. Ich finde es selbstverständlich, dass man in einem Unterrichtsraum seine Jacke auszieht und die Mütze absetzt. Die meisten Schüler sind da anderer Meinung. Ich kenne aber auch Kollegen, denen ist das völlig egal, ob ihnen jemand in Daunenjacke mit Kapuze auf dem Kopf gegenübersitzt. Wenn im Fernsehen Unterricht gezeigt wird, also ein Kamerateam eine Klasse filmt, sieht man nicht nur total oft, dass die Schüler ihre Jacken anhaben und Mützen tragen, sondern auch, dass die Stühle an den nicht besetzten Plätzen hochgestellt sind. Ich denke sofort: »Schlechter Lehrer! Jacken aus! Mützen ab! Stühle runter! So kann man doch keinen Unterricht machen!«

Aber einen Schüler dazu zu bewegen, die Jacke auszuziehen, kann in einen wahren Machtkampf ausarten. Diesen Machtkampf muss der Lehrer unbedingt gewinnen. Ich erinnere mich mit Schaudern an den Jackenkrieg mit Hamsa, Enes und Kufa aus der 8. Klasse.

Ich beginne den Unterricht wie immer: »So, guten Morgen. Enes, Hamsa, Kufa, zieht bitte eure Jacken aus, und holt die Bücher und Workbooks raus. Ich werde jetzt erst mal kontrollieren, wer sein Arbeitsmaterial dabeihat. Fatma, okay, Halid, okay, Sandy, okay, Kufa – kein Buch, ach so, okay, also doch ein Buch, Enes, okay,

Hamsa, wo ist dein Buch? – Aha. Jetzt soll bitte Kufa noch mal sein Buch hochhalten und Enes auch. Aha, ein Buch, und das gehört euch dreien, ja? Okay, Kufa und Hamsa also ohne Buch. Hamsa, zieh jetzt bitte deine Jacke aus. Ich habe das gerade schon gesagt.«

»Aber mir ist kalt.«

In meinem Raum sind bestimmt 30 Grad. Alle Heizungen laufen auf voller Pulle.

»Hier ist es nicht kalt. Zieh die Jacke aus.«

»Aber ich habe nur eine Weste drunter. Mir ist kalt.«

Jetzt mischt sich Enes ein: »Er muss die Jacke nicht ausziehen.«

»Ach, muss er nicht, ja?«

»Nee, muss er nicht.«

»Enes, das geht dich doch jetzt gar nichts an. Hamsa, zieh die Jacke aus!«

Hamsa bewegt sich nicht. Er bleibt in seiner Jacke hocken und grinst siegessicher. Das sieht Kufa, den ich mit Müh und Not dazu bringen konnte, sich nicht neben Hamsa zu setzen. Kufa hatte seine Jacke bereits ausgezogen und über den Stuhl gehängt. Jetzt nimmt er sie, grinst und zieht sie wieder an. Das ist ja wohl die Höhe! Na wartet, ihr Bürschchen. Nicht mit mir. Ihr wollt Krieg? Könnt ihr haben! In der Pause setzte ich mich an den Computer:

… leider muss ich Ihnen mitteilen, dass Ihr Sohn Hamsa sich äußerst respektlos und anmaßend mir gegenüber benimmt … Blabla. Wenn sich das nicht sofort verbessert, sehe ich mich gezwungen, Sie zu einem persönlichen Gespräch …

Mit freundlichen Grüßen …

Schnell kopiert, die Kopien in die Schülerakten geheftet und die Originale weggeschickt. Später sehe ich Hamsa und Kufa auf dem Hof. Im Vorbeigehen sage ich, dass ich ihre Eltern informieren werde.

»Oh nein, bitte, letzte Chance, bitte.« Kufa windet sich vor mir. »Bitte, wenn ich in der nächsten Stunde, ich verspreche Ihnen ...«

Pah, ich gehe einfach weiter. Wollen wir doch mal sehen, wer hier wen fertigmacht und wer am Ende die Jacke anbehält.

Hamsa und Kufa wollten mich eindeutig provozieren. Aber nicht jeder Schüler, der im Unterricht seine Jacke anbehält, will sich mit dem Lehrer anlegen. Um angemessen reagieren zu können, sollte man vorher wissen, mit welcher Art von Ich-sitz-hier-mit-Jacke-Schüler man es zu tun hat.

1. Es ist kalt in dem Raum, und der Schüler friert.
2. Ein Schüler oder eine Schülerin schämt sich seiner oder ihrer Körpermaße und möchte diese möglichst flächendeckend verhüllen, da er oder sie sich nicht unsichtbar machen kann.
3. Der Schüler ist so stolz auf die Jacke, dass er möchte, dass jeder sie die ganze Stunde lang sieht.
4. Das Jackeausziehen ist dem Schüler zu anstrengend.
5. Der Schüler denkt, dass der Unterricht schneller vergeht, wenn er die Jacke anbehält.
6. Die Jacke ist so warm, dass der Schüler darunter nur ein T-Shirt trägt und ohne frieren würde. (Hier hilft ein Telefonat mit den Erziehungsberechtigten, in dem man sie bittet, ihrem Kind meteorologisch angemessene Kleidung rauszulegen. Man kann dem Schüler auch anbieten, ihm einen Pullover mitzubringen. Am besten hat man schon einen Pulli dabei. Wird der Schüler auf keinen Fall anziehen, aber er wird seine Jacke ausziehen.)
7. Der Schüler wird von seinen Mitschülern geärgert und empfindet die Jacke als Schutz, als Panzer. Diese Schüler haben auch gerne ihre Sweatshirt-Kapuze auf.
8. Der Schüler weiß, der Lehrer möchte, dass jeder ohne Jacke im Raum sitzt. Deshalb lässt er die Jacke an, um die Aufmerksamkeit des Lehrers zu bekommen. Er möchte bewusst gegen

die Regel »Jacken ausziehen im Unterrichtsraum« verstoßen, weil er austesten möchte, was der Lehrer dann macht. Passiert nichts, kann er in der nächsten Stunde eine weitere Regel aushöhlen – im Unterricht essen und trinken, Musik hören oder mit dem Handy spielen.

Die Provokation mit dem »Jacke anbehalten« zu beginnen, ist keine dumme Idee, denn zunächst kann man sich ja auf ein kleines »Mir ist aber kalt«-Geplänkel mit dem Lehrer einlassen. Holt man gleich das Handy raus, verstößt man zu offensichtlich gegen die Regeln.
Mit etwas Unterrichtserfahrung erkennt man schnell, zu welchem Jackeanbehalter-Typus ein Schüler gehört. Die dünnen Stoffmäntelchen der dickeren Mädchen übersehe ich auch oft, da ist schon klar, dass die das Hüftgold verstecken sollen.

»Frau Freitag, wir wissen schon, warum Sie wollen, dass wir die Jacken ausziehen.«
»Ach wirklich, Dilay? Warum denn?«
»Weil wir uns sonst draußen erkälten.«
Diese Begründung höre ich immer wieder. Wahrscheinlich sagt man das zu den Kindern in den Grundschulen, oder sie hören das von ihren Eltern.
»Nein, Dilay. Mir persönlich ist es eigentlich völlig egal, ob du dich erkältest. Ich möchte euch nicht in Jacken sehen, weil es ungemütlich aussieht, wie auf der Durchreise. Ich denke dann, wir sind in der U-Bahn. Als würdet ihr gleich wieder gehen. Ach, ich bin sowieso gleich wieder weg. Da muss ich mir erst gar nicht die Jacke ausziehen.«
Irgendwann werde ich mal in voller Schülermontur meinen Unterricht beginnen. Mütze auf, Jacke an, Handschuhe, billige Kopfhörer, aus denen laute Musik zu hören ist, Rucksack auf dem

Rücken, Chipstüte in der einen und 1,5 Liter Eistee Pfirsich in der anderen Hand. Dann sollen die mir mal sagen, ob sie das nicht auch ungemütlich finden. Ach so, und wenn sie mich ansprechen, dann fummle ich natürlich erst an meinem Handy rum, bevor ich ihnen antworte.

Das Handy

Oh Gott, das Handy! *Unterrichtsstörungen durch das Mobiltelefon* sollte ein Pflichtseminar in jedem Lehramtsstudium sein. Wie leicht muss das Unterrichten früher gewesen sein. Zauberwürfel und Jojos haben ja bestimmt nie so doll genervt wie Handys. Ich frage mich immer, mit wem meine Schüler während des Unterrichts chatten. Sind das Schüler aus anderen Klassen? Ihre arbeitslosen Freunde, Fremde, Leute aus einer anderen Zeitzone, in der vormittags schon nachmittags ist? Jede Schule hat ihre eigenen Bestimmungen in Bezug auf die Handynutzung. Die sollte man auf jeden Fall kennen und sich daran halten. Interessant ist immer wieder, wie lebendig die Schüler werden, wenn man ihnen das Handy abnimmt. Sie kommen mir dann vor wie Drogensüchtige, denen man die Nadel aus dem Arm zieht. Das einzig Gute an den Handys in der Schule ist: Man kann sie den Schülern abnehmen. Danach macht der Schüler alles, wirklich alles, was man von ihm verlangt, um es zurückzubekommen.

Vielleicht sind Handys doch keine so schlechte Erfindung. WhatsApp hilft dem Klassenlehrer zum Beispiel, mit den Schülern in Kontakt zu bleiben. Nicht nur, wenn man beim Wandertag auf sie wartet oder wenn sie morgens nicht zum Unterricht erscheinen. Kleine Konflikte lassen sich durch eine SMS schnell klären. Terminverschiebungen kann man mit ein paar Klicks bekanntgeben. Man kann per Handy sogar außerhalb der Schule pädagogisch tätig sein. Bei Onur zum Beispiel.

Onur, ein Schüler meiner Klasse, ist seit ein paar Wochen auf Probe an einer anderen Schule. Dorthin ging er auf eigenen Wunsch, aber ich muss zugeben, ich war nicht unfroh über seine Entscheidung. Onur ist emotional ein Baby, das viel Zuwendung braucht. Bekommt er die nicht, wird er bockig und stänkert rum. Ich kam eigentlich immer ganz gut mit ihm aus – solange ich ihm die richtige Dosis Zuwendung verabreichte. Herzlos, wie ich bin, hätte ich Onur schon längst vergessen, wenn er sich nicht in regelmäßigen Abständen bei mir melden würde. Er stand schon mehrmals einfach so vor meinem Klassenraum und schreibt mir immer wieder bei WhatsApp kleine Nachrichten. Meistens postet er dann Fotos von Ausflügen mit der neuen Klasse. Im Museum, beim Schwimmen oder so wie gestern: beim Bowlen. Ich schreibe mit ironisch zwinkerndem Smiley zurück: »Lernt ihr auch irgendetwas Sinnvolles?« Er informiert mich, dass er in Englisch eine Eins oder Zwei geschrieben hat und jetzt immer alles versteht. Ich wundere mich – nicht zum ersten Mal –, dass es anscheinend möglich ist, den Unterrichtsstoff und die Anforderungen noch tiefer zu schrauben, als ich es ohnehin schon tue.

Ich schreibe: Schön.

Eigentlich sollte unsere Konversation damit erledigt sein. Ist sie aber nicht.

Er schreibt: Aber gestern war scheiße. So ein Typ in meine Klasse hat meine Jack-Wolfskin-Jacke schmutzig gemacht und ich habe gesagt mach sauber und er meinte mir nein und ich meinte mach sauber und er sagt nein und ich sage fünfzig Mal mach sauber aber er macht nicht und ich dann Bombe in sein Gesicht und er sah aus wie Hund und jetzt weiß ich nicht ob ich fliege oder nur Verwarnung kriege weil eigentlich gefällt mir hier die schule.

So. Was sagt man dazu? Was soll darauf antworten? Die gute Pädagogin würde eine schöne pädagogisch durchtränkte Message gegen Gewalt ablassen und dem armen Onur trotzdem die Daumen drücken, dass er hoffentlich noch eine letzte Chance erhalten wird. Die mittelmäßige Pädagogin würde sich vielleicht nach dem Verschmutzungsgrad der Jacke erkundigen und nachfragen, ob Schläge die Jacke gesäubert haben, sowie vielleicht noch Konfliktlösungen aus dem verbalen Spektrum vorschlagen. Der Normalmensch würde nachfragen, wie sich Onur immer so teure Sachen wie eine Jack-Wolfskin-Jacke leisten kann.

Frau Freitag schreibt: Ich hoffe, du bekommst eine Anzeige. Dann warte ich ein paar Sekunden und schreibe: Gewalt ist nie gut, das musst du lernen!

Das ist meine Meinung, und die kann er ruhig mal hören! Onur hatte wohl mit eher aufmunternden Worten gerechnet, schließlich gefällt es ihm an der Schule, er schreibt doch jetzt gute Noten und will dortbleiben.

Er antwortet: wie hässlich, und sie waren meine Lehrerin. Das hätte ich nicht von Ihnen gedacht. Löschen Sie meine Nummer!

Ohne Handy hätte es diese besondere Art der pädagogisch-paradoxen Intervention vielleicht nicht gegeben. Man kann zum Handy stehen, wie man will, es wird noch lange dauern, bis es aus der Mode kommt. Selbst wenn es an Attraktivität verlieren sollte, bleiben noch genügend andere unterrichtsferne Dinge, mit denen die Schüler den reibungslosen Ablauf einer Stunde stören können.

Essen und Trinken

Eigentlich sollen die Schüler in den Pausen essen und trinken. Das wissen sie auch, machen es aber nicht. Klingelt es nach der Hofpause, kommen die Kinder in den Raum, setzen sich hin und holen als Erstes ihr Frühstück raus. Wenn ich dann frage, warum sie nicht in der Pause gegessen haben, antworten sie, dass sie da keine Zeit hatten. Sieht man sich die Schüler auf dem Hof so an, dann versteht man auch, warum. Die Siebtklässler sind damit beschäftigt, sich zu jagen oder über den Boden zu rollen, die Älteren laufen Arm in Arm am jeweils anderen Geschlecht vorbei, da möchte man nicht als Junge und schon gar nicht als Mädchen mit einem belegten Brötchen gesehen werden. Was tut man nun mit diesen ausgehungerten Schülern zu Beginn des Unterrichts? Ich lasse sie meistens noch ein bisschen essen und trinken, während ich meine Materialien sortiere und die Anwesenheit der Schüler festhalte. Dann sage ich, sie können alle noch einmal abbeißen und ihr Essen dann in den Taschen verstauen. Das klappt eigentlich ganz gut.

Was mich hingegen wirklich stört, sind die Schüler, die kurz nach dem Klingeln mit Brötchen oder Börek aus der Cafeteria kommen und meinen, sie könnten jetzt gemütlich in meinem Unterricht ihre Mahlzeit verzehren. Das erlaube ich nicht. Das Essen muss bei mir abgegeben oder vor der Tür aufgegessen werden. Dann kommen sie allerdings zu spät. Ihre Entscheidung. Besonders interessant wird es, wenn die Schüler mit Lebensmitteln kommen, die sie weder von zu Hause mitgebracht noch in der Cafeteria gekauft haben. Man weiß ja, was es da zu kaufen gibt. Im Sommer handelt es sich meistens um Eis. Das Schulgelände verlassen dürfen unsere Schüler nicht. Wo kommt also das exotische Essen oder Trinken her? Da regen sich sofort meine Detektivgene.

Kunst, 7. Klasse. Es klingelt. Vier Jungen fehlen. »Wo sind Mustafa, Farid, Emre und Fuat?«

»Die sind eigentlich da«, sagt Tarik.

»Na, ich mache schnell die Anwesenheit, und dann legen wir los.«

»Aber wir sind doch da!«, empört sich Tarik.

»Ich schreib euch ja auch nicht auf, sondern die, die fehlen.«

Gesagt – getan. Dann fangen wir an. Sie pinseln. Ich gehe rum und gebe meinen Senf dazu. Plötzlich geht die Tür auf. Es ist Emre. »Warte bitte draußen, Emre, ich hol dich gleich rein«, sage ich und lasse ihn erst mal ein bisschen zappeln. Meistens sind Zuspätkommende abgehetzt und aufgedreht. Deshalb ist es immer gut, sie vor der Tür warten zu lassen. Außerdem bestimmt immer noch der Lehrer, wann jemand Unpünktliches reinkommt.

»Emre, warum bist du zu spät?«, frage ich, nachdem Emre mir sein »Entschuldigungdassichzuspätbin« entgegengenuschelt hat.

»Ich wusste nicht, dass wir jetzt Kunst haben, weil ich dachte, wir haben Bio. Da war ich bei Bioraum, und da war keiner, und so weiter ...«

Ich zeige in den Raum mit den pinselnden Schülern. »Und woher wussten die alle, dass sie jetzt Kunst haben?«

»Keine Ahnung?« Er geht zu seinem Platz. Achtung: Immer darauf achten, dass es bei den Zuspätkommern keine großen Begrüßungsarien gibt. Die sollen nicht noch den großen Auftritt haben und wieder Unruhe in den Unterricht bringen.

Nach drei Minuten stehen Mustafa, Farid und Fuat in der Tür. Ich lasse sie ebenfalls draußen warten und gehe erst nach einer Weile zu ihnen. »Und wo wart ihr?« Fuat verstaut gerade eine Flasche Cola in seiner Tasche. Ich fasse die Flasche an. Kalt!

»Wir haben den Raum nicht gefunden. Wir äh ...«

»Die waren bei EDEKA!«, ruft Emre von drinnen.

»Stimmt das?«, frage ich streng.

»Nein!«, sagt Fuat.

Ich zeige auf die Cola-Flasche in seiner Tasche: »Und wo ist dann die Cola her?«

»Darf man sich nichts von zu Hause mitbringen?«, fragt Fuat empört. Ich gebe den Jungs zu verstehen, dass sie reinkommen und mit der Arbeit beginnen sollen. Mustafa zischt irgendwas zu Emre. Emre steht auf. Ich hatte ihn gebeten, Kreide aus dem Sekretariat zu holen. Während er zur Tür geht, zischt Mustafa noch irgendetwas. Vor der Tür ruft Emre: »Hurensohn!« BÄNG!

»HAT ER EBEN HURENSOHN GESAGT?«, schreit Mustafa, und alle nicken. »Okay! Er kriegt Schläge!«

»Mustafa!«, sage ich.

»Nein, Frau Freitag, ich schwöre, er kriegt Schläge nach Unterricht!« Wieder nicken alle. Denn Schläge nach Unterricht scheint die einzig mögliche Reaktion auf *Hurensohn* zu sein. Außer mir sind sich da alle einig. Ich setze mich zu Mustafa und frage leise: »Was ist denn los?«

»Frau Freitag, wir waren alle bei EDEKA. Emre auch. Warum verpetzt er uns? Ich halte immer zu ihm. Und jetzt macht er so. Und dann sagt er auch noch *Hurensohn*. Ich schwöre, nach der Stunde ...«

Emre kommt wieder. Stille. Er setzt sich und arbeitet. Kein Pieps von ihm. Die ganze Stunde lang. Das gab es noch nie. Normalerweise hält dich Emre die gesamten 45 Minuten auf Trab. Aber heute ist er »liebes Kind«. Er weiß, die Kacke ist am Dampfen. Kurz vorm Klingeln räumen wir auf.

»So, Emre und Mustafa, ihr bleibt bitte kurz hier.«

Mustafa will gehen, steht schon im Flur. »Mustafa, ich wollte dich auch noch was fragen.« Wollte ich zwar gar nicht, aber man kann schon mal ein bisschen tricksen. Die Neugier treibt ihn wieder rein. Wir setzen uns alle zusammen um einen Tisch. Dann der Klassiker: aktives Zuhören und spiegeln. Man hört genau hin, was ein Schüler sagt, und spiegelt das Gesagte in eigenen Worten. Immer enorm wirkungsvoll, denn es findet keine Wertung statt. Der Schüler fühlt sich verstanden. »Emre, weißt du, warum Mustafa sauer ist?« Mustafa sagt es ihm. Ich spiegele: »Und du fühlst dich jetzt verraten von Emre, weil du so oft im Unterricht zu ihm hältst.« Mustafa nickt. Es geht eine Weile hin und her. Jeder sagt, wie er sich fühlt, und am Ende kommt der Vorschlag, dass sich Emre bei Mustafa entschuldigen soll. Sie geben sich die Hand. Mustafa verspricht mir, dass er von Schlägen absieht. Beide gehen erleichtert in die Pause.

Ich denke: Hast du super gemacht, Frau Freitag. Krass, wie dieses Spiegeln immer hilft.

Den ganzen Tag sonne ich mich in dem Gefühl, sooo eine geile Lehrerin zu sein. Aber in der U-Bahn denke ich: Ja toll, jetzt haben sie sich wieder vertragen. Es gab keine Gewalt. Aber was ist mit EDEKA? Und was ist mit Fuat …? Der hat mich ja richtig dreist angelogen, da hätte ich doch was machen müssen. Die dürfen doch nicht zu EDEKA! Und Fuat sagt noch so frech, die Cola sei von zu Hause. Denkt der denn, ich bin total bescheuert? Die Flasche war richtig kalt. Hat der ein Kühlregal in seinem Rucksack, oder was? Und ich sag gar nichts dazu. Oh Mann, ich bin sooo schlecht. Ich bin wahrscheinlich die schlechteste Lehrerin ever!

Ich habe dann einfach den Klassenlehrer informiert: »Du, deine drei Spezialisten waren gestern in der Pause bei EDEKA.« Es dauert gar nicht lange, dem Klassenlehrer das Fehlverhalten seiner Schüler mitzuteilen. Er hat ja auch ganz andere pädagogische Möglichkeiten, die drei zu bestrafen, als ich popliger Kunstlehrer. Manchmal muss man einfach delegieren.

Schminke

Es gibt aber auch noch Schüler und Schülerinnen, die nicht zu spät kommen, nicht essen und trinken oder mit dem Handy spielen. Aber das heißt leider trotzdem nicht, dass die nicht den Unterricht stören. Die schminken sich oder machen irgendwelchen anderen Quatsch. Ich habe mir das Geschminke in den Klassen lange angeguckt und gedacht: Warum machen die das eigentlich hier. Ist doch irgendwie sehr intim, hier vor der ganzen Klasse die Wimpern mit der Wimpernzange hochzubiegen. Vor allem, weil die ungeküssten Jungs überhaupt nicht verstehen, was eine Wimpernzange ist. Irgendwann wurde mir schlagartig klar, dass die Mädchen ungeschminkt das Haus verlassen, weil sie sich wahrscheinlich nicht schminken dürfen. Und im Unterricht sehen ihre Eltern es ja nicht. Bevor es wieder heimwärts geht, wird alles abgewischt.

Zu den sich schminkenden Mädchen sage ich immer nur: »Hübsch genug, pack das jetzt weg!« Meistens tun sie das auch, holen dann aber beim Wegpacken heimlich ihr Handy oder irgendwelchen anderen Quatsch raus.

Gummibänder, Spuckröhrchen und Kürbiskerne

Dann gibt es noch die Modeerscheinungen, die plötzlich da sind, enorm nerven und genauso schnell wieder verschwinden. Spuckröhrchen, also der abgeschnittene Filzer, durch den dann angesabberte Papierkügelchen gepustet werden, gab es schon in meiner Schulzeit.

Ich erinnere mich, dass sich Marion irgendwann in Erdkunde meldete: »Herr Gregor, ich kann gar nichts mehr sehen.« Daraufhin schlurfte Herr Gregor zu dem alten Röhrenfernseher und schaltete ihn aus. Der gesamte Bildschirm war mit nassen Papierfetzen zugekleistert. Igitt! Wir fanden das total lustig. Als Lehrer bist du davon nur genervt. Genauso genervt bist du, wenn die Schüler mit Gummibändern Sachen durch den Raum schießen. Meistens sieht man nicht, wer das macht, und hört nur den Getroffenen aufschreien. Ich habe mich früher wahllos auf Schüler gestürzt und versucht, an die Gummibänder zu kommen. Selbst wenn man welche einsackt – die Dinger werden in Hunderterpackungen verkauft. Eigentlich hilft hier nur abwarten, bis die Schüler das Interesse verlieren. Beobachtet man jemanden beim

Schießen, dann natürlich drakonische Strafen verhängen, denn hier passt ja endlich mal der Satz: Das kann ins Auge gehen.

Leichter ist es da mit den Kürbiskernen. Die verbiete ich in meinem Raum. Wenn die Schüler sie trotzdem mitbringen, sage ich, dass derjenige, dem sie gehören, den gesamten Raum fegen muss. Die Teile sind so billig, dass man sie gerne mit allen Schülern der Klasse teilt. Jeder wird ein paar Schalen auf den Boden fallen lassen. Die alle wegzumachen, kann dauern. Deshalb sollte sich der Kürbiskernkäufer genau überlegen, ob es sich lohnt, die Dinger mit in den Unterricht zu bringen.

Briefchen

Weniger störend sind die Briefe schreibenden Mädchen. Ich sehe eigentlich immer nur Mädchen, die sich Briefchen hin- und herschicken. Oft sind das lange Konversationen, die einen gewissen Unterhaltungswert haben. Wenn es nur kleine Zettelchen sind, dann nehme ich sie den Mädchen ab, stecke sie in die Hosentasche und unterrichte weiter. Am Ende der Stunde haben sie ihre Briefchen vergessen. Ich finde die dann zu Hause und amüsiere mich. Mein Favorit war folgender – es ging wohl um einen Jungen, der sich despektierlich über ein Mädchen geäußert hatte, was ihr ihre Freundin dann schriftlich mitgeteilt hat. Jedenfalls schrieb das beleidigte Mädchen: »Er soll Spiegel gucken, wer hat Pferdefresse!« Natürlich sollte man als Lehrer das Briefeschreiben verbieten, denn die Schülerinnen sind dadurch sehr abgelenkt. Aber wenn dabei so schöne Poesie entsteht ...

»Wir müssen was klären« – Konflikt geht vor

Solange sich Mädchen nur Nachrichten hin- und herschreiben, ist die Welt noch in Ordnung. Viel schlimmer ist, wenn sie »was klären müssen«. Wenn Mädchen sich streiten, kannst du deinen Unterricht oder zumindest die Teilnahme der betroffenen Schülerinnen vergessen. »Wir müssen was klären« heißt immer Stress. Meistens weint eine, eine andere muss hinterher, dann müssen sie reden, alle anderen müssen informiert werden, danach muss geklärt werden, was die Bitch aus der Parallelklasse sich da einmischt, weil: wer denkt sie, wer sie ist – und dann kommen die Kusengs.

Es nützt gar nichts, die Mädchen dazu zu zwingen, in dieser Verfassung Unterricht zu machen. Natürlich muss man erst herausfinden, wer involviert ist. Die neugierigen Mitläufermädchen werden nicht vom Unterricht freigestellt. Jüngere Schülerinnen brauchen beim »Wir müssen was klären« Unterstützung von Erwachsenen. Ältere machen das alleine. Ich habe meinen Schülerinnen für so etwas schon dreißig Minuten Zeit meiner Kunststunde gegeben oder sie in der Mittagspause im Klassenraum gelassen. In der Regel klären die Mädchen ihren Streit ziemlich schnell, auch wenn alles am Anfang übelst dramatisch und die gesamte Schülerschaft involviert zu sein scheint. Mädchen machen halt keine halben Sachen. Und überhaupt, ich sag nur: Er soll Spiegel gucken, wer hat Pferdefresse!

Der Lehrer als Detektiv

Manchmal wird der Unterricht gestört, weil etwas kaputtgegangen oder gestohlen worden ist. Sagen wir, man kommt in eine Klasse, und das Fenster ist kaputt. Der Lehrer fragt: »Wer war das?« Die Schüler schweigen. Niemand traut sich, den Schuldigen zu benennen. Niemand will petzen. Nun gibt es verschiedene Möglichkeiten, vielleicht doch herauszubekommen, wer das Fenster kaputtgemacht hat. Man geht kurz vor die Tür. »Ich geh raus. Wenn ich wieder reinkomme, dann sagt ihr mir entweder, wer es war, oder jeder bezahlt einen Teil von dem neuen Fenster. Das kostet vielleicht 400 Euro, dann zahlt also jeder von euch ungefähr 15 Euro.« Damit lässt man die Klasse alleine. Kollektivstrafen sind nicht gerecht und, ich glaube, sogar verboten. Aber androhen sollte man sie schon, schließlich hat jeder die Möglichkeit zu sagen, wer die Fensterscheibe kaputtgemacht hat.

Wenn man verhindern möchte, dass Schüler von Mitschülern unter Druck gesetzt werden (»Wenn du was sagst – knallt's!«), dann kann man die Klasse auch bitten, genau aufzuschreiben, was passiert ist. Hier hat jeder einzelne Schüler die Möglichkeit anonym mitzuteilen, was er oder sie gesehen hat. Gerade bei Vandalismus oder Diebstahl fällt es den Schülern schwer, die Täter zu »verpetzen«. Trotzdem wird ihr Gerechtigkeitsempfinden gestört, sollte der Schuldige ungeschoren davonkommen. Selbst wenn die Schüler im Plenum nicht zugeben wollen, dass sie etwas gesehen haben, wollen viele von ihnen nicht, dass Regeln verletzt oder Straftaten begangen werden.

Als ich damals in meinem Opferlehrerstatus in den Klassenraum mit den aufeinandergetürmten Tischen und Stühlen kam, wusste ich überhaupt nicht, was ich machen sollte. Ich rannte ins Lehrerzimmer, um mir von einem erfahrenen Kollegen Hilfe zu holen. Dieser Kollege ging in die Klasse, sorgte dafür, dass die Schüler den Raum wieder herrichteten und schrieb drei Fragen an die Tafel: Was ist passiert? Was habe ich gemacht? Was habe ich gesehen?

Diese Fragen sollte jeder Schüler schriftlich beantworten. Ich kann mich gar nicht daran erinnern, wie die ganze Sache ausgegangen ist. Ich weiß nur noch, wie beeindruckt ich war, als ich wieder in den Raum kam und sah, dass alle Schüler ordentlich auf ihren Plätzen saßen und schrieben.

Als Lehrer bist du auch immer ein bisschen Sherlock Holmes. Wenn dir Detektivarbeit Spaß macht – umso besser. Du musst abschätzen können, ob Dilay wirklich während der gesamten Mathestunde schlecht war; die Unterschriften von Chanels Mutter auf den Entschuldigungszetteln mit denen auf dem Zeugnis oder in der Schülerakte vergleichen; herausfinden, wer in der Englischarbeit von wem abgeschrieben; wer bei der Schlägerei wirklich nur zugeguckt und nicht mitgemacht hat. Leider müssen wir bei solchen Ermittlungen auf DNA-Analysen verzichten. Aber man hat auch ohne professionelle Spurensicherungsteams die Möglichkeit, durch ein wenig Aufmerksamkeit die Schüler bei ihren kleinen und großen Vergehen zu erwischen. Mir macht das solchen Spaß, dass ich eigentlich überall einen zu klärenden Kriminalfall wittere.

»Frau Freitag, Hamid war heute eine halbe Stunde zu spät in Mathe«, sagt Frau Schwalle und guckt mich böse an.
»Ich hab aber pünktlich Schluss gemacht.«
»Er sagt, dass er zum Schulleiter musste, wegen einer Zeugenaussage.«
»Zeugenaussage?«, frage ich, um Zeit zu gewinnen. Frau Schwalle nickt.

Am Freitag hatte es bei uns in der Schule wieder einen kleinen Anschlag gegeben. Irgendwelche Idioten haben mit dem Feuerlöscher Unsinn gemacht. Also den Feuerlöscher unsachgemäß verwendet. Sprich: kein Feuer gelöscht. Stellt sich die Frage, ob erst Feuer machen, um dann den Feuerlöscher zu benutzen, besser gewesen wäre. Ich würde sagen: nein.

Kurz bevor ich nach Hause gehen will, sehe ich den Schulleiter im Sekretariat. Sofort schickt meine Inspektor-Drüse Hormone und allerlei Botenstoffe durch meinen gesamten Körper. Message an den Aktivitätsauslöser: nachprüfen … nachprüfen … nachprüfen!

»Entschuldigung, Herr Schulleiter, ich hätte da mal eine Frage.« – »Ja, was denn, Frau Freitag?« – »Sie haben doch heute Schüler befragt zu dem Vorfall mit dem Feuerlöscher, oder?« – »Ja, hab ich.« Mental-Note an die individuelle Verbesserungszentrale: Ich muss mal lernen, meine Fragen und Anliegen besser zu formulieren. Ich stottere immer viel zu viel rum. »Äh, ja, also, ich wollte nur fragen, ob da auch Hamid aus meiner Klasse dabei war.« Der Schulleiter denkt kurz nach. Mental-Note: Einfach mal nach Fragen kurz nachdenken kommt gut. Mal ausprobieren! Dann schüttelt er den Kopf: »Nein, da waren ein Mustafa, ein Kevin und ein Osman. Kein Hamid.« – »Aha! Danke. Ich wollte das nur wissen, weil Hamid gesagt hat, dass er bei Ihnen war, und dann ist er 30 Minuten zu spät in den Unterricht von Frau …« Der Schulleiter rollt leicht genervt mit den Augen. Mental-Note: Manchmal muss man nicht alles erklären.

Nachhauseweg. Die U-Bahn kommt nicht. Ich nehme mein Handy. WhatsApp fetzt.

Ich tippe: Hamid, warum warst du zu spät bei Frau Schwalle?

Pling!

Hamid: Polizei hat mich angerufen.

Ich: Und was wollten die?

Pling!

Hamid: Wollten reden wegen der Sache.

Die Sache (eine kleine Körperverletzung) ist eine sich seit Monaten hinziehende Zeugenaussage, die Hamid nicht tätigen kann, weil der Angeklagte nie erscheint. Hamid findet das auch nicht weiter schlimm, weil er jedes Mal 20 Euro bekommt. Jetzt rufen die Hamid also an, weil sie reden wollen. Kann sein, muss aber nicht. Ich glaube, das ist ein eindeutiger Fall für die SPUSI!

Ich: Hamid, geh morgen zu Frau Schwalle und zeig ihr dein Handy-Telefonprotokoll. Da steht ja drin, wann die dich angerufen haben und wie lange du mit denen telefoniert hast.

Pling! Mental-Note: Ruhig mal den Ton abstellen in der U-Bahn.

Hamid: Bei iPhone gibt es so was nicht.

Ich: ?????

Na, ob das stimmt? Sofort verschicke ich an fünf iPhone-Besitzer eine SMS und führe mit zwei von ihnen noch technische Gespräche. Ergebnis: So was gibt es beim iPhone sehr wohl.
Ich: Hamid, doch gibt es. Können wir morgen gucken?
Pling!
Hamid: O. k.
Ich: O. k.

Natürlich hatte ihn die Polizei gar nicht angerufen. Hamid gab zu, dass er in der Pause bei EDEKA war und deshalb zu spät in Frau Schwalles Unterricht gekommen ist. Er entschuldigte sich kleinlaut, und Inspektor Freitag freute sich noch den ganzen Tag.

Beleidigungen

Körperliche Auseinandersetzungen zwischen den Schülern sind schlimm. Aber sie kommen eigentlich gar nicht so oft vor. Was in manchen Lerngruppen allerdings schon fast zur Normalität gehört, sind der raue Umgangston und die ständigen Beleidigungen untereinander. Das nervt richtig.

Ronnie schrieb zu Beginn der 7. Klasse auf einen kleinen blauen Zettel seine Erwartungen und Wünsche an die neuen Mitschüler. Er schrieb: Keiner soll einen andern beschimpfen oder ihn Schimpfwörter sagen.

»Er sagt mir immer Schimpfwörter und Ausdrücke«, höre ich sehr oft von den Schülern. In meiner letzten Klasse beschweren sich die Mädchen massiv bei mir, dass die Jungen sie auf dem Hof mit Obszönitäten provozierten. Wir sprachen mit der ganzen Klasse darüber und einigten uns darauf, dass die Mädchen es genau aufschreiben sollten, wenn die Jungen ihnen irgendwelche unangemessenen Sachen sagen. Diese Mitschriften sollten dann an die Eltern der Täter geschickt werden. Den Mädchen war es wichtig, vor allem die Mütter darüber zu informieren, wie sich ihre Söhne in der Klasse und den Mädchen gegenüber benehmen. Ich habe einige Briefe an Mütter geschickt. Die Reaktionen waren sehr positiv. Beim Elternsprechtag sagten mir die Mütter, dass sie mit ihren Söhnen lange Gespräche geführt hätten. Das Verhalten der Jungen verbesserte sich. Irgendwann gab es keine Beschwerden mehr.

Wenn Jungen sich untereinander beleidigen wollen, dann müssen ja immer die Mütter herhalten. Dauernd will einer die Mutter des anderen … Anscheinend kann man darauf nur mit Schlägen reagieren. Die Mütter oder die Toten. »Ich pisse auf das Grab von deiner Toten.« Und natürlich Hurensohn. »Ich glaube, seine Mutter ist aber Apothekerin oder Hausfrau oder sonst was« kann die Sache manchmal entschärfen.

Als meine erste Klasse in der Achten war, gab es einen Elternabend, zu dem auch die Schüler eingeladen waren. Murat und Serhan waren in meiner Klasse besonders engagiert, was das gegenseitige Mütterbeleidigen anging. Am Ende des Elternabends saßen beide noch mit ihren Müttern und den kleineren Geschwistern im Raum. Ich bat alle an einen Tisch und guckte von Murat zu Serhan. Beide sahen mich verwundert an.

»So, ihr Lieben, das ist doch schön, dass ihr hier alle zusammensitzt. Murat, du bist doch so wahnsinnig interessiert an Serhans Mutter. Hier ist sie. Jetzt kannst du ihr doch endlich mal direkt sagen, was du alles mit ihr machen willst.« Serhans Mutter grinste. Sie konnte sich schon denken, worum es ging. Murats Mama grinste auch. Nur Murat und Serhan starrten stumm die Tischplatte an. Ich setzte noch einmal nach: »Na, Murat, was ist?« Aber er sagte nichts. Dann holte Serhans Mutter tief Luft, sah zu Murat und sagte: »Guck mal, Murat, ich bin sechsunddreißig. Bin verheiratet und habe drei Kinder. Was willst du denn von mir?« Es war herrlich. Die beiden Jungen sind rausgeschlichen, und soweit ich mich erinnern kann, haben die Beleidigungen zumindest in meiner Gegenwart abgenommen.

Wenn man zweisprachige Schüler in der Klasse hat, die sich in ihrer Muttersprache beleidigen, muss man immer so tun, als verstünde man das Gesagte. Du merkst ja schnell, wie der beleidigte Mitschüler reagiert. Dann kannst du gleich sagen: »Hör auf damit, so was dulde ich hier nicht!« – »Abooo, sie kann voll Türkisch/Arabisch/Russisch.« Dieser Bluff hält natürlich nicht lange an, aber man lernt die Schimpfwörter eigentlich ziemlich schnell.

Wenn mich ein Schüler eindeutig beleidigt und denkt, ich verstehe es nicht (lass dir auf jeden Fall von anderen Schülern sagen, was Hure oder Hurensohn in den jeweiligen Sprachen heißt), dann gucke ich immer sehr böse und frage: »Hast du das etwa gerade zu MIR gesagt?« So wie Robert De Niro in *Taxi Driver*: »*You are talking to me?*« Meistens rudern sie dann sofort zurück. Dann kann man die Sache auch auf sich beruhen lassen. Ich habe mir allerdings auch schon mal eine ziemlich üble türkische Beleidigung, die mir ein Siebtklässler entgegenschleuderte, von einem älteren Schüler aufschreiben lassen, den Vater des Täters eingeladen, ihm den Zettel entgegengehalten und gesagt: »Ich möchte nicht, dass ihr Sohn so etwas zu mir sagt.« Dem Vater war das sehr peinlich. Der Sohn hat mich nie wieder beleidigt.

Wollen Schüler im Englischunterricht, dass ich ihnen Obszönitäten übersetze (»Frau Freitag, was heißt eigentlich … auf Englisch?«), und ich merke, dass sie mich damit nur provozieren wollen, sage ich: »Frag doch mal deine Mutter.« Dieser Vorschlag bringt sie immer kurz aus dem Konzept. Diesen Moment nutzt man dann, um moralisch zu werden: »Weißt du, ich bin wahrscheinlich genauso alt wie deine Mutter. Vielleicht so alt wie deine Oma. Redest du so vor denen?« Dann schütteln sie kleinlaut den Kopf. »Na siehst du, ich möchte so was auch nicht hören.«

Zuspätkommen und Schwänzen

Was mich als Klassenlehrerin immer besonders gestört hat, war das Schwänzen und permanente Zuspätkommen der Schüler. Als Fachlehrer hast du mit dem Gar-nicht-Erscheinen eigentlich nicht so ein Problem. Fräulein Krise sagte immer: »Ich fand das sehr rücksichtsvoll, dass nicht so viele gekommen sind.« Aber als Klassenverantwortlicher regt man sich sehr darüber auf.

Als einige Mädchen meiner Klasse zum ersten Mal den Unterricht schwänzten, habe ich ein Riesending daraus gemacht und bei den Eltern angerufen. Dann gab es zu Hause Ärger, und die meisten von ihnen haben nie wieder geschwänzt. Wenn du eine eigene Klasse hast, dann würde ich auf jeden Fall am Anfang, wenn jemand das erste Mal unentschuldigt fehlt, die Eltern verständigen und die Sache ganz hoch hängen. Schüler, die das »nur mal ausprobieren wollten« oder von anderen dazu überredet wurden, werden daraus lernen und nicht mehr schwänzen. Aber es wird immer welche geben, bei denen das nicht wirkt. Ich habe da auch keine Lösung. Man schreibt Schulversäumnisanzeigen, führt endlose Schüler- und auch Elterngespräche. Hat ein Schüler erst einmal die Möglichkeit für sich entdeckt, sich dem Unterricht durch Fehlen zu entziehen, dann kann man ihn oder sie nur sehr schwer erreichen. Für mich gehören die fadenscheinigen Entschuldigungszettel, auf denen die berühmten eintägigen Magen-Darm-Grippen und die starken Kopfschmerzen in der ersten Stunde stehen, auch zum Schwänzen.

»Ich habe noch gar nicht gefehlt und war auch noch nie zu spät«, erzählt Sarah stolz. Ich habe mich mit einigen Mädchen meiner letzten Klasse in einem Café getroffen. Alle sagen, dass sie jetzt immer pünktlich zu ihrer Ausbildung oder zum Unterricht an den Oberstufenzentren gehen. »Wissen Sie, Frau Freitag, wenn man bei uns nur dreimal zu spät kommt, dann fliegt man raus.«

Dann können sie plötzlich pünktlich sein. Und sie sind morgens auch nicht mehr krank. Keine Rede mehr von »Mir war schlecht« oder »Ich hatte sehr, sehr starke Bauchschmerzen«. Leider haben wir in den Schulen nicht die Möglichkeit, das Zuspätkommen oder Fehlen durch Schulverweis zu sanktionieren.

Wenn Schüler zu spät zum Unterricht kommen, stört das den geplanten Ablauf. Es gibt Lehrer, die lassen die Schüler dann nicht mehr in den Unterricht. Das ist allerdings nicht erlaubt. Außerdem macht es der Lehrer sich damit auch zu einfach. Dann gibt es Kollegen, die rufen die Zuspätkommenden gleich nach vorne und machen mit ihnen eine mündliche Leistungskontrolle. Das kann zwar abschrecken, stört aber auch deinen vorbereiteten Unterricht. Ich lasse die Zuspätkommer immer erst mal draußen warten. Sie müssen dann leise in den Raum kommen und werden von mir platziert. Manche ärgert das, wenn sie nicht an ihrem gewohnten Platz sitzen dürfen. Die meisten ärgert es allerdings nicht genug, als dass sie das Zuspätkommen abstellen würden. Ich habe auch schon alle versäumten Minuten zusammengerechnet und die Schüler die gesamte Zeit nachsitzen lassen. Damit bestrafst du dich aber nur selbst, gebracht hat das auch nicht viel.

Ich habe keine Lösung, wie man die Schüler zum pünktlichen und regelmäßigen Schulbesuch bewegen kann. Einige Schüler sind immer pünktlich und fehlen selten, andere kommen immer zu spät und fehlen oft. Das ist sicher an vielen Schulen mit bestimmtem Schülerklientel ein großes Problem. Wenn irgendjemand eine Strategie gegen das große Fehlen hätte, dann hätten wir bestimmt schon davon gehört.

Vögel, Bienen und andere Insekten

Wenn jemand zu spät kommt, dann kannst du ihn draußen warten lassen. Wenn jemand, ohne sich zu melden, immer dazwischenredet, dann kannst du ihn so lange ignorieren, bis er merkt, dass er etwas falsch macht. Aber es gibt Unterrichtsstörungen, gegen die bist du machtlos.

Gestern zum Beispiel war eine Biene in meinem Raum. So eine Biene kann dir ja den ganzen Unterricht kaputtmachen. Eine Biene ist schlimmer als Tarik, Hamid und Hamsa zusammen.

Die Biene und ich, wir kennen uns schon, denn sie wohnt bereits seit letzter Woche in meinen schulischen vier Wänden. Bisher blieb sie immer in ihrem Versteck, wenn ich unterrichtete. Wahrscheinlich war ihr auch zu heiß, und sie hat ein paar Tage in einer kühlen Ecke gedöst. Heute allerdings fliegt sie über die Köpfe der Schüler. Sie macht einen kleinen Ausflug.

Ich denke sofort – *oh no, my friend*! Ich will meinen Schülern doch gerade die Erörterungen austeilen, die ich am Sonntag so mühselig verbessert und sogar zensiert habe.

Liebe Biene, ich mach mir doch nicht am Sonntag sooo viel Arbeit, um mir jetzt von dir die Show stehlen zu lassen. Ha, denkt die Biene, jetzt bin ich dran!

Sie fliegt ein bisschen, verringert ihre Flughöhe – und zack, ein Schüler in der letzten Reihe schreit: »EINE BIENE!« Von dieser Information alarmiert springen zwei Mädchen in der dritten Reihe und eins von der Türseite synchron in die Höhe: »Ich bin allergisch!« – »ICH AUCH!« Immer sind sie allergisch, immer haben sie Höhenangst oder Asthma und überhaupt. Ich bin genervt. Die Biene ist mittlerweile voll in ihrem Element. Sie fliegt kreisend über den Köpfen der Schüler. Alle beobachten sie. Wenn mich mal alle so intensiv beobachten würden ... Ich kann da vorne machen, was ich will. Nie gucken sie zu mir, um sich was beibringen zu lassen. Aber so eine poplige Biene: oh, wie spannend! So eine Biene haben wir ja noch nie gesehen. Wahrscheinlich ist die Biene noch nicht mal eine, sondern eine poplige Wespe.

Ich langweile mich. Ist immer das Gleiche: Biene, Wespe oder

Vogel über dem Kopf – Schüler springt auf und rennt in die hinterste Ecke. Zwei Schüler werfen Hefter an die Decke. Juckt die Biene kein Stück. Noch nie hat in meinem Beisein ein Hefter eine Biene oder eine Wespe getötet. Unter dieser Aktion leiden lediglich die Arbeitsblätter in den Heftern.

Hysterische Mädchen kreischen, dass die Biene, von den Attacken aufgestachelt, mittlerweile ganz aggressiv geworden sei. Ich kann bei dem Vieh keine emotionale Veränderung wahrnehmen. Hannah kommt wieder mit ihrer Bienenallergie. Ich meine leise: »Dann geh doch raus.« Das lässt sie sich nicht zweimal sagen. Kommt nach ein paar Minuten wieder rein. Langeweile ist wohl schlimmer zu ertragen als der vermeintliche Tod durch Bienenallergie.

Ich stehe immer noch vorne und will die Erörterungen austeilen. Schert absolut NIEMANDEN. Die Biene nicht und schon gar nicht die Schüler. Jetzt können sie mal richtig die pubertäre Sau rauslassen. Kreischen, rennen, mit Sachen nach dem Insekt schmeißen, einige holen gelangweilt ihr Frühstück raus und fangen an zu essen. Dafür habe ich nun den ganzen Sonntag am Schreibtisch verbracht. Toll.

Irgendwann suggeriere ich der Biene, dass es jetzt reicht, und lenke sie in Richtung der offenen Tür. Sie folgt meinen Fluganweisungen und verschwindet in den Flur. Die Schüler gucken mich verstört an.

»So. Zu euren Erörterungen!«

Wenn ihr euren Unterricht mal nicht vorbereitet habt, dann bringt einfach eine Biene mit. Im Zweifelsfall tut es auch eine Wespe. Wenn man allerdings gar nicht zur Schule gehen möchte, dann kann man immer noch auf eine erlösende SMS hoffen.

Gestern Abend bekomme ich von Rosa eine SMS: Hallo, Frau Freitag, ich hatte gerade mitbekommen, dass irgendetwas hier mit ISIS ist, und angeblich sollen wir keine Schule haben morgen, und ich wollte fragen, ob das stimmt.

Hä? Hab ich etwas nicht mitbekommen? Ich war abends beim Sport und dann im Kino, vielleicht gibt es in Berlin eine Terrorwarnung, und sie haben den Satz gesagt, den ich mir für jede *Tagesschau* wünsche: »Öffentliche Gebäude und Schulen bleiben bis auf weiteres geschlossen.« Aber ISIS? Ich will nicht, dass ISIS hier irgendetwas plant. Ich will überhaupt keinen ISIS. Wobei schulfrei ... ich habe montags immer die anstrengende Siebte ... keine Schule wäre ganz schön angenehm.

Ich klicke mich durchs Internet. *Tagesschau in 100 Sekunden.* Keine Terrorwarnung. Nur bei Pegida in Dresden. Denkt Rosa, wir leben in Dresden? In Erdkunde ist sie nicht gut. Aber wo sie wohnt, das sollte sie schon wissen. Na ja, 100 Sekunden sind ja auch nicht viel. Vielleicht hat die Terrorwarnung für die Hauptstadt da zeitlich nicht reingepasst. Vielleicht ist das zu regional. Ich klicke mich zu den Online-Auftritten der Printmedien. Belgien lässt die Schulen am Montag zu. Belgien – Berlin – Belgien ... Fängt beides mit B an. Könnte man verwechseln, wenn man möchte, oder? Die Schüler sind doch auch immer sehr gut darin, aus dem Vertretungsplan die Variante zu lesen, die ihnen entgegenkommt.

»Morgens stand da noch Ausfall.« – »Ja, aber in der ersten großen Pause stand da, dass Frau Schwalle Mathe vertritt.« – »Da haben wir aber nicht noch mal draufgeguckt.«

»Jüdische Schulen bleiben geschlossen« steht in irgendeiner Überschrift. Denkt Rosa, wir wären eine jüdische Schule? Könnte sein. Ist allerdings eher unwahrscheinlich.

Ich finde jedenfalls nichts, was mein Fernbleiben vom Unterricht rechtfertigen könnte. Deshalb muss auch Rosa zur Schule. Um 7:05 Uhr schreibe ich ihr: Nein. Ganz normal Schule heute.

Sie antwortet: OK.

Und ich spüre die große Enttäuschung, die diese zwei Buchstaben transportieren. Ich bin auch enttäuscht. Ich wäre auch gerne im Bett geblieben, irgendwann gegen 11 Uhr aufgestanden, hätte morgens gebadet und später Fernsehen geguckt ... Aber nicht für »irgendwas mit ISIS«. Irgendwas mit ISIS will ich nicht. Dann lieber Schule! Sogar lieber Unterricht in der Siebten als irgendwas mit ISIS.

Denn sie tun nicht, was du willst – Wenn Schüler den Anweisungen gar nicht folgen

»Okay, mit IS-Einmarsch den Unterrichtsbesuch vermeiden wollen, Kürbiskerne auf den Boden schmeißen oder die Jacke nicht ausziehen. Das ist ja alles schön und gut. Aber was machst du, wenn sie nicht auf dich hören?«, fragt Frau Dienstag. »Erinnere dich mal da dran!«

Schon sehe ich mich im Lehrerzimmer. Große Pause. Ich bin neu an der Schule. Gerade angefangen und am Straucheln. Allerdings versuche ich, im Lehrerzimmer zu lächeln und wenigstens den Anschein zu vermitteln, dass ich alles im Griff habe. Ich unterhalte mich mit einer erfahrenen Kollegin. Erfahrene Kollegen erkennst du daran, dass sie in der Pause entspannt ihr Frühstück essen und sich meistens über ihr Privatleben unterhalten. Davon war ich damals weit entfernt. In den Pausen wirkte bei mir noch das Chaos der gerade gehaltenen Stunde nach.

Da ich nicht klarkomme, erzähle ich von meinen Problemen: »Und nach zwanzig Minuten habe ich dann gesagt, dass er mir das Handy geben soll. Aber der hat mich nur angeguckt und nein gesagt.« Die Kollegin kennt den Schüler. Der Schüler ist schwierig, und sein Name fällt oft im Lehrerzimmer. Ich bin sicher, sie wird mir jetzt gleich einen Tipp geben für den Umgang mit diesem Jungen. Sie hat mir zugehört, nimmt sich eine Karotte aus ihrer Tupperdose, guckt mich an und sagt: »Echt? Der hat einfach nein gesagt? Das traut der sich bei mir gar nicht.« Damit war das Thema beendet. Ich habe mich noch schlechter gefühlt als vorher. Fräulein Krise hat mir geraten, bei solchen Kommentaren sofort auf die Metaebene zu gehen. Was will die Kollegin eigentlich damit sagen? Und dann direkt raus damit: »Nein, das traut der sich bei DIR nicht, weil DU so eine viel bessere Lehrerin bist als ich.« Dann rudern sie immer zurück. »Nein, nein, das meinte ich doch gar nicht ...«

Als ich anfing zu unterrichten, passierte mir das sehr oft. Dass Schüler einfach nicht das machten, was ich ihnen sagte. Eigentlich passiert das in jeder neuen Lerngruppe. Sie testen dich erst mal aus. Wie weit kann ich bei der gehen? Was passiert, wenn ich einfach nicht mache, was sie sagt? Die Schüler wollen sehen, ob du dich durchsetzen kannst. Wenn du das nicht schaffst, dann widersetzen sich in der nächsten Stunde auch andere Schüler. Am Ende hören nicht mal die eigentlich lieben, folgsamen Schüler auf dich. Deshalb ist es sehr wichtig, dass du am Anfang jede Auseinandersetzung gewinnst. Der Schulleiter meiner Ausbildungsschule sagte immer: »Gehe nie in einen Konflikt, wenn du nicht sicher bist, dass du den auch gewinnst.« Und gewinnen kann man auf unterschiedliche Weise.

Prinzip kaputte Schallplatte

Rosa und Dilay sitzen zusammen, quatschen die ganze Zeit und hören nicht zu. Du hast sie schon mehrfach ermahnt, ruhig zu sein, aber sie fangen immer wieder an zu reden. Du hast schon angedroht, dass du die beiden auseinandersetzen wirst, wenn sie weiter stören. Sie reden und reden. Irgendwann sagst du: »Rosa, nimm deine Sachen und setz dich neben Vincent.« Das will Rosa natürlich nicht. »Ih nee, bitte, Frau Freitag, eine letzte Chance.« Du hattest ihnen aber schon mehrere letzte Chancen gegeben, das wissen sie auch. Also sagst du: »Nein, Rosa, du hattest deine Chance. Setz dich jetzt neben Vincent, damit wir weitermachen können.«

»Aber ich kann nicht neben ihm sitzen.«

»Warum nicht?«

»Weil er behindert ist und stinkt. Ich verspreche Ihnen, dass wir jetzt ruhig sind. Ich schwöre, letzte Chance, bitte …«

Und hier hast du schon verloren, denn du bist Rosa auf einen Nebenschauplatz gefolgt, indem du dich in ihrer Argumentations-Ablenkungsschleife verfangen hast. Eigentlich müsstest du jetzt darauf eingehen, dass sie Vincent behindert genannt hat. Und dass es nicht nett ist zu sagen, dass jemand stinkt. Sie hat deine erste Anweisung – sich umzusetzen – nicht befolgt und versucht, dich jetzt davon zu überzeugen, dass sie nicht neben Vincent sitzen kann. Aber darum geht es gar nicht. Du willst, dass sie sich dorthin setzt – und fertig. Das Prinzip der kaputten Schallplatte funktioniert so, dass du einfach nur immer wieder wiederholst, was du möchtest.

»Rosa, nimm deine Sachen und setz dich neben Vincent!«

»Ih nee, bitte, Frau Freitag, eine letzte Chance.«

»Rosa, setz dich neben Vincent!«

»Aber ich kann nicht neben ihm sitzen.«

»Rosa, setz dich neben Vincent!«

»Aber, Frau Freitag, Sie verstehen nicht, ich kann da nicht sitzen, wirklich, ich verspreche Ihnen …«

»Rosa, setz dich neben Vincent!«

Man kommt sich ein bisschen doof vor, wenn man immer wieder den gleichen Satz sagt. Aber man darf nicht lockerlassen. Bloß nicht argumentieren oder diskutieren.

»Frau Freitag, Sie sagen immer dasselbe. Ich bin jetzt ganz leise. Und Dilay auch.«

»Rosa, setz dich neben Vincent.«

Irgendwann sieht Rosa ein, dass sie nicht weiterkommt. Es macht auch keinen Sinn, mit jemandem diskutieren zu wollen, der immer den gleichen Satz sagt. Leider muss man das, damit Rosa nicht versucht, Gründe zu finden, warum sie nicht neben Vincent sitzen kann. Es geht hier ja nicht um Vincent und auch nicht um Rosas Befindlichkeiten. Sie hatte ihre Chancen. Sie hatte mehrere letzte Chancen, die sie nicht wahrgenommen hat. Nun muss sie die Konsequenz tragen und sich umsetzen. Nur darum geht es. Und darum, dass du dich als Lehrer durchsetzt. Denn alle anderen Schüler gucken zu und merken sich, wer gewonnen hat.

Die Eltern einbeziehen

Geborgte Autorität. So nennt man das, wenn man mit den Eltern oder dem Schulleiter droht. Das klingt nicht gut. Trotzdem kann es manchmal recht wirkungsvoll sein. Natürlich musst du als Lehrer die Konflikte im Unterricht selbst lösen, allerdings finde ich, dass die Eltern auch ein Recht darauf haben, eine Rückmeldung zu erhalten, wie sich ihre Kinder in der Schule benehmen. Bei vielen Schülern reicht schon die Frage »Meinst du es hilft, wenn ich das Problem heute Nachmittag mit deinem Vater bespreche?«. Man sollte die Eltern der schwierigen Schüler auf jeden Fall schnell kennenlernen und mit ihnen beim Elternsprechtag ausmachen, dass man sich bei ihnen meldet, sollte es im Unterricht nicht so ganz glattlaufen. Viele Schüler sind zu Hause sehr artig und lassen dann in der Schule die Sau raus. Das geht natürlich nicht. Meistens folgen dem störenden Verhalten im Unterricht ja auch schlechte Zensuren, die muss man den Eltern dann auch erklären können. Zu Hause sagen solche Schüler meistens: »Der Lehrer konnte mich nicht leiden.« Wie wirkungsvoll die Einbeziehung der Eltern sein kann, habe ich vor ein paar Jahren in einer 7. Klasse feststellen können.

Haribo-Mert – Wie sich manchmal alles zum Guten fügt

Die Schüler schreiben einen Vokabeltest. Alles läuft in recht gesitteten Bahnen. Nur Mert nervt. Mert sitzt direkt vor meiner Nase. Mert nervt immer. Er macht Geräusche. Wenn ich an der Tafel schreibe, dann klatscht er unter dem Tisch. Er öffnet das Buch nicht, wenn ich sage: »Öffnet das Buch.« Er schreibt nicht, wenn ich sage: »Schreibt.« Er ist nicht still, wenn ich sage: »Seid still.« Er macht eigentlich nie das, was ich sage. Wenn alle im Buch lesen und er sich langweilt, dann fragt er mich zehnmal hintereinander: »Auf welcher Seite sind wir?« Er müsste nur zu Deliah gucken, die direkt neben ihm sitzt. Macht er aber nicht. Nein, er fragt mich. Immer wieder. Ich reagiere nicht. Dann gibt er irgendwann auf: »Ich kann gar nicht mitmachen, Sie sagen mir ja nicht, auf welcher Seite wir sind.«

So geht das seit Wochen. Der Rest der Gruppe arbeitet im Großen und Ganzen gut mit. Na, sagen wir mal: Einige arbeiten immer mit, einige nie, aber niemand stört so penetrant und permanent wie Mert. Jede Stunde biete ich ihm einen Neustart an. Nie schaffen wir einen Neustart. Jede Stunde fängt er wieder an zu stören, und ich werde sauer oder ignoriere ihn.

Heute sehe ich mitten im Unterricht, dass er die Backen vollhat. »Mert, was hast du da im Mund?« – »Haribo.« – »Sag mal, geht's noch? Jetzt ist Unterricht. Da wird nicht gegessen!« Er grinst nur. Wenig später sehe ich ihn wieder kauen und nicht mitarbeiten. Als er noch sein Trinken rausholt und genüsslich seinen Durst löscht, reicht es mir. Ich gehe hektisch an meinen Schreibtisch und setze mich. Dann gucke ich in meine Schultasche – eine reine Übersprungshandlung, weil ich gar nicht weiß, was ich machen soll. Da entdecke ich eine Klassenliste mit den Adressen und Telefonnummern der Schüler. In meiner Strickjackentasche ist das Handy. Ich nehme es raus und sage ruhig: »Okay, Mert, dann rufe ich jetzt einfach deine Mutter an und erzähle der mal, wie du dich hier benimmst.« Die Klasse hält den Atem an. Ich wähle.

»Lieber 1&1-Kunde, diese Nummer ist leider nicht vergeben.« Mist! Vielleicht habe ich mich nur verwählt. Ich versuche es noch mal, und siehe da: »Efendim ...« Merts Mutter meldet sich am anderen Ende der Leitung. Ich gehe zur Tür: »Ja, guten Tag, hier ist Frau Freitag, die Englischlehrerin von Mert. Wir sind gerade im Unterricht. Der Mert stört so sehr, dass die anderen Schüler gar nicht lernen können.« Dann gehe ich vor die Tür und sage ihr, dass sie doch mal am Abend mit ihrem Sohn sprechen soll und dass er sich morgen besser benehmen muss, da ich sie sonst zu einem Gespräch in die Schule bitten müsste. Als ich wieder in die Klasse komme: himmlische Ruhe. Streng und bestimmt frage ich: »Noch jemand Bedarf nach einem Elterngespräch heute Abend?« Hat wohl niemand, denn der Rest der Stunde läuft ruhig und geordnet bis zum Klingeln.

Mert holt noch einmal kurz zu einem Störversuch aus. Ich nehme mein Handy raus und flüstere: »Pass auf, ich drücke einmal die Wahlwiederholung und sage deiner Mutter, dass sie kommen soll, um dich abzuholen.« Sofort ist er leise, arbeitet mit und findet sogar die richtigen Seiten im Buch.

Das negative Verhalten ignorieren

Ich habe mich als Schülerin selten gemeldet und Antworten und vor allem Fragen meistens einfach reingerufen. Vielleicht habe ich deshalb – als späte ausgleichende Gerechtigkeit – jetzt immer wieder Schüler, die sich nicht melden. An meiner Tafel im Klassenraum hängt ein laminiertes Schild. Darauf steht: MELDEN, DRANKOMMEN, SPRECHEN.

Manchmal reicht es, die Schüler mit einem schnellen Fingerzeig auf das Schild zum Melden zu bringen. Aber es gibt immer wieder Schüler, mit denen man permanent im Zwiegespräch ist. Ich habe mal Folgendes gelesen: Hast du einen Schüler, dessen Verhalten dir auf die Nerven geht, bist du selbst schuld, weil der Schüler mit seinem Verhalten anscheinend immer Erfolg hat. Wenn also Hamid sich nie meldet, wenn er eine Frage hat oder etwas sagen möchte, und ich antworte ihm trotzdem immer, dann bin ich selbst schuld daran. Ich müsste ihn eigentlich so lange ignorieren, bis er sich an die Regeln hält.

Aber als Neulehrer ist man verunsichert und freut sich über jeden, der den Anschein von Unterrichtsbeteiligung vermittelt. Du bist so happy, dass sie irgendwie dabei sind, dass du auf jede noch so doofe Frage eingehst, egal ob sie zum Unterricht gehören oder nicht. »Warum müssen wir Geschichte lernen?« – »Warum müssen wir in Kunst lesen? Ist doch nicht Deutsch.« – »Warum müssen wir das abschreiben, warum kopieren Sie uns das nicht?« – »Was hat das mit Kunst zu tun?«

Konzentriere dich auf die Schüler, die sich melden. Verstrick dich nicht in Einzelgespräche mit Schülern, die sich nicht melden. Ignoriere die Schüler, die Antworten einfach reinrufen. Das ist schwer und nervt, aber wenn die Schüler merken, dass sie Luft für dich sind, solange sie sich nicht melden, dann überdenken sie ihr Verhalten vielleicht. Ich hatte eine Schülerin, die sich grundsätzlich nicht am Unterricht beteiligte, und wenn, dann einfach nur durch Zwischenrufe. Ich bin auf alles eingegangen. Irgendwann habe ich mir vorgenommen, sie zu ignorieren. Sie rief weiter rein, wurde jetzt aber komplett von mir ignoriert. Dann versuchte sie plötzlich, sich am Unterricht zu beteiligen, meldete sich aber immer noch nicht. Ich ignorierte sie weiter. Als sie das erste Mal ihren Finger hob, nahm ich sie sofort dran und lobte sie. Sie kam auf den Geschmack und meldete sich von nun an öfter.

Wenn sich mehrere Schüler melden, dann gehe ich manchmal durch die Reihen und lasse mir die Antworten ins Ohr flüstern, damit nicht nur ein Schüler die Chance auf eine richtige Antwort hat. Aber versuch, die Dazwischenreder einfach nicht zu beachten. Konzentriere dich auf die, die sich melden und mitarbeiten. Ein guter Schüler von Fräulein Krise fragte sie mal: »Warum beachten Sie die Störer immer? Kümmern Sie sich doch lieber um uns. Wir machen doch mit.« Recht hat er. Wenn der Störer deine ganze Aufmerksamkeit erhält, warum sollte man dann nicht stören?

Das Prinzip der zwei Möglichkeiten

Wir hatten an unserer Schule eine schulinterne Fortbildung. *Umgang mit verhaltensauffälligen Schülern.* Der Fortbilder setzte sich in die Mitte des Raumes: »Ich bin jetzt ein Schüler und habe schon die ganze Stunde gestört. Sie wollen jetzt, dass ich den Raum verlasse. Freiwillige vor!« Zunächst wollte keiner der Kollegen nach vorne gehen und vor uns Lehrern den Lehrer spielen. »Frau Schwalle, Frau Schwalle, mach du!« Okay, wir schickten sofort unseren harten Hund in den Ring. Sie baute sich breitbeinig vor dem Schüler auf. »Verlass den Raum!«, befahl sie streng. Wer Frau Schwalle kennt, der wäre sofort gegangen. Unser Fortbilder-Schüler aber sagte nur: »Nö.« Nach Frau Schwalle versuchten noch andere Kollegen mit den unterschiedlichsten Methoden den Schüler zum Gehen zu bewegen. Er blieb sitzen. Wir schafften es alle nicht. Ich dachte: Boah, was jetzt?

Und dann erklärte uns der Fortbilder das Prinzip der zwei Möglichkeiten. »Okay, ich möchte, dass du den Raum verlässt. Du hast jetzt zwei Möglichkeiten. Entweder du tust, was ich sage und gehst, oder du bleibst nach dem Unterricht noch mal hier.« So einfach.

Ich habe das Prinzip gleich am nächsten Tag ausprobiert, und es funktionierte. Der Schüler überdenkt kurz seine zwei Optionen. Meistens tun die Schüler dann, was du willst, weil sie gar nicht rausfinden möchten, was ihnen nach der Stunde blüht. Falls sie sich dazu entscheiden, meinen Anweisungen weiterhin nicht nachzukommen, dann reicht meistens ein kurzes Gespräch mit dem Schüler nach der Stunde. Man kann auch sofort sagen, was passiert. »Entweder du gehst jetzt raus, oder ich rufe später bei deinem Vater an, oder wir gehen zur Schulleitung und so weiter.« Allerdings muss man das dann auch wirklich machen. Ich finde es besser, zunächst nur zu sagen, dass der Schüler nach dem Unterricht noch bei mir im Raum bleibt. Wer möchte schon kostbare Pausenzeit opfern? Das Wichtigste an dieser Methode ist, dass die anderen Schüler sehen, dass du den Konflikt gewonnen hast. Du kannst deinen Unterricht weitermachen, denn die Sache mit dem Störer hast du erledigt. Die anderen Schüler wissen ja nicht, was nach der Stunde passiert. Sie wissen nur, dass etwas passieren wird. Das unangemessene Verhalten wurde also bestraft.

Fräulein Krise hat die Situation mit dem nicht den Raum verlassenden Schüler auf eine ganz andere, aber nicht minder wirkungsvolle Weise gelöst: Nachdem der Schüler sich immer wieder weigerte zu gehen, forderte sie alle anderen Schüler auf, mit ihr in einen anderen Raum umzuziehen. Plötzlich saß der Störer ganz alleine da. Herrlich!

Viele Hände – schnelles Ende –
Wie man pünktlich in die Pause kommt

Ich rauche. Da bin ich nicht stolz drauf, aber deswegen möchte ich pünktlich in die Pause. Nicht nur die Schüler haben das berühmte Recht auf ihre Pause – auch der Lehrer hat ein Recht, sich in den paar Minuten zwischen den Stunden auszuruhen. Bevor man den Raum verlässt, muss man ihn aufräumen – oder aufräumen lassen. Wenn man Kunst unterrichtet und nicht nur mit den Schülern zeichnet, kann das Aufräumen zur logistischen Herausforderung werden. Denn freiwillig werden die Schüler den Raum nicht säubern. »Wozu sind denn die Putzfrauen da?« Aber bloß nicht aufgeben und vor allem nicht deine wohlverdiente Pause dafür opfern, Pinsel auszuwaschen und Tische zu schrubben. Wichtig ist, wann und wie du deine Stunde beendest. Da gibt es unterschiedliche Möglichkeiten:

1. Man arbeitet, bis es klingelt. Die Schüler hauen alle ab. Man selbst ist so fertig, dass man auch nicht mehr aufräumen möchte. Deshalb schließt man einfach den Raum zu und geht ins Lehrerzimmer. So hat es Fräulein Krise in ihrem Referendariat gemacht. Der Raum muss schlimm ausgesehen haben – Linolschnitt.
Natürlich kann man das nicht machen, denn irgendwann kommt einem ein Kollege, die Schulleitung oder der Hausmeister auf die Schliche, und dann ist man dran: Anmeckern wird es geben, und aufräumen muss man dann auch noch. Dieses Verhalten macht einen im Kollegium auch nicht gerade beliebt.
2. Man arbeitet, bis es klingelt. Die Schüler hauen alle ab. Man steht da in einem Riesendurcheinander und fängt an, selbst alles

aufzuräumen. Das geht zwar einigermaßen schnell, aber die eigene Pause ist futsch. Vielleicht hat man danach gleich wieder Unterricht und muss in einen anderen Raum. Dort hetzt man dann hin, ohne sein Pausenbrot gegessen zu haben, und vor allem, ohne geraucht zu haben! Diese Art von Selbstausbeutung geht natürlich auch nicht.

3. Man arbeitet, bis es klingelt, und versucht, die Schüler in der Pause zum Aufräumen zu zwingen. Viel Spaß dabei. Wird nicht klappen, kann nicht klappen, braucht also eigentlich auch nicht ausprobiert zu werden. Der Effekt ist eigentlich der gleiche wie bei Nr. 2, nur dass man dann noch fertiger in die nächste Stunde geht.

Hier mal eine Möglichkeit, die besser funktioniert:

4. Man lässt die Schüler bis zehn Minuten VOR dem Klingeln arbeiten. Machen wir uns mal nichts vor: Ob die nun zehn Minuten länger oder kürzer arbeiten, bedeutet keinen großen Unterschied. Dann organisiert man das Aufräumen. Jetzt kommt es auf die Aufgabe an, die man bearbeitet hat.
Zeichnungen:
Alle bleiben auf ihrem Platz sitzen. Ein bis zwei Leute werden bestimmt, die Zeichnungen einzusammeln. Dann gibt man einen Handfeger rum und lässt die Tische abfegen. Danach geht man rum und kontrolliert die Tische mit Schwamm und Papierhandtuch in der Hand und lässt die Schüler – falls nötig – ihren Tisch schnell saubermachen. Wenn alle an sauberen Tischen sitzen, nutzt man die letzten Minuten zur Vergabe von Zensuren für die Mitarbeit. Dann klingelt es. Schüler und Lehrer gehen pünktlich und zufrieden in die Pause.

Malen oder andere aufwendige Sachen (Pappmaché und so)

Wichtig ist hierbei, dass nicht alle auf einmal aufräumen, sondern in Gruppen. Wenn man an Gruppentischen arbeitet, dann nimmt man sich den nettesten Tisch – die Schüler, die nicht viel stören – und lässt sie als Erste abräumen (man kann jede Stunde eine andere Person bestimmen, die aufräumen soll, oder man verteilt die Aufgaben – einer wäscht die Pinsel aus, einer bringt die Farbkästen nach vorne und so weiter). Wichtig ist, dass man zuerst die nicht so schlimmen Tische aufräumen lässt und den Störertisch zum Schluss, denn die stören auf jeden Fall, wenn sie nichts zu tun haben. Man könnte den anderen, wenn sie fertig sind, auch eine leichte Zeichenaufgabe geben, an der sie jedes Mal weiterarbeiten und die am Ende auch benotet wird.

Wichtig ist, dass man sich selbst gut organisiert und einen routinierten Ablauf beim Aufräumen hat. Wenn die Schüler die Pinsel auswaschen, stehe ich zum Beispiel neben dem Waschbecken und kontrolliere, ob die Pinsel auch sauber sind – geht gut auf den Händen der Schüler, die können sie ja hinterher wieder waschen. Und neben das Waschbecken einen Tisch stellen, für die Wassergläser. Wenn ich mit Klassen male, dann bekommt jeder Schüler am Anfang einen sauberen Farbkasten mit seinem Namen drauf: Kreppklebeband mit Edding beschriften. Wenn der Schüler seinen Kasten nie saubermacht – sein Pech. Dann habe ich zwei Pappkartons, einen für die Mädchenkästen und einen für die Jungen – das erleichtert das Verteilen. Am Ende der Einheit nehme ich nur saubere Kästen entgegen – das leuchtet sogar den Schülern ein, denn sie haben ja auch einen sauberen Kasten bekommen.

Wichtig ist, dass alle Schüler am Ende der Stunde an ihren Tischen sitzen und alles weggeräumt und sauber ist. Die Pausen sind nicht dafür da, dass der Lehrer irgendetwas aufräumt.

In der Siebten mach ich immer voll den Körnel – Dinge, die bei mir gut klappen

»Oh Mann, die Müller, die Referendarin, hat Justin aus meiner Klasse heute einen Tadel gegeben«, sagt Frau Dienstag. »So unnötig! Einen Tadel! Die ist so eine Anfängerin.« Frau Dienstag schüttelt den Kopf. »Ich gebe überhaupt keine Tadel. Ich lenke den Schüler, wenn er stört, weg von seinem Tadel.«

»Na, Frau Dienstag, du bist ja auch viel erfahrener als sie und kennst deine Schüler auch besser.«

Frau Dienstag nickt: »Stimmt auch wieder. Und sonst gibt sie sich ja viel Mühe. Neulich hatte sie einen Unterrichtsbesuch. Thema Appeasement-Politik. Du weißt schon. Münchner Abkommen, Hitler und die Alliierten …« Ich verstehe nichts, lasse es mir aber nicht anmerken. »Na ja, und ich gleich so: Ah, Appeasement-Politik. Salamitaktik.« Jetzt bin ich total verwirrt. »Salamitaktik. Kennst du nicht?« Ich schüttle den Kopf. Frau Dienstag erklärt mir, dass man Hitler wohl immer mehr Zugeständnisse gemacht hätte, das ließe sich im Geschichtsunterricht eben gut mit einer Salami verdeutlichen. »Und stell dir vor, sie hat dann auch wirklich eine Salami mitgebracht und am Anfang der Stunde in Scheiben geschnitten. Am Ende hat sie dann gefragt, was die Salami mit der Stunde zu tun hatte, und die Schüler haben es tatsächlich rausgefunden. Toll, oder?«

»Ja.« Ich denke an meine aufwendigen Unterrichtsbesuche im Referendariat. Wie ich einen Freund gebeten habe, mir für eine Kunststunde einen Karton mit weißen Gegenständen und meine Stehlampe in die Schule zu fahren. Nur weil ich den Schlagschatten erklären wollte. Ich habe einen U-Bahn-Waggon im Maßstab

1:16 nachbauen lassen und mit den Schülern Ruinen gemauert. Aus kleinen Steinen, die sie vorher selbst hergestellt hatten. »Oh Mann, ja, im Referendariat lässt man sich so einiges einfallen. Man macht voll den Aufriss und kackt dann trotzdem ab.«

»Ja, voll«, stimmt Frau Dienstag zu. »Aber das Beste war, dass ich letzte Woche die gleiche Stunde unterrichtet habe.«

»Mit Salami?«, frage ich.

Frau Dienstag kichert. »Nee, natürlich nicht. Ich habe nicht mal eine Salami an die Tafel gemalt.« Jetzt kann sie sich nicht mehr halten, prustet los und schlägt mir aufgeregt auf den Arm. »Ich hab nur das Wort Salami angeschrieben und am Ende gefragt, was die Salami mit der Stunde zu tun hat. Pfff, ich kaufe doch keine Salami mehr.«

»Wie gemein! Bei der Referendarin durften die Schüler die Salami ja bestimmt sogar essen, und bei dir ...«

»Ja, und jetzt halt dich mal fest. Ich habe denen am Ende erzählt, dass Frau Müller die gleiche Stunde gehalten hat und eine echte Salami mitgebracht hat. Weil die noch Referendarin ist und ich eben nicht. Die Schüler meinten auch: Voll gemein, Frau Dienstag. Aber die sollen mal ganz ruhig sein, dafür bekommen sie bei mir anständigen Unterricht und keine Tadel.«

Es ist schon verrückt, dass man im Referendariat immer so aufwendigen Kram macht, den die Schüler oft gar nicht richtig würdigen können, weil man in der Unterrichtsumsetzung so schlecht ist oder so große Disziplinprobleme hat, dass alles im Chaos versinkt, so wie meine Stunde mit den Schlagschatten. Wenn man nach ein paar Jahren so erfahren ist, dass man die Klassen im Griff hat, hat man keinen Bock mehr, aufwendige Unterrichtseinheiten zu planen. Keinen Bock und meistens auch keine Zeit. Was wäre ich für eine tolle Lehrerin, wenn ich jetzt solche Stunden machen würde wie im Referendariat. Wie toll wäre Frau Dienstag, wenn sie jetzt mit der Salami unterrichten würde.

Ideal wäre, wenn immer ein Referendar und ein erfahrener Lehrer zusammen unterrichten würden. Der Referendar bereitet aufwendige Stunden vor, der alte Hase sorgt dafür, dass der Unterricht auch ordnungsgemäß durchgeführt werden kann. Beide würden viel voneinander lernen, und die Schüler hätten immer super Unterricht.

Ökonomisch das Halbjahr planen

Natürlich kann im normalen Berufsalltag nicht jede Stunde so knallen und glänzen wie die Vorführstunden im Referendariat. Aber man sollte sich pro Halbjahr für jede seiner Lerngruppen mindestens einmal etwas Ausgefallenes überlegen. Nicht für alle Klassen gleichzeitig Stationenlernen vorbereiten. Nicht für jeden Kunstkurs Museumsarbeit planen. Aber vielleicht reihum. Mal mit der Siebten im Aquarium zeichnen, dann mit der Zehnten die U-Bahn nachbauen, dann ein Briefprojekt mit der Achten in Englisch. Die Schüler brauchen nicht andauernd ausschweifende Projekte. Aber ab und zu etwas Außergewöhnliches im Unterricht zu machen, wird ihnen Spaß bereiten. Dann können sie es auch entsprechend würdigen.

Ich meine damit nicht, dass der »normale« Unterricht langweilig sein soll. Ich rede hier nur von dem zusätzlichen Aufwand, den man in der Unterrichtsvorbereitung hat. Seien wir mal ehrlich – den Schülern die Zentralperspektive mit ein paar Blockbuchstaben beizubringen ist wesentlich entspannter, als mit ihnen in die Polsterei der Verkehrsbetriebe zu fahren, um Bezugsmaterial für die Miniatur-U-Bahn-Polster zu besorgen.

Den Schultag planen

Ein Seminarleiter sagte mir in der Ausbildung, dass er sich bei vielen Stunden hintereinander an einem Tag gleich bei der Planung Entspannungszeiten mit einbaut. Ein sehr hilfreicher Tipp. Wenn man montags keine erholsame Freistunde hat, sondern dreimal unterschiedliche 7. Klassen, dann sollte man versuchen, den Unterricht so zu planen, dass die Schüler in der dritten Stunde eine leicht zu bewältigende Aufgabe bearbeiten. Irgendwas Schriftliches, was ohne große Nachfragerei zu schaffen ist. Wenn ich in der zweiten und in der vierten Stunde mit Pappmaché arbeite, dann muss ich in der dritten nicht mit der Klasse malen. Dann entspanne ich mich in der dritten Stunde, während die Schüler zeichnen.

Man sollte vor allem Entspannungsphasen nach dem Unterricht in 7. Klassen einplanen. Ich hatte in einem Jahr immer eine sehr anstrengende Siebte und danach eine sehr gechillte 10. Klasse. Die Zehnten haben die Kleinen immer kopfschüttelnd beobachtet, wie sie aus meinem Raum tobten. »Oh, Frau Freitag, Sie tun mir leid. Diese Kinder. Wie die sich benehmen ... waren wir auch so?« Die Schüler aus der Zehnten haben dann meine Nerven geschont. Also sorge für entspannte Phasen in deinem Arbeitstag. Niemand hat was davon, wenn du dich täglich so verausgabst, dass du ständig krank wirst und fehlst.

Eine Unterrichtseinheit planen

Eine Unterrichtseinheit zu planen ist gar nicht so einfach. Man weiß ja vorher nicht, wie viel Zeit die Schüler für irgendwelche Übungen brauchen und wie lange man hin und her unterrichten muss, bis sie das Wichtigste verstanden haben. Meistens vertändelt man am Anfang der Einheit viel zu viel Zeit mit der Einführung und hat deshalb am Ende nicht genügend Stunden übrig, wenn es auf den Test oder die Klassenarbeit zugeht. Das ist ganz normal und nicht weiter schlimm.

Ich rechne mir am Anfang aus, wie viele Stunden ich überhaupt zur Verfügung habe. Wie oft unterrichte ich in der Achten Englisch im ersten Halbjahr? Das kann man erst ausrechnen, wenn man sich alle Termine für das Halbjahr in den Lehrerkalender übertragen hat. Denn es fällt immer Unterricht aus, weil es Wandertage, Prüfungen oder Praktika gibt. Hat man die Stunden errechnet, zieht man am besten noch mal vier Stunden pro Halbjahr ab, denn vielleicht wird man selbst mal krank, es gibt Hitzefrei, die Klasse geht zur Gewaltprävention, oder die Heizung in der Schule ist kaputt, und alle dürfen zu Hause bleiben, oder der IS marschiert in deine Stadt ein, und die Schulen bleiben geschlossen.

Und dann sollte man versuchen, die Unterrichtseinheit von hinten zu planen. Endet deine Einheit mit einem Test oder einer Klassenarbeit? Was sollen die Schüler am Ende können, wie und wann bringst du ihnen das bei, was sie können sollen? Meistens unterrichte ich ein paar Stunden am Anfang einer Unterrichtseinheit einfach drauflos, überlege mir dann, was sie in der Englischarbeit können sollen, und versuche dann, diese Sachen gezielt zu üben. Zwischendurch immer wieder mündliche und schriftliche Tests, um zu überprüfen, ob sie den Stoff beherrschen. Es ist auch besser, wenn die Schüler während der Unterrichtseinheit für kleinere Tests lernen und nicht bloß am Ende für die große Klassenarbeit.

Wenn man seinen Unterricht richtig gut und langfristig vorbereiten kann, dann hilft es, den Schülern am Anfang eine schriftliche Unterrichtsplanung zu geben. Da kann man schon das Datum der Arbeit eintragen und auch die Hausaufgaben. Ich erinnere mich an die Seminare in der Uni, da bekam man auch einen Ablaufplan und wusste immer, was man versäumt hat, wenn man mal nicht anwesend war. So ein Plan ist sehr hilfreich für Schüler, die einzelne Stunden gefehlt haben und den Unterrichtsstoff nacharbeiten müssen.

Die Namen der fehlenden Schüler schreibe ich immer gleich beim Austeilen der Arbeitsblätter auf die übriggebliebenen Kopien und verteile sie, sobald die Schüler wieder anwesend sind. Für jede Lerngruppe habe ich eine Pappmappe in einer anderen Farbe. Man sammelt ja immer irgendwelche Sachen ein. Die nicht verteilten Arbeitsblätter der Schwänzer und Kranken will man ja auch nicht irgendwo in der Tasche rumfliegen haben.

Unterrichtseinstieg

Zu Unterrichtseinstiegen gibt es einen Haufen Literatur mit sehr guten Ideen. Ich habe in schwierigen Klassen gute Erfahrungen mit informierenden Unterrichtseinstiegen gemacht. Es hilft den Schülern – und mir auch –, wenn ich auf einer Seite der Tafel anschreibe, was wir in der Stunde machen. Nach jeder Phase kann man das Geschaffte abhaken. Am Ende kann man noch mal fragen, was sie in den einzelnen Phasen gelernt haben. »Was war dir neu? Was wusstest du vorher noch nicht? Was hast du heute gelernt?« Ruhig mal nachfragen. Darum geht es doch schließlich in der Schule. Dass sie etwas lernen.

In meinen Lerngruppen fehlen immer irgendwelche Schüler, deshalb wiederholt jemand am Anfang der Stunde, was beim letzten Mal behandelt wurde. Wenn die Schüler etwas noch nicht verstanden haben, dann nimm dir ruhig die Zeit zum Erklären. Meistens bereitet man als Anfänger ohnehin viel zu viel vor. Oft reicht die Unterrichtsplanung, die man sich sonntags für Montag gemacht hat, die ganze Woche, weil die Schüler immer sehr viel langsamer sind als erwartet oder sich irgendwelche Probleme auftun, mit denen man nicht gerechnet hat. Wenn du eine Aufgabe, die du den Schülern geben willst, zu Hause an Freunden ausprobierst, dann nimm die Zeit, die sie zur Bearbeitung brauchen, mal vier. Mach ruhig selbst ab und zu die Aufgaben auf den Arbeitsblättern. Ich vermeide das immer und merke dann erst in der Stunde, wie kompliziert und verwirrend der Arbeitsauftrag im Buch ist. Wenn ich zu Hause mit meinem Freund zusammen die Kunstarbeiten meiner Schüler zensiere, dann sagt mein Freund oft: »Das hättest du nie so hingekriegt. Die Geduld würdest du gar nicht erst aufbringen.« Und meistens hat er recht, aber ich bin ja auch kein Schüler mehr.

Im Unterricht

»Schreib auf jeden Fall, dass man mindestens einmal in der Stunde mit dem Buch arbeiten muss, wenn die Schüler immer das Buch mitschleppen müssen«, sagt Frau Dienstag.

Ich sage: »Und sprich bloß nicht mit der Tafel!« Das passiert mir immer wieder. Ich will den Treffpunkt für den Wandertag anschreiben. Dann fällt mir noch ein, dass sie irgendwas mitbringen sollen. Ich schreibe, drehe mich nicht um und spreche in Richtung der Tafel. Total bescheuert. Schreiben, dann umdrehen, erst dann sprechen. Wenn die Schüler schreiben, dann nicht sprechen. Die meisten Schüler können nicht gleichzeitig schreiben und zuhören.

»Frau Freitag, niemand versteht was in Mathe. Herr Schwarz erklärt immer die Aufgaben, während wir noch von der Tafel abschreiben. Wir haben ihm schon tausendmal gesagt, dass er warten soll, bis wir fertig sind, aber er macht es nicht.«

»Ernst, bei deinem Unterrichtsbesuch, die erste Aufgabe, die die Schüler machen sollen, die machst du ja mit ihnen gemeinsam an der Tafel, oder?«

»Nee, äh, wieso?«

»Na, weil sie die dann nur abschreiben müssen. Das kann ja

jeder. Manche Schüler trauen sich nicht an die Aufgaben ran, aber wenn die erste Lösung schon an der Tafel steht, müssen sie die nur abpinseln. Das können sie. Dann fangen sie wenigstens alle an zu arbeiten. Du kannst rumgehen und gucken, wer bei der zweiten Aufgabe Hilfe braucht.«

Sehr schwachen Schülern oder Störern gebe ich bei Wortschatz- oder Grammatikübungen immer ein Lösungsblatt (siehe auch Kapitel *Der überforderte Störer*, S. 108). Die müssen dann die Arbeitsblätter ihrer Mitschüler korrigieren. Das machen sie mit Inbrunst, sind beschäftigt, stören nicht und lernen durch das ständige Korrigieren ganz nebenbei die Vokabeln und Strukturen. Das sollte man auf jeden Fall auch beim Stationenlernen und der Wochenplanarbeit machen, denn nichts ist nervtötender als fünfundzwanzigmal die gleichen Arbeitsblätter zu korrigieren. Ganz nach dem schönen Prinzip: »Alles, was der Schüler machen kann, soll der Schüler auch machen.« Ich gebe den Hilfslehrern sogar rote Stifte, damit sie sich noch wichtiger fühlen. Sie dürfen auch die Zensuren unter die Aufgaben schreiben.

Wenn man am Ende der Stunde die Aufgaben und Lösungen bespricht, dann kann man auch alle Arbeitsblätter einsammeln und wahllos wieder verteilen. Die Schüler sind sehr viel aufmerksamer, wenn es darum geht, die Fehler beim Mitschüler zu finden. Diese Methode funktioniert aber nur, wenn es nicht um lange Erörterungen geht und die Lösung sich auf einen Satz oder besser auf einzelne Worte beschränkt.

Entdeckung der Langsamkeit

Um zu vermeiden, dass die Schüler am Ende der Stunde in eine Art Zeitlupentrance verfallen, wenn man sie auffordert, etwas von der Tafel abzuschreiben, sage ich immer, dass nur der beim

Klingeln gehen darf, der mir seine Abschrift vorgezeigt hat. Dann können sie plötzlich doch alle schneller arbeiten.

Am Anfang der Stunde dauert es oft sehr lange, bis die Schüler ruhig sind. Manchmal beruhigen sie sich gar nicht. Man steht wie ein Depp vor ihnen und wartet. Schrecklich. »Ich fang erst gar nicht an, wenn es nicht ruhig ist.« Auch so ein schöner Spruch, den mir mal eine erfahrene Kollegin in der Pause reingedrückt hat. Bei mir war es damals nie ruhig. Irgendwann kommt jeder Berufsanfänger an den Punkt, wo man die Minuten aufschreibt, die die Schüler am Anfang des Unterrichts verplempern, um sich zu beruhigen. Wer hat noch nicht vor einer Klasse gestanden und gesagt: »… und die Zeit hängen wir dann später an die Stunde dran …« Ich hasse das. Die Schüler schreien sich gegenseitig an, und dadurch wird es auch nicht ruhiger. Am Ende bestraft man sich damit auch selbst, weil man ebenfalls erst später in die Pause kommt. Vielleicht sollte man versuchen, lieber zügig mit dem Unterricht zu beginnen. Ein kurzes, einfaches Quizspiel an der Tafel, Vokabeln auf Karten hochhalten und abfragen oder eine leichte schriftliche Aufgabe zu Beginn der Stunde sind oft besser, als vorne zu warten, bis alle ruhig sind. Denn in der Zeit passiert ja nichts. Wer sagt denn, dass mündliche Phasen immer am Anfang der Stunde stattfinden müssen oder dass man Arbeitsaufträge nicht schriftlich stellen darf. Versucht doch mal, am Ende oder irgendwann mittendrin die Aufmerksamkeit zu erhalten, die man für die mündliche Arbeit braucht.

Und nicht vergessen: Der durchschnittliche Siebtklässler kann nur fünf Minuten konzentriert zuhören. Also fass dich kurz. Wie heißt es so schön: Man kann über alles reden, nur nicht über zehn Minuten.

Zensieren

Lerne die Namen deiner Schüler möglichst schnell auswendig. Dabei hilft ein fester Sitzplan (siehe Kapitel *Wie man einen Sitzplan erstellt*, S. 46). Nicht, dass du nach einem halben Jahr beim Elternsprechtag sitzt und überhaupt nicht weißt, wer Justin ist. Wie willst du dann seinen Eltern sagen, wie er sich in deinem Unterricht verhält und ob er gut mitarbeitet? Frau Dienstag wollte in ihrem Anfängereifer ihre Lerngruppen fotografieren. Eine schöne Idee, die aber gründlich in die Hose ging. Die meisten Schüler lassen sich nicht gerne fotografieren. Wenn du Fotos brauchst, um dir die Namen deiner Schüler zu merken, dann frag lieber die Klassenlehrer nach Klassenfotos und kopiere sie dir. Man lernt die Namen am besten, wenn man die Schüler in den ersten Stunden immer wieder mit ihrem Namen anspricht.

Sobald du die Namen kennst, beobachte die Schüler im Unterricht. Arbeiten sie mit? Sind ihre Beiträge gut? Stören sie? Haben sie ihr Arbeitsmaterial dabei? (Das musst du dir immer aufschreiben. Machst du das nicht, bringen sie es auch nicht mit. Jedenfalls ist das bei meinen Schülern fast immer so.) Als Berufsanfänger hat man noch so viel mit dem Unterrichten zu tun, dass man meistens gar nicht richtig feststellen kann, welche Schüler sich am Unterricht beteiligen und wie. Ich finde es sehr hilfreich, mir am Ende der Stunde eine Mitarbeitsnote zu notieren. Allerdings rate ich von den berühmten Plus-, Minus- und Kuller-Zeichen ab, denn was ist ein Kuller später eigentlich für eine Note? Wenn es eine Drei sein soll, dann schreib doch gleich eine Drei auf.

Wenn man sich regelmäßig die Mitarbeit von jedem Schüler notiert, ist es auch viel leichter zu sehen, wenn ein Schüler plötzlich nachlässt. »Guck mal, Hamid, hier in Kunst hattest du in den ersten Wochen immer eine Drei und sogar ein paar Zweien, aber in den letzten Stunden musste ich dir immer wieder Vieren und Fünfen geben.«

Wenn du die Schüler schriftliche Aufgaben bearbeiten lässt – immer alles zensieren. Man hat am Ende meistens nicht genügend Noten, dann ist es schwierig, eine Halbjahreszensur zu erstellen. Ein Kollege an meiner Schule hat für besonders gute Mitarbeit oder sehr differenzierte Beiträge Leistungskarten verteilt. Das waren besonders gekennzeichnete Pappkarten – ich glaube, die waren gestempelt. Meine Klasse war ganz heiß auf diese Teile. Wenn man fünf davon hatte, bekam man von ihm eine Eins. So behält man den Überblick über diejenigen, die gut mitarbeiten, denn die Schüler werden schon zu dir kommen, wenn sie ihre fünf Karten zusammenhaben. Wer würde sich schon eine Eins entgehen lassen? Wahrscheinlich motiviert es auch, sich noch eine Stunde lang anzustrengen, wenn man bereits vier Karten hat.

Klassenarbeiten und Tests vorbereiten

Wenn ich eine Englischarbeit schreiben lassen möchte, dann schreibe ich genau eine Woche vor der Arbeit das Datum und die Inhalte der Arbeit an die Tafel. In den darauffolgenden Stunden wird dann ausschließlich für die Arbeit geübt. Ich schreibe den Schülern auch genau auf, wie sie für die einzelnen Punkte lernen können. Wenn wir dann das Present Perfect geübt haben, wird es abgehakt. Meine Schüler sind nicht gerade die super begeisterten Zu-Hause-Lerner, deshalb muss ich viel und oft im Unterricht üben.

Während der Arbeit muss man für absolute Ruhe sorgen. Sitzen die Schüler sehr eng zusammen, empfiehlt es sich, zwei unterschiedliche Arbeiten zu konzipieren oder die Reihenfolge der Aufgaben zu vertauschen. In den letzten Jahren ist mir aufgefallen, dass die Schüler sich keine Spickzettel mehr machen, sondern nur noch versuchen, vor der Arbeit ihre Hefter so zu platzieren, dass sie während der Arbeit reingucken können. Ich warte immer ein paar Minuten, gehe dann durch die Klasse und sammle die Hefter ein. In einer 10. Klasse habe ich einem Schüler das Handy abgenommen, weil er sich lediglich das Arbeitsblatt abfotografiert hatte, um davon die Arbeit abzuschreiben. Ich war schon sehr entsetzt, dass er selbst zu faul war, sich einen Spickzettel zu machen. Also auf Handys und Hefter achten.

Ein Freund erzählte mir, dass sich sein Bruder den Text, den er in einer Uni-Klausur schreiben sollte, vorher aufgenommen hatte und sich den dann über sein Handy abgespielt hat. Also auch checken, ob die Schüler Kopfhörer in den Ohren haben. Auch nachprüfen, ob sich nicht unter den Kopftüchern Ohrenstöpsel verstecken. Dilay hat in meiner Klasse jahrelang im Unterricht unter ihrem Kopftuch Musik gehört. Prinzipiell kann man sagen, dass die Schüler, die dich während der Arbeit angucken, spicken. Sie wollen sehen, wo du gerade bist oder wo du hinguckst, bevor sie sich ihr Handy oder den Hefter vornehmen. Wer nicht abschreibt, muss nicht wissen, was der Lehrer macht, sondern nutzt die Zeit für die Aufgaben.

»Was heißt noch mal Umweltverschmutzung?« Wenn jemand so etwas während der Arbeit fragt, sage ich immer, dass derjenige, der vorsagt, einen Punkt abgezogen bekommt. Damit ist das Problem, dass die Schüler während des Vokabeltests die Antworten in den Raum posaunen, schnell erledigt.

Klassenarbeiten und Tests zurückgeben

Ich bemühe mich immer, die Arbeiten und Tests zeitnah zu korrigieren und möglichst in der folgenden Stunde zurückzugeben. Ich habe es gehasst, wenn ich als Schüler lange auf die Rückgabe von Arbeiten warten musste. Ich bin immer sehr gespannt, wie sich meine Schüler bei den Arbeiten geschlagen haben, und korrigiere die Arbeiten meistens am gleichen Tag. Man muss es sowieso machen, warum dann nicht sofort oder spätestens am folgenden Wochenende. Ich weiß, das ist in der Oberstufe und am Gymnasium nicht immer möglich, da kann das Korrigieren einer Klausur ewig dauern

Wenn man die Arbeit dann zensiert hat, muss man sie auch zurückgeben. Hier mein Tipp: Teile die Arbeiten immer am Ende der Stunde aus. Es sei denn, du möchtest die ganze Stunde mit der Besprechung der Zensuren verbringen. Falls nicht – unbedingt erst am Ende austeilen. Die mit den schlechten Zensuren sind vielleicht so frustriert, dass sie sich nicht mehr am Unterricht beteiligen werden. Auch wenn der Störer eigentlich wissen müsste, dass er eine Fünf oder eine Sechs schreiben wird, da er nie aufpasst und keine Aufgabe in der Arbeit gemacht hat, bekommt er bei der Rückgabe schlechte Laune, weil er weiß, dass er die Arbeit zu Hause unterschreiben lassen muss. Schüler mit schlechten Zensuren vermeiden es schon mal, die Arbeit zu Hause vorzuzeigen. Wenn die Eltern gar nicht wissen, dass eine Arbeit geschrieben wurde, dann erwarten sie wahrscheinlich auch nicht, dass ihr Kind ihnen eine Arbeit vorlegt. Deshalb schicke ich immer eine Kopie des Deckblatts an die Eltern der Schüler mit den Fünfen und Sechsen. Die Eltern haben ein Recht auf Information, und wir haben die Pflicht, sie über den Leistungsstand zu informieren. Die guten Arbeiten werden zu Hause vorgezeigt und kommen auch unterschrieben wieder zurück.

Wenn es Unklarheiten gibt, weil du dich vielleicht bei den Punkten verzählt hast oder weil Rosa bei einer Aufgabe drei Punkte und Dilay für die gleiche Antwort nur zwei Punkte bekommen hat, dann sammle die Arbeiten der beiden noch mal ein. »Ich guck mir das zu Hause in Ruhe an, ihr bekommt die Arbeit nächste Stunde zurück.« Nicht anfangen, im Unterricht zu diskutieren oder zu rechnen. Notfalls kann man das in der Pause machen.

»Wenn du über die Zensur diskutieren möchtest, dann bleib mal in der großen Pause hier.« Meinen Schülern war es noch nie wichtiger, ihre Noten zu besprechen, als in die Pause zu gehen. Die Zensuren immer nur mit dem einzelnen Schüler besprechen. Liest du irgendwelche Zensuren vor, dann frage vorher, ob der Schüler die hören möchte. Wenn nicht, soll der Schüler nach dem Vorlesen zu dir kommen, und du teilst ihm seine Note unter vier Augen mit. Man kann den Zensurenstand auch auf Zettel schreiben. Nicht jeder Schüler möchte, dass alle anderen hören, wie seine Mitarbeit bewertet wurde.

»Du musst unbedingt schreiben, dass man das im Klassen- oder Kursbuch notiert, wenn man mit dem Schüler die Zensur besprochen hat«, sagt meine Freundin vom Gymnasium. Das mache ich zwar nie, aber wahrscheinlich muss man das tun, um sich vor späteren Klagen durch irgendwelche Anwälte zu schützen. Und wenn der Basar startet: »Ich brauch noch einen Punkt, bitte, Frau Freitag, biiitteee!« Hart bleiben, hart bleiben, hart bleiben! Auch bei Volkan!

»Frau Freitag, sehen Sie Herrn Schwarz heute noch?«, fragt Volkan und guckt besorgt. »Nein, ich glaube nicht. Wieso?«

»Wegen meiner Note in Mathe. Er hat mir nur zwei Punkte gegeben.«

»Zwei Punkte, Volkan, das ist aber nicht gut«, sage ich vorwurfsvoll.

»Ja, ich weiß, aber ich hatte schon mit ihm geredet, und er muss die Note hochsetzen.«

»Warum sollte Herr Schwarz das tun? Anscheinend machst du in Mathe ja nicht gut mit.«

Volkan steckt die Hände in die Taschen und starrt auf den Boden: »Ja, nein, nee, ich mach nicht viel mit, aber ich bin immer da, und ich schreibe alles von der Tafel ab, und Mustafa hat auch zwei Punkte, aber der kommt immer zu spät. Darum muss ich doch mindestens drei Punkte auf dem Zeugnis kriegen.« Schülerlogik – herrlich.

»Frau Freitag, Sie müssen mit Herrn Schwarz reden, damit er meine Note ändert.«

»Volkan, ich muss gar nichts. Und wenn jemand mit Herrn Schwarz reden sollte, dann doch wohl du und nicht ich.«

»Aber Sie sind doch die Lehrerin. Sie müssen das machen.«

Ich bleibe hart: »Volkan, ja, ich bin die Lehrerin, aber du bist der Schüler mit der schlechten Mathenote, der die auch noch geändert haben möchte, also sprichst du bitte mit Herrn Schwarz.«

Volkan guckt mich verzweifelt an: »Aber ich weiß gar nicht, wo der ist.«

»Na, wo soll der denn sein? Im Unterricht oder im Lehrerzimmer.«

Volkan wird munter, denn er wittert einen Extragang, der ihm ein paar Minuten meiner Englischstunde ersparen könnte: »Kann ich jetzt gleich gehen?«

»Auf keinen Fall, jetzt ist Unterricht. Du kannst in der Pause gehen. Und nun setz dich mal hin, ich will anfangen.«

Schüler und ihre Noten. Ein halbes Jahr scheinen ihnen die Zensuren total egal zu sein, und dann kurz vor den Zeugnissen startet der Basar: »Kann ich nicht noch einen Punkt haben? Sein Sie doch nicht so!« In den höheren Klassen wird man auch noch für die schlechten Leistungen und den damit versauten Notendurchschnitt verantwortlich gemacht: »Sie dürfen mir keine Fünf geben. Wenn ich noch eine Fünf habe, dann bekomme ich meinen Abschluss nicht.« Dabei scheinen die anderen Fünfen immer in Stein gemeißelt und nicht verbesserbar. Aber die Frau-Freitag-Fünf, die glaubt man durch ein bisschen Gebettel schon noch in eine Vier verwandeln zu können.

Manche Schüler werden kurz vor den Zeugniskonferenzen so aktiv, dass man sie nicht wiedererkennt. Jahrelang geschwänzt und im Unterricht nicht mitgearbeitet, aber ein paar Tage bevor man die Noten eintragen muss, kletten sie sich an deine Hacken und belatschern dich: »Ist doch nur ein Punkt, biiittteee, machen Sie nicht so! Bitteee, wenn ich keine Vier bekomme, dann kriege ich keinen Ausbildungsplatz ...«

Volkan kennt schon all seine Zensuren und rechnet in meinem Englischunterricht konzentriert seinen Notendurchschnitt aus. Plötzlich steht er wieder vor mir und guckt mich vorwurfsvoll an: »Frau Freitag, ich wechsle die Schule!«

»Warum?«

»Was ist das für eine blöde Schule? Ich bin voll schlecht geworden!«

Rosa lacht und sagt: »Das liegt doch an dir. Da kann doch die Schule nichts für.«

Während er darüber nachdenkt, klingelt es. Im Lehrerzimmer sehe ich Herrn Schwarz.

»Du, Kollege Schwarz, die Mathenote von Volkan, willst du die noch mal ändern? Er meint, er war immer da, und Mustafa ...«

Herr Schwarz lacht: »Nein, nein, der kriegt schön seine zwei Punkte, muss er sich eben im nächsten Jahr mehr anstrengen.«

An der Kaffeemaschine treffe ich auf Frau Brendel: »Du, Frau Freitag, die Deutschnote von Volkan ... der hat mich so bequatscht, gib dem ruhig fünf Punkte. Der meinte, er braucht unbedingt eine Vier.«

Hofaufsicht

Der Lehrer muss aber nicht nur Unterricht vorbereiten, halten, nachbereiten und Zensuren geben, er muss auch Aufsicht machen. Irgendjemand muss ja auch in den Pausen bei den Schülern sein. Besonders beliebt ist die Hofaufsicht. Im Sommer ist die schön. Da stellt man sich in die Sonne und schließt die Augen. Im Winter allerdings ist man hauptsächlich damit beschäftigt, sich einen Platz zu suchen, an dem man nicht von Schneebällen beworfen wird. Wenn ich meine Runden auf dem Hof drehe, dann komme ich immer wieder an Jungsgruppen vorbei, bei denen ein Schüler einen anderen im Schwitzkasten hat und ein paar Jungen dabeistehen und sich freuen, weil sie nicht das Opfer sind.

»Lass ihn bitte los!«

»Is' nur Spaß.«

»Ja, für dich vielleicht. Aber nicht für ihn.«

»Aber er ist mein Kuseng.«

Diese Begründung höre ich immer wieder. Aber er ist mein Kuseng. Ist es denn okay, den in den Schwitzkasten zu nehmen? Ich bin total genervt davon, dass ich immer das Gleiche sage und immer die gleiche Antwort bekomme. »Is' nur Spaß.« Deshalb sage ich oft einfach: »Okay, wir haben ja jetzt gesehen, wer stärker ist. Aber wer von euch ist schlauer?« Dann lässt der Aggressor den Kuseng immer sofort los, denn wahrscheinlich langweilt ihn das Schwitzkasten-Spaß-Spiel auch schon. »Okay, wer ist schlauer? Welches Land ist größer, China oder Japan?«

»China!«

»Richtig, ein Punkt für dich. Nächste Frage: Wer ist älter, Lisa oder Maggie?«

»Lisa!«

»Genau. Ein Punkt für dich. Also Gleichstand. Wie viele Tage hat der April?« Und dann delegiert man den Quizmasterjob einfach an einen Jungen, der in der Gruppe steht, geht weiter seine Hofaufsichtsrunde, erfreut sich am Sonnenschein oder weicht den Schneebällen aus.

Aber dann siehst du einen Pulk. Einen Schülerpulk. Das verheißt nichts Gutes. Wenn sie nicht gerade ein Breakdance-Battle in der Mitte veranstalten, dann bedeutet dieser Pulk Stress, denn wahrscheinlich fängt hier eine Schlägerei an. Falls sich die beiden

Kontrahenten gerade schlagen, wenn du dazukommst, dann versuche nicht, dazwischenzugehen. Die Gefahr, dass du dabei verletzt wirst, ist gar nicht so gering. Außerdem darfst du die Schüler ja auch eigentlich nicht anfassen. Du kannst lautstark »Stop! Aufhören!« schreien. Bei mir an der Schule gibt es eigentlich immer Schüler, die nach ein paar Momenten, in denen sie sich den Kampf ansehen, die Schläger voneinander trennen.

Wenn sich zwei Mädchen streiten, dann schreien sie sich zunächst einmal lange und extrem laut an. Je mehr Publikum da ist, umso aggressiver schreien sie. Hier gibt es einen guten Trick um die Schreierei zu stoppen. Man muss ihnen das Sichtfeld auf die jeweils andere verbauen. Das klappt, wenn man es schafft, ein Mädchen sanft wegzudrehen, so dass es die anderen nicht mehr sieht. Sie wird sofort leise, denn wen soll sie jetzt anschreien? Wenn man keine von beiden ablenken oder wegdrehen kann, dann reicht es schon, etwas zwischen die beiden zu halten. Ich habe einmal einen Hefter zwischen zwei sich ankeifende Siebtklässlerinnen gehalten, und sofort waren sie ruhig. »Was soll der behinderte Hefter, Frau Freitag?« Wenigstens nur den Hefter beleidigt und nicht die Mitschülerin.

Wenn man die körperliche oder verbale Auseinandersetzung fürs Erste gestoppt hat, muss man dafür sorgen, dass die Mädchen nicht mehr aufeinandertreffen und weitermachen. Am besten setzt man sie ins Sekretariat oder in die Nähe des Lehrerzimmers. Dann kann sich der Klassenlehrer um den Konflikt kümmern. Du kannst froh sein, wenn die beiden nicht in deiner Klasse sind, wieder auf den Hof gehen, dich mit gutgelaunten Schülern unterhalten und die Aufsicht für ein bisschen Beziehungsarbeit nutzen.

Arbeite an deinem Ruf

»Und in der Siebten musst du immer voll streng sein«, sagt Frau Dienstag. »Ich guck immer ganz böse, und dann zucken sie zusammen und sind ruhig.« Frau Dienstag lacht, weil sie sich so über ihren krassen Auftritt freut.

»Ja, ich mach auch immer voll den Körnel. Und wenn sie sich gegenseitig beleidigen, dann mache ich ein Fass auf, als wäre das das Allerschlimmste, was ich jemals erlebt habe. Das macht voll Spaß«, sage ich.

Frau Dienstag nickt. »Ja, in der Siebten bin ich immer sooo hart. Ich achte da auf alles. Wenn sie sich dann zuflüstern: ›Auweia, die ist voll streng‹, dann freue ich mich richtig.«

Wenn man lange genug streng war und die Schüler ihre Grenzen ausgetestet haben, dann kann man auch wieder zugänglicher werden und an der Beziehung zu der Klasse arbeiten.

Umgang mit persönlichen Fragen

»Frau Freitag, spielen Sie auch PS3?«

Kunstunterricht. 7. Klasse. Erwartungsvolles Schweigen. Spielt Frau Freitag auch PS3? Alle hier spielen PS3. Frau Freitag ist schon froh, dass sie weiß, dass PS Playstation heißt und irgendwie mit Computerspielen zu tun hat.

Ich schreibe gerade die fehlenden Schüler ins Klassenbuch. Und wenn ich gar nicht antworte? Warum spiele ich eigentlich nicht PS3? Warum habe ich eigentlich keine Playstation? Ich könnte den Schülern erzählen, dass ich, als ich eigentlich meine Staatsexamensarbeit schreiben sollte, immer Galaxy gespielt habe und sogar ziemlich gut war.

»Was denn nun, Frau Freitag? Spielen Sie?«

»Nein.«

»Warum nicht?«

»Ich, äh ...«

»Haben Sie keinen Sohn?«

All eyes on me. Mein familiärer Background wurde in dieser Lerngruppe noch nicht thematisiert. Hat Frau Freitag einen Sohn? Wie kommen die jetzt da drauf?

»Nein.«

Einige mitleidige Blicke. Die Arme, sie hat keinen Sohn.

Dann ein Vorschlag von Mert. »Machen Sie sich doch einen Sohn.«

Ich gucke zu den anderen, die nur stumm nicken.

»Ich, äh ... ja, ich könnte mir einen Sohn machen. Aber warum?« Und plötzlich wird mir klar, worauf sie hinauswollen.

»Ach, ihr meint, dann könnte ich PS3 spielen.« Alle nicken. »Ja, ihr habt recht. Wenn ich einen Sohn hätte, also nachdem ich mir den gemacht habe, dann hätte der wohl auch eine Playstation.« Davon gehen alle aus.

Ich fixiere Mert. »Aber, Mert, wenn ich einen Sohn hätte, dann dürfte der vielleicht gar nicht Playstation spielen. Ich würde den immer nur Hausaufgaben machen lassen.«

Dieser Konjunktivsohn tut den Schülern leid. Sie senken wieder die Köpfe und zeichnen weiter.

»Haben Sie keinen Sohn? Sind Sie verheiratet? Wie alt sind Sie?« Schüler fragen den Lehrer gerne persönliche Sachen. Darauf kann man reagieren, muss man aber nicht. Jedenfalls nicht immer. Ich würde sagen, dass man die Lerngruppe zunächst ein bisschen kennengelernt haben sollte, bevor man ihnen Einzelheiten aus seinem Privatleben mitteilt. In Gruppen, zu denen man durch längere Beziehungsarbeit einen guten Kontakt hat, kann man natürlich mit den Eckpunkten zur eigenen Person rausrücken.

»Ich bin nicht verheiratet. Aber ich habe einen Freund.«

»Wie lange?«

»Seit achtzehn Jahren.«

»Abo, warum heiraten Sie nicht mit ihn?« Und dann kann man sich ja mal was einfallen lassen. Meine erste Klasse dachte immer, dass ich nicht heirate, weil ich nicht weiß, wo ich heiraten soll.

»Frau Freitag, wo fahren Sie in den Osterferien hin?«

»Italien.«

»Abo, heiraten Sie doch da mit ihren Freund!«

Macht euch bei Fragen nach eurem Alter darauf gefasst, dass die Schüler gar keine Ahnung davon haben, wie man erkennt, ob jemand achtzehn oder sechzig ist. Rechnet damit, in einem Moment entzückt und im nächsten Moment beleidigt zu sein. Ein Schüler schätzt dich auf Anfang zwanzig, aber ein anderer ruft: Fünfundsechzig.

Bei Fragen zu Hobbys und Freizeitaktivitäten halte ich mich eher bedeckt und erzähle vielleicht, dass ich in den Ferien Snowboard fahren gehe oder im Sommer gerne am Strand liege. Vor oder nach den Ferien über den Urlaubsort zu sprechen, ist ungefährlich und bietet den Schülern immer ein bisschen geographischen Input.

Was aber antwortet man auf folgende Frage: »Frau Freitag, was für Musik hören Sie?« – »Alles, was so im Radio läuft« oder »Oh, früher habe ich mir alle Platten von David Bowie gekauft«? Hier kann man sich mächtig in die Nesseln setzen. Denn überleg doch selbst mal, was hörst du eigentlich für Musik? Kennen die Schüler die? Im besten Fall kennen sie die nicht und fragen nicht weiter nach. Wie willst du denn mit Schülern – mit Teenagern, die vielleicht nichts anderes machen, als sich mit Musik zu beschäftigen, über Musik sprechen. Ich hätte es schrecklich gefunden, wenn meine Lehrer die gleichen Bands gut gefunden hätten wie ich.

»Sie hört bestimmt so 80er-Jahre-Musik« ist aus dem Mund der Schüler das vernichtendste Statement, das man sich denken kann. In einer 7. Klasse fragte mich eine Schülerin, als wir gerade den »*A meatball rolled over my spaghetti*«-Song von der CD des Englischbuchs hörten: »Hören Sie so was zu Hause?« Ich war so entsetzt, dass ich nur mit giftigem Sarkasmus antworten konnte: »Ja, Rihanna, genau so was höre ich immer zu Hause. *A meatball rolled over my spaghetti!* Und den Alphabetsong und den Rap über die unregelmäßigen Verben!«

Noch unangenehmer ist diese Frage: »Frau Freitag, haben Sie schon mal gekifft?« Kommt meistens von älteren Schülern. Aber Achtung! Darauf nicht wahrheitsgemäß antworten! Ich sage immer: »Was denkt ihr denn?« Und lenke die Schüler dann schnell mit Unterricht ab.

Von den heiklen Fragen ist der Weg nicht weit zu den unverschämten und obszönen Fragen. »Hatten Sie schon mal Geschlechtsverkehr?« muss man nicht beantworten, auch wenn ich mich im ersten Moment darüber gefreut hatte, dass die Schülerin nicht »ficken« gesagt hat.

Als Lehrer muss man immer aufpassen, nicht zu persönlich mit den Schülern zu werden. Es geht sie nichts an, ob du ein heißes Tinder-Date hattest und deshalb die Klassenarbeiten nicht korrigieren konntest oder ob du dich mit deinem Freund gestritten hast, woraufhin er ganz überraschend die Wohnung verließ und immer noch nicht wieder aufgetaucht ist. Für die Schüler ist der Lehrer ein Lehrer, und dass wir außerhalb der Schule ganz normale Menschen sind, checken sie irgendwie nicht. Vielleicht ist das auch gar nicht so schlimm.

Als ich in meiner Klasse einen Satz mit »Mein Vater hat früher immer gesagt ...« begann, fragte Hamid: »Frau Freitag, Sie haben einen Vater?« Als wären wir irgendwie im Lehrerzimmer hergestellt worden.

Facebookkontakt mit Schülern

Es wird immer wieder vorkommen, dass sich deine Schüler auf deinem Facebookprofil melden und mit dir befreundet sein wollen. Darauf sollte man sich nicht zu viel einbilden, denn die Schüler fragen ja eigentlich jeden, sonst hätten sie nicht tausend Freunde. Ich habe gewartet, bis meine Klasse in der Neunten war, bevor ich Facebookkontakte zugelassen habe. Und natürlich nicht auf meinem privaten Profil. Die Schüler geht es nichts an, wie du im Urlaub im Bikini aussiehst oder wie ausgelassen du bei der letzten Party gefeiert hast. Man kann sich ja ein neues Profil anlegen und dort mit den Schülern befreundet sein. Ich halte mich dort eigentlich eher zurück und gucke mir nur an, was die sich so hin und her schreiben. Von irgendwelchen Kommentaren habe ich immer abgesehen. Ab und zu gab es mal eine persönliche Nachricht an einzelne Schüler, wenn ich ihnen noch irgendetwas Dringendes mitteilen musste.

Die Schüler tendieren auf Facebook auch dazu, zu privat mit dir zu werden. Es ist eine ganz schöne Gratwanderung, sich dort nicht zu kumpelhaft zu unterhalten. Aber das sollte man auf jeden Fall vermeiden, denn du bist und bleibst ja der Lehrer und nicht ihr Freund. Mit dem lockeren Umgang sollte man unbedingt warten, bis sie die Schule verlassen haben. Ansonsten ist der Kontakt zu Schülern via Facebook eine gute Sache. Manchmal lassen sich dort Konflikte klären, für die in der Schule keine Zeit blieb.

Frau Dienstag ist nicht bei Facebook. Sie ist voll old school. »Ich brauche kein Facebook. Ich kann auch so rausfinden, wann und warum es meinen Schülern nicht gutgeht. Ich sag immer ›Gib mir eine Überschrift‹.«

»Eine Überschrift?«

»Ja, wenn ich merke, sie wollen mir eigentlich erzählen, was sie zu Hause für Probleme haben, aber sagen, dass sie das nicht erzählen wollen, dann sage ich immer: ›Du musst mir gar nicht sagen, was los ist, aber gib der ganzen Sache mal eine Überschrift.‹« Sie kichert. »Und dann plappern sie plötzlich los und erzählen doch alles.«

Was man noch probieren kann

Wenn dich etwas im Unterricht stört, dann musst du dir überlegen, was du dagegen machen kannst. Mich hat zum Beispiel immer gestört, wenn die Schüler während der Stunde aufstehen. »Ich muss was wegschmeißen«, »Ich brauche einen Radiergummi«, »Ich wollte doch nur meinen Bleistift anspitzen«. Dieses ständige Rumlaufen im Raum bringt enorme Unruhe in die Stunde. Wenn man merkt, dass ein Schüler wirklich nicht mehr sitzen kann, dann sollte man ihn mit kleinen Aufträgen aus dem Raum schicken: Kreide oder Stifte holen, auf den Vertretungsplan gucken und so weiter.

Ich stelle in meinem Kunstunterricht immer kleine Schalen auf die Tische, über denen die Schüler ihre Stifte anspitzen können. Dann hat niemand mehr einen Grund, zum Papierkorb zu latschen.

»Als Lehrer musst du unbedingt mit aufräumen«, sagt Frau Dienstag. »Ich renne vor dem Unterricht immer durch die Klasse und hebe Papier auf. ›Ach, Justin, sei doch so gut und gib mir die leere Zigarettenschachtel unter deinem Stuhl.‹«

»Ich putze auch die Tische mit, wenn die Schüler das machen sollen.«

Frau Dienstag rollt mit den Augen. »Pfff, natürlich putzt man da mit. Freitags lasse ich immer am Ende der Stunde alle Stühle hochstellen, dann müssen sie sich hinter die Stühle stellen, und wer in der Stunde leise war und gut mitgearbeitet hat, der darf zuerst gehen.«

»Ja, so mache ich das auch. Ich hasse dieses Chaos, wenn sie alle auf einmal rausrennen und dabei vielleicht noch die Tische verrücken. Vor den Ferien stelle ich mich immer an die Tür und wünsche jedem Schüler per Handschlag schöne Ferien.«

»Per Handschlag?«, fragt Frau Dienstag. Sie ist keine begeisterte Handgeberin.

»Ja, wenn sie alle weg sind, wasche ich mir die Hände. Wegen der Viren und so.« Frau Dienstag nickt beruhigt.

»Und wenn man mit den Schülern über den Wandertag diskutiert, dann gebe ich ihnen immer nur drei Ziele zur Auswahl«, sage ich stolz.

»Ja, natürlich. Ich gebe ihnen sogar nur zwei. Wenn ich Schlittschuhlaufen gehen möchte, dann haben sie die Auswahl zwischen Schlittschuhlaufen und Museum. Was hat denn dein Referendar noch für Tipps?«, fragt Frau Dienstag.

»Ernst? Der sagt, man sollte unbedingt frühzeitig mit der Vorbereitung für die Unterrichtsbesuche anfangen.«

»Welche Fächer hat der noch mal?«

»Geschichte und Sport.«

Frau Dienstag hebt den Zeigefinger »Und als männlicher Lehrer darf man den Schülerinnen auf keinen Fall auf den Po gucken.«

»Nee, bloß nicht. Man sollte als Mann auch aufpassen, dass man nie mit einer Schülerin alleine im Raum ist. Die können ja sonst was über dich erzählen. Ach, und Frau Dienstag, was sagst du den Schülern, wenn sie während des Unterrichts aufs Klo müssen?«

»Ich sag dann immer: ›Ach warte doch noch bis zur Pause.‹ Meistens ist das dann auch kein Problem.«

»Meine sind ja immer gleich so dramatisch und sagen, dass sie sich in die Hose machen. Ich sage oft: ›Wenn du dir wirklich in die Hose machst, dann kaufe ich dir nach der Stunde eine Cola. Versprochen!‹ Dann müssen sie meistens gar nicht mehr so dringend. Ich bin sogar mal zwei Siebtklässlern auf die Toilette gefolgt.

Die hatten mich die ganze Stunde damit genervt, dass sie aufs Klo müssten. Nach der Stunde bin ich dann hinter ihnen her. Dann haben sie gefragt, wo ich hinwill, und ich so: ›Ich komme jetzt mit auf die Toilette, um zu sehen, ob ihr wirklich so dringend musstet.‹«

»Und?«

»Die mussten gar nicht und sind dann auf den Hof gerannt.«

»Hihi, Siebtklässler«, lacht Frau Dienstag. »Und wie war das mit dem Hodenspruch?«

»Das war super. Das hatte eine ältere Kollegin mal zu den Zehntklässlern gesagt, die breitbeinig kippelnd in der letzten Reihe saßen: ›Es wäre schön, wenn die Herren mit der Hodenentzündung auch mitmachen könnten.‹«

Unbedingt einen Hefter mit Klarsichthüllen haben

Hier noch der ultimative Trick, wie man mit einfachsten Mitteln total Eindruck im Lehrerzimmer schinden kann. Man kauft sich einen Hefter, in dem ganz viele Klarsichthüllen drin sind. So einen, wo man nichts einheften kann. Also eine Mappe mit Klarsichthüllen. Wenn man am Schuljahresanfang mit Zetteln und Listen und Tabellen überhäuft wird, sortiert man sie ordentlich in diese Mappe. Zum Schuljahresbeginn erhält man doch immer kiloweise Papier: Halbjahreskalender, Stundenpläne, Schülerlisten, Punkttabellen, neue Verordnungen und so was. Und man kommt total organisiert rüber, wenn man immer in so einer Klarsichtmappe blättert und nicht in einem Haufen loser Blätter wühlt, wenn ein Kollege mal die Terminplanung für die anstehende Gewaltprävention einsehen möchte. Der King bist du, wenn du dir von deiner Klasse gleich mehrere Klassenlisten kopierst und die dann den Fachlehrern geben kannst. Oder auch die Bewertungstabellen in petto hast. Es wird immer Kollegen geben, die die gerade brauchen. Du sagst dann nur: »Klar habe ich die. Hier. Kannst du behalten.« Denn du warst schlau und hast die Listen fünfmal kopiert. Ich sag euch, mit diesen Klarsichtmappen kommt ihr so organisiert rüber, die Kollegen werden euch bewundern – und dann hassen.

Lehrer werden – ich bleiben – Wie man gesund bleibt

Als ich studierte, gab es an der Uni immer das Seminar *Lehrer werden – ich bleibe*. Ich habe es nie belegt, aber ich hätte schon gerne gewusst, was hinter diesem lustigen Titel steckt. Ging es dort darum, wie man seine Persönlichkeit erhält, obwohl man unterrichtet? Wie man es vermeidet, immer nur noch Lehrer zu sein?

In der Öffentlichkeit als Lehrer erkannt zu werden, ist ja eher unangenehm. Warum eigentlich? Würde man sich auch darüber ärgern, wenn jemand sagt »Oh, Sie sind bestimmt Fotomodell«? Warum haben wir Lehrer so einen schlechten Ruf? Woran erkennt man eigentlich einen Lehrer in der Öffentlichkeit? Sind wir alle ähnlich angezogen? Verhalten wir uns alle gleich? Tragen wir alle zu dem schlechten Ruf bei? Oft sage ich zu Frau Dienstag beim Sport: »Guck, guck, die da drüben ist sicher auch Lehrerin.« Und ich muss zugeben, dass ich dann auch nicht gleich auf die Kollegin zustürme, um sie zu umarmen.

Als ich als Lehrerin anfing, machte ich mir große Sorgen, in der Öffentlichkeit als solche erkannt zu werden. Ich erinnere mich, wie ich einen Flug für die Sommerferien buchen wollte. Ich so: »Einen Flug, bitte. Am Mittwoch.« Der coole Reisebürofachangestellte guckt in seinen Computer: »Mittwoch, oh, hm. Hier, nehmen Sie den Flug am Dienstag, der ist 200 Euro billiger.« Ich dann: »Äh nee, ich will lieber den am Mittwoch.« Er sieht mich an, dann wieder in den Computer: »Ha, fliegen Sie am Montag! Da kostet es sogar nur die Hälfte.« Aber ich bestand auf Mittwoch. Er konnte es nicht verstehen. Irgendwann schrie ich: »ICH KANN NUR AM MITTWOCH FLIEGEN! ICH BIN LEEEHRERIN!« Ich hätte auch mit hocherhobenem Kopf reingehen und sagen können: »Guten Tag, ich bin Lehrerin und möchte einen Flug am Mittwoch.«

In meiner Freizeit achtete ich sehr darauf, nicht so laut zu sprechen, denn daran erkennt man uns immer. Das ist für Berufsanfänger und Referendare gar nicht so leicht, denn die müssen ja immer so schreien, weil die Schüler nie leise sind. Dann spricht man auch in der Öffentlichkeit lauter als die Menschen mit anderen Berufen. Ich erkenne Referendare in Cafés immer daran, dass sie zu laut sprechen, und natürlich daran, dass ich genau mithören kann, wie ihr Unterricht wieder in die Hose gegangen ist. Dieses laute Sprechen ist unangenehm, das sollte man sich wirklich abgewöhnen.

Man muss auch in der Freizeit nicht immer alles besser wissen. Oder zumindest nicht immer sagen, dass man alles besser weiß, auch wenn es so ist. Was man sich außerhalb der Schule unbedingt abgewöhnen sollte, ist, immer das pädagogisch Richtige zu tun und zu sagen. Das muss man ja schon dauernd in der Schule. Ich verhalte mich deshalb – sozusagen zum Ausgleich – in meiner Freizeit eher unpädagogisch und politisch unkorrekt. Immer das Richtige zu sagen und zu tun, kann einem auf Dauer ganz schön auf den Wecker gehen.

Trotzdem bin ich stolz darauf, Lehrerin zu sein. Ich finde, das ist ein großartiger und vor allem total sinnvoller Job. Selbst wenn alle immer über das Schulsystem meckern – stellt euch nur mal vor, wenn es keine Schulen gäbe und die Kinder und Jugendlichen den ganzen Tag bei euch zu Hause rumsitzen oder Unsinn machend durch die Gegend stromern würden. Das will doch kein Mensch.

Falls sich jemand abfällig über den Beruf äußert, dann schlag ihm mal vor, selbst einen Tag zu unterrichten, und erzähl ihm, wie anstrengend und vielschichtig und wichtig dieser Beruf ist. Wie viel wir verdienen und wie oft wir Ferien haben, wissen die Leute meistens schon.

Die Ferien brauchen wir auf jeden Fall. Ich glaube wirklich, dass das Unterrichten von verhaltensauffälligen Jugendlichen, die keinen Bock haben, in der Schule zu sein, mit zu den anstrengendsten Tätigkeiten gehört, die man sich vorstellen kann. Deshalb ist es sehr wichtig, dass man gesund bleibt.

Über Lehrergesundheit wird viel geschrieben. Da gibt es immer wieder die gleichen Tipps, dass man viel Obst essen, viel Sport machen und viel an der frischen Luft sein soll. Manchmal wird einem auch noch geraten, dass man helle Kleidung tragen sollte, damit man die düsteren Gedanken verscheucht. Aber wenn die helle Kleidung dann dreckig wird, ärgert man sich ja auch.

Für mich ist der gegenseitige Austausch das Wichtigste. Ich hätte mein Referendariat und die anstrengenden ersten Berufsjahre nicht ohne Frau Dienstag und Fräulein Krise überstanden. Sich gegenseitig von seinen Niederlagen zu erzählen, bis man über diese total absurden Situationen nur noch lachen kann, hat mir total dabei geholfen, nicht ins Burn-out zu stürzen. Wenn ich mich über Kollegen oder die Schulleitung geärgert habe, dann war es immer super, dass ich mich bei Frau Dienstag ungehemmt aufregen und nach Herzenslust ablästern konnte, denn sie kannte mein Kollegium ja nur aus Erzählungen. Man sollte unbedingt vermeiden, mit den eigenen Kollegen schlecht über andere Kollegen zu sprechen. Sucht euch lieber Leute von anderen Schulen. Da ist die Gefahr, dass das schlechte Benehmen irgendwann auf dich zurückfällt, geringer.

Wenn ich mit einzelnen Schülern so große Probleme hatte, dass ich nicht mehr weiterwusste, dann hat Fräulein Krise immer gesagt: »Man ist nicht für jedes Kind der richtige Lehrer«, oder: »Diese Probleme macht der Junge doch schon seit zwölf Jahren, wie willst du denn da in ein paar Monaten mit ein paar Englischstunden in der Woche etwas verändern.« Man muss auch nicht alles schaffen. Scheitern ist erlaubt. Dann hast du es eben nicht geschafft, dass du mit der einen Lerngruppe gut auskommst. Na und? Ist doch nicht so schlimm.

Du hattest eine furchtbare Kunststunde am Montag. Hast den ganzen Abend zu Hause geweint und bist dir sicher, dass sich die Schüler das bis in alle Ewigkeit merken werden, dass sich dein Scheitern in die kollektive Erinnerung von Schülergenerationen einbrennen wird. Nicht verzweifeln! Hauptsache, du gehst am nächsten Tag wieder hin. Die Schüler merken sich deine Niederlagen nicht ewig. Schüler vergessen. Zum Glück nicht nur ihre Hefter, sondern auch, was du in der letzten Stunde für eine armselige Figur abgegeben hast.

Es dauert lange, bis man Lehrer ist. Da gehört das Scheitern genauso dazu wie das Nichtscheitern. Lehrerwerden ist eben ein langer Prozess. Aber vielleicht ist es beruhigend, dass man eigentlich jeden Tag besser wird, auch wenn man das oft selbst gar nicht merkt. Hauptsache, man verliert nicht den Spaß an der Arbeit. Auch wenn man nicht jeden Tag gerne in die Schule geht und immer wieder Lerngruppen hat, mit denen man nicht klarkommt, es wird auch immer Stunden geben, in denen du nirgendwo anders sein möchtest als in diesem total überheizten Raum, während du den Siebtklässlern zum tausendsten Mal erklärst, was das Simple Past ist oder wer Nelson Mandela war.

»War der nicht Sänger?«

»Nein, Nelson Mandela war kein Sänger! Ich habe euch jetzt doch schon hundertmal erklärt, wer Nelson Mandela war.« Vincent denkt, ich lüge ihn an, und die anderen trauen meinen Worten auch nicht. Dabei haben wir jetzt sogar den Text über Robben Island und das Gefängnis gelesen. »Ah, *prison*! *Prison Break*! Gefängnis!«

Meine Schüler haben oft sooo dermaßen keinen blassen Schimmer von der Welt. Dann höre ich morgens im Frühstücksfernsehen, dass eine Schülerin per Twitter einen Text veröffentlicht hat, in dem sie sich darüber beschwert, dass sie in vier Sprachen Gedichte analysieren kann, aber nicht weiß, wie man einen Vertrag mit der Krankenkasse macht oder die Miete zahlt.

Nein, man lernt in der Schule nicht, wie man sich bei der Krankenkasse anmeldet. Habe ich auch nicht gelernt. Trotzdem bin ich krankenversichert. Ich habe sehr viele Dinge, die ich heute kann, nicht in der Schule gelernt. *So what?* Man hört doch nach dem Schulbesuch nicht auf zu lernen. Ich bin mir sicher, dass das Mädchen mit den Gedichtinterpretationen all die Alltagsdinge meistern wird, wenn sie muss.

Die Konsequenz wäre ja, dass wir den Schülern nur beibringen, wie sie Hartz4-Anträge ausfüllen oder Überweisungen schreiben – *Letzteres* lernt man übrigens in der Schule. Dann können sie das, aber wissen nicht, wer Nelson Mandela ist. Das möchte ich nicht! Wir haben im Unterricht sowieso so wenig Zeit, und es gibt noch so viel, was ich meinen Schülern beibringen möchte.

Oder ist es egal, ob die Schüler Mandela kennen? Nein! Ist es nicht! Ich möchte auch, dass sie wissen, dass es die Mauer gab, warum die Weltkriege stattgefunden haben, wo Amerika liegt, wie man schwanger wird und wie man nicht schwanger wird, was der Staat mit den Steuern macht und wer überhaupt der Staat ist.

Wenn sie das mit der Krankenkasse später nicht können, dann dürfen sie gerne mal vorbeikommen, ich helfe ihnen dabei. Aber sie sollen auf keinen Fall denken, der tolle Song im Radio ist der neue Hit von Nelson Mandela.

Denn es ist unser Job, der nächsten Generation beizubringen, wie die Welt funktioniert. Ich will, dass sie sagen: »Nelson, Nelson … ach, dieser Nelson Mandela, ja, den kenn ich. Ich glaube, das hatten wir bei Frau Schwalle.« Ich hoffe, dass sie das sagen. Wahrscheinlich sagen sie aber auch: »Aber Simple was? Simple Past? Nee, ganz ehrlich? Nie gehört!« Wenigstens habe ich es immer wieder versucht.

Und am Ende fragt man sich: Wo bleibt der Applaus?

»Und Sie spielen im neuen *Tatort* mit.« Der Schauspieler nickt. Natürlich spielt er im neuen *Tatort* mit, sonst würde er ja nicht in der Talkshow sitzen. Okay, er hätte auch in einem Kinofilm mitmachen oder ein Buch schreiben können. Jedenfalls hat er irgendetwas getan, was er nun im Fernsehen vorstellen möchte.

»Herr Schauspieler, der *Tatort* mit Ihnen wird schon hoch gelobt, obwohl er noch nicht gesendet wurde«, teilt uns die freundliche Moderatorin mit. Der Schauspieler nickt und lächelt verlegen. Dann erzählt er von den Dreharbeiten.

Komisch, da wird man für etwas gelobt, obwohl es noch niemand gesehen hat. Man geht damit ins Fernsehen und lässt sich dort beklatschen, nach der Talkshow gibt es bestimmt auch noch eine Party und Häppchen, die Leute gratulieren und möchten Selfies mit dem Schauspieler. Abends schläft er dann zufrieden ein. Ich will auch Schauspieler sein.

Eigentlich sind wir Lehrer das doch. Jeden Tag stehen wir vor Publikum und präsentieren unsere 45-Minuten-Shows. Oft sind das sogar Mitmachnummern, bei denen das Publikum mit einbezogen wird. Sätze wie »Jetzt nehmt bitte ein Blatt raus, und äußert euch schriftlich zu den Fragen an der Tafel« animieren zur Partizipation. So was gibt es beim *Tatort* noch nicht. Oder nur in Ansätzen. Schauspieler betonen immer wieder, wie sehr sie es lieben, in verschiedene Rollen zu schlüpfen. Das tun wir doch auch. Erste Stunde: Die böse Klassenlehrerin, die wieder meckert, dass die vergesslichen Kinder die Zettel für den Elternsprechtag nicht mithaben. Zweite Stunde: Die Englischlehrerin, die seit Wochen das Simple Past zu erklären versucht. Dann die Kunstlehrerin und in der Pause die Aufseherin auf dem Hof. Oft erfordern unsere Rollen eine besondere schauspielerische Begabung. Es gehört schon viel Leidenschaft dazu, sich jedes Jahr mit neuer Inbrunst dem Thema *Fast Food* oder der spannenden Parallelperspektive zu widmen. Aber bei uns klatscht niemand. Nie werden wir für unseren tollen Unterricht gelobt oder ins Fernsehen eingeladen. Dabei arbeiten wir Lehrer-Schauspieler unter erschwerten Bedingungen. Wir spielen vor einem Publikum, das gar keinen Bock hat zuzusehen, geschweige denn mitzumachen. Die Schulpflicht zwingt sie in ihre Sitze. Man zeige mir mal den Theaterbesucher, der 20 Euro für ein Stück bezahlt, es aber nicht sehen möchte und deshalb die Vorstellung stört.

Schwierige Zuschauer, kein Applaus, selten das Verlangen nach Zugaben, und Preise bekommen wir auch nicht. Wo ist der Lehrer-Bambi, der Schul-Oscar, wo die Castingshow, in der wir Lehrer um eine Stelle kämpfen? Und wann lädt man uns endlich ins Fernsehen ein? Es sollte selbstverständlich sein, dass in den Talkshows neben Schauspielern, Autoren, Politikern und Leuten, die irgendwelches Essen anbauen, auch Lehrer sitzen.

Ich könnte mir das gut vorstellen: »Frau Freitag, Ihre neue Unterrichtseinheit für das zweite Halbjahr in Klasse 7 ist zwar noch nicht angelaufen, trotzdem wird sie in pädagogischen Kreisen schon hoch gelobt. Erzählen Sie uns doch bitte etwas dazu!«

»Ja, also, äh ... sie heißt *Der Komplementärkontrast*, und es geht um Farben ...«

Dank

Ich bedanke mich bei Ernst, der bestimmt ein ganz toller Lehrer oder irgendwas anderes Gutes wird; Frau Dienstag, die sowieso die tollste Lehrerin ist und meinen Alltag bunt und lustig macht; Fräulein Krise, die Königin der tollen Lehrerinnen, von der ich alles gelernt habe; Thomas Hölzl und Ulrike von Stenglin, für ihre immer zuverlässige Unterstützung und tolle Zusammenarbeit; Charlotte, für die genaue Beobachtung, wie Lehrer aussehen; meinen Kollegen, ohne die der Schulalltag wahrscheinlich unerträglich wäre; den Schülern, ohne die ich viel weniger zu schreiben und zu lachen hätte; Frank, für die schönen Songs zum Buch (zu hören auf fraufreitag.wordpress.com) und dem Freund, für alles andere. Danke, Danke, Danke!

»Zum Schreien komisch« *Freundin*

Frau Freitag
VOLL STRENG, FRAU FREITAG

Neues aus dem Schulalltag

ISBN 978-3-548-37457-4
www.ullstein-buchverlage.de

Frau Freitags Klasse ist jetzt in der Zehnten. Alles dreht sich um den Abschluss. Wirklich alles? Während Frau Freitag ihre Schüler nachts auf Facebook an ihre Bewerbungen erinnert und tagsüber durch die Prüfungen schleust, haben Bilal, Emre und Mariam ganz andere Probleme: »Wie kam man eigentlich ins Internet, als es noch keine Computer gab?« – »Moment noch Frau Freitag, gleich fertig mit Handy.« – »Hab ich Selbstbräuner raufgesprüht und heute Morgen voll Schock: voll dunkelbraun.« Aber wie soll eigentlich Frau Freitag ohne ihre Klasse überleben?

Das rappende Klassenzimmer

Frau Freitag

CHILL MAL, FRAU FREITAG

Aus dem Alltag einer unerschrockenen Lehrerin

ISBN 978-3-548-37399-7
www.ullstein-buchverlage.de

Elterngespräche auf Türkisch, neue Bildungsansätze »Hitler hat die Mauer gebaut« oder gerappte Entschuldigungszettel: An Frau Freitags Schule geht es immer voll ab. Abdul und Ronnie haben keinen Plan von englischen Vokabeln, aber wissen alles über Klingeltöne und Menowin. Christine malt lieber mit Mascara statt mit Tusche. Und Elif, die Klassenqueen, stylt sich im Disco-Islam: rosa oder türkis und natürlich Kopftuch. Aber Frau Freitag findet: Ich habe den schönsten Beruf der Welt. Ihr Alltag ist absurd-komische Realsatire – verrückt, anrührend und vor allem sehr lustig.